Le vie della civiltà

a Marina
alla vita con lei

Arnaldo Testi

La formazione degli Stati Uniti

Società editrice il Mulino

I lettori che desiderano informarsi sui libri e sull'insieme delle attività della Società editrice il Mulino possono consultare il sito Internet: **www.mulino.it**

ISBN 978-88-15-24460-4

Indice

Prefazione

Gli Stati Uniti d'America nacquero, per atto del Congresso continentale delle colonie unite, il 2 luglio 1776. L'evento fu annunciato al mondo due giorni dopo, il 4 luglio, con la pubblicazione della Dichiarazione d'indipendenza; e divenne un fatto irreversibile nel 1783, a conclusione della guerra rivoluzionaria contro la Gran Bretagna. Perché gli Stati Uniti diventassero qualcosa di simile a ciò che conosciamo oggi, in termini di territorio, popolazione e forma di governo, dovette tuttavia passare almeno un secolo. Ci volle un secolo per acquisire confini definitivi e conquistare davvero il territorio, tramite una serie di accordi internazionali con le potenze europee (britannica, francese, spagnola) e di guerre con le nazioni vicine (il Messico, che fu smembrato, e le nazioni indiane, che furono distrutte). Ci volle un secolo per formare una popolazione nuova e numerosa, tramite l'incremento demografico, l'importazione di schiavi africani e l'immigrazione europea, e per decidere infine che essa dovesse essere tutta libera; la schiavitù a base razziale cessò di esistere solo in seguito a una devastante guerra civile. Ci volle un secolo per trasformare la repubblica postrivoluzionaria in una democrazia elettorale maschile di massa, e per affermare che il federalismo delle origini non implicava per i singoli stati membri il diritto di secedere e rompere l'Unione; e anche qui, fu la Guerra civile a chiudere la questione. Il primo secolo di vita del paese, pur trascorso lontano dai rivolgimenti dell'Europa, fu tutt'altro che un secolo di crescita autonoma e pacifica. Gli Stati Uniti continuarono ad avere molte caratteristiche di un insediamento coloniale prodotto dall'espansione imperiale del Vecchio mondo e condizionato dalle vicende dei suoi protagonisti; un insediamento bianco e pluricentrico, impegnato a estendere i suoi domini e a discutere, con molti conflitti interni, come e se tenere sotto controllo i «popoli di colore». Nel contempo, crearono una società democratica radicale che, intrecciandosi con una dinamica economia di mercato, mostrò una forte carica espansiva, geografica, politica e ideale. I principi rivoluzionari di autogoverno, eguaglianza e libertà, all'inizio pensati per gli americani maschi bianchi, furono usati per mettere in discussione le barriere del colore e del sesso in patria e per immaginare una missione nazionale, anch'essa venata di toni imperiali, all'estero.

La periodizzazione di questi sviluppi, la loro suddivisione in epoche significative e distinte, e quindi, in questo volume, la loro organizzazione in capitoli, è scandita da alcune importanti cesure storiche – fasi di rottura, di cambiamento, di svolta. Dopo il capitolo I, che riassume a grandissime linee e in prospettiva secolare la formazione delle colonie britanniche in Nord America, la prima cesura è ovviamente costituita dalla Rivoluzione e dalla fondazione della repubblica federale, a cui è dedicato l'intero capitolo II. La seconda cesura è meno eclatante ma altrettanto cruciale. Consiste nella democratizzazione della repubblica bianca negli anni venti e trenta dell'Ottocento, e separa il capitolo III dal capitolo IV. La data del 1828, che fa da spartiacque fra i due capitoli e le due epoche, è approssimativa ma utile; assume l'elezione di un presidente come simbolo di un più ampio mutamento di sistema. La terza cesura, infine, è quella della Guerra civile, a cui è dedicato gran parte del capitolo V. Nell'ambito di questo quadro generale, gli stili dell'esposizione nelle diverse parti del testo variano a seconda del tipo di temi trattati. Grandi eventi come la Rivoluzione e la Guerra civile, ma non solo questi, sono narrati con il linguaggio del racconto, che mette in risalto i tempi brevi e brevissimi del loro svolgimento (anni, mesi, giorni), le date precise di inizio e fine, le discontinuità drammatiche, le azioni degli individui, le decisioni, l'incertezza e imprevedibilità dei risultati, gli incidenti fortuiti. Il linguaggio dell'analisi strutturale è invece usato per descrivere le grandi trasformazioni sociali, economiche, culturali, politiche di più lungo periodo (decenni, anche secoli), in cui tratti di continuità e discontinuità si intersecano e sovrappongono, le scansioni cronologiche sono poco nette, le azioni degli individui sembrano scomparire in processi incontrollabili, anonimi, dotati di un'irresistibile logica propria. Benché sia meno apparente, è opportuno ricordare che anche qui, ad agire, con percorsi spesso casuali, incerti e imprevedibili, sono esseri umani in carne e ossa, e non forze astratte o provvidenziali. In alcuni casi, infine, il linguaggio argomentativo della discussione storiografica cerca di presentare la storia per quello che in effetti è, e cioè una serie di questioni aperte, di domande irrisolte, di ricerche sempre nuove.

Questo volume narra un pezzo di una «storia nazionale», un genere storiografico che guarda alla storia di un solo paese, rischiando di presentarla come una vicenda unitaria al suo interno, autonoma e separata dal resto del mondo, diversa e speciale rispetto a quella delle altre nazioni, magari da celebrare patriotticamente o da deprecare. Si è cercato di evitare questi rischi, approfittando dei contributi critici di tutte le subdiscipline della storiografia, la storia sociale e politica, intellettuale e istituzionale, economica e culturale, di razza e di genere, la storia transnazionale e atlantica, la *world history*. E dunque: la storia degli Stati Uniti è vista come tutt'altro che unitaria. È invece composta da una molteplicità di frammenti, di relazioni di autorità e potere, di soggetti distinti in competizione e conflitto fra loro. Che esistano elementi comuni che consentono la convivenza di queste molteplicità sullo stesso territorio, senza maltrattarsi fra loro più di quanto abbiano fatto (e lo hanno fatto parecchio), è un problema e non un dato scontato. Inoltre: la storia degli Stati Uniti è vista come tutt'altro che separata dal resto del mondo. Vi è in effetti intrecciata in maniera inestricabile, essendo parte integrante dell'epoca delle rivoluzioni politiche e sociali, delle rivoluzioni industriali e capitalistiche, delle lotte per l'indipendenza e l'unità nazionale, dei movimenti liberali e democratici, delle migrazioni e delle frontiere, della schiavitù e della sua abolizione, in Europa, nelle Americhe, in Africa. Ancora: la storia degli Stati Uniti è vista come tutt'altro che diversa e speciale. È piuttosto il prodotto di una miscela di elementi che hanno plasmato tutte le esperienze nazionali di origine europea ed euro-coloniale; come in ciascuna di queste esperienze, la miscela è peculiare ma gli elementi sono comuni. La convinzione che la storia di una nazione abbia un'essenza unica e un significato eccezionale nella storia universale è uno di questi elementi comuni; è una convinzione e una pretesa ideologica e culturale che appartiene a tutti i nazionalismi, compreso quello americano (nel Novecento si parlerà di «eccezionalismo americano»). E infine: la storia degli Stati Uniti, in quanto tale, è vista tutt'altro che in chiave celebrativa o, all'opposto, deprecatoria. È piuttosto una storia che, come quelle di tutti, ha i lati luminosi e i lati oscuri di una normale vicenda umana, complessa, sfuggente, laica e priva di finalità e di senso. Non ha alcun particolare significato da decodificare, alcuna vocazione da individuare, alcun messaggio da lanciare.

Il nazionalismo autocompiaciuto fu, naturalmente, il sentimento che dominò le cerimonie ufficiali per il primo centenario dell'esistenza degli Stati Uniti, nell'estate del 1876. Le celebrazioni più importanti si tennero a Filadelfia, la città quacchera dell'«amore fraterno» nonché culla della Dichiarazione d'indipendenza e della Costituzione, in concomitanza con una sontuosa Esposizione internazionale delle arti e delle manifatture. Nove milioni di visitatori poterono vedere oggetti di arredamento e abbigliamento, prodotti agricoli e di artigianato, orologi e strumenti musicali, strumenti scientifici e macchinari industriali provenienti, oltre che dagli Stati Uniti, da una quarantina di stati, dall'Europa e dalle Americhe, dal Giappone e dalla Cina, da Turchia, Egitto, Liberia. Ma furono le meraviglie americane ad avere un posto centrale e strategico, per impressionare il pubblico interno e quello straniero: motori a vapore giganteschi e recentissimi motori a combustione interna o elettrici, refrigeratori e ascensori, macchine da cucire e da scrivere, il telefono di Alexander Graham Bell. Era possibile visitare la fiera senza provare, come accadde al romanziere William Dean Howells, «un brivido di orgoglio patriottico»? O senza rimanere poeticamente incantati, come accadde al poeta Walt Whitman? Fra gli stranieri, furono gli osservatori britannici a offrire il tributo più solido e ambito, quello che agli americani premeva di più. Riconobbero che nel secolo trascorso dalla loro indipendenza gli yankee erano diventati più bravi di loro, più innovativi, più tecnologicamente sofisticati; e che la Gran Bretagna stava perdendo la leadership industriale del mondo a favore dei cugini d'oltreatlantico. L'Esposizione esaltava dunque il progresso del paese riunificato dopo la guerra fra nord e sud, il suo nuovo status internazionale, le sue nuove ambizioni per il futuro, frutto, si disse, dell'«alta civiltà che ci assicurano le nostre gloriose istituzioni». L'inaugurazione avvenne il 10 maggio alla presenza del presidente Ulysses S. Grant, accompagnato, un po' incongruamente, dall'imperatore del Brasile Pedro II, il primo monarca a visitare la repubblica, e da una marcia composta dal musicista tedesco Richard Wagner. Alcune settimane dopo, il «Glorioso Quattro» di luglio, *Independence Day*, fu un tripudio di discorsi patriottici e fuochi d'artificio.

Non tutti gli americani erano così entusiasti, così egualmente partecipi o egualmente chiamati a partecipare. Negli stessi giorni delle grandi feste a Filadelfia, non mancarono episodi di dissenso, tensione e conflitto che fornirono un quadro più realistico non solo dei successi ma anche dei problemi, vecchi e nuovi, del paese. Dal territorio del Montana giunse la notizia della vittoria dei Lakota Sioux e dei Cheyenne sul colonnello Custer a Little Big Horn, ultimo successo militare dei nativi americani e preludio alla loro sconfitta finale in tutto l'ovest. Nei distretti carboniferi della Pennsylvania erano sotto processo alcuni membri di Molly Maguires, un'associazione segreta di minatori irlandesi accusata di fare la lotta di classe con attentati dinamitardi e assassinii. Parecchi oratori meridionali bianchi celebrarono il giorno dell'indipendenza con toni nostalgici per il vecchio sud prebellico e ancora schiavista, suggerendo come la riunificazione postbellica fosse assai problematica. Nel sud ci furono incidenti razziali quando gli ex schiavi vollero celebrare a modo loro, e almeno in un caso, in South Carolina, alcuni furono linciati. Persino nella settentrionale Filadelfia gli afro-americani furono tenuti ai margini delle manifestazioni ufficiali; gli abolizionisti neri furono invitati a farsi vedere ma non a parlare. Furono tenute ai margini anche le militanti suffragiste, che per protesta fecero irruzione sul palco delle autorità dopo la lettura della Dichiarazione d'indipendenza, e distribuirono copie di una loro Dichiarazione dei diritti delle donne. Più in generale, alcuni osservatori lamentarono che il patriottismo si fosse affievolito a mano a mano che la memoria della Rivoluzione diventava un vuoto rituale di stato e l'idealismo della Guerra civile naufragava nella corruzione politica e nel malaffare (di cui la stessa amministrazione Grant stava offrendo esempi egregi). Altri, al contrario, temevano che lo spirito della Rivoluzione fosse rimasto troppo vivo e stesse eccitando gli agitatori sociali del nascente movimento operaio; altri ancora proprio questo speravano, e in effetti, di lì a poco, i grandi scioperi del 1877 confermarono sia i timori sia le speranze. Rivoluzione industriale e lotte sociali, questione morale e battaglie per i diritti civili, la conclusione della conquista continentale e l'avvio dell'espansione economica, politica e territoriale oltremare: tutto ciò, nei decenni successivi, segnò l'inizio di una nuova fase secolare della storia del paese. Il Novecento ormai alle porte sarebbe diventato «il secolo degli Stati Uniti».

Il testo di questa nuova edizione, a dieci anni dalla prima pubblicazione, è stato rivisto in qualche passaggio che sembrava poco chiaro, e corretto di qualche evidente svista. Alcune parti sono state ampliate o riscritte, tenendo conto sia delle esigenze didattiche emerse durante il suo uso in classe, sia degli sviluppi della storiografia.

Capitolo primo

Le società coloniali (fino al 1763)

1. *Tre mondi*

Alla fine del Settecento, quando le colonie inglesi in Nord America avevano già conquistato l'indipendenza ed erano diventate gli Stati Uniti d'America, una parte dell'opinione pubblica europea vide in quegli eventi l'inizio di un'eccitante avventura per il genere umano, un'avventura fatta di idee repubblicane, libertà, costituzionalismo e sovranità popolare. Non tutti erano d'accordo, e ci fu chi parlò della Rivoluzione americana come di una minaccia e un errore, e degli Stati Uniti come di un paese popolato di rifiuti del Vecchio mondo, condannato alla mediocrità, fonte di ideologie corrotte e corruttrici. Questa divaricazione di opinioni si muoveva nel solco di una più ampia, e per parecchi versi bizzarra, disputa intellettuale che nella seconda metà del Settecento aveva riguardato il significato della scoperta dell'intero continente per l'Europa. Secondo alcuni, le terre americane erano invivibili, popolate di piante putride, animali repellenti ed esseri umani inferiori. Gli insediamenti europei erano considerati un affare inutile e sanguinoso; avevano sì accelerato i progressi commerciali, ma soprattutto avevano favorito uno scambio di vizi fra i due emisferi. Gli europei avevano portato oltre l'oceano Atlantico crudeltà, schiavitù, malattie e morte. Ne avevano portato indietro sifilide, tabacco e zucchero, che minavano la salute; e oro e argento, che generavano avidità e guerre. La conquista dell'America, affermò il filosofo alsaziano Cornelius de Pauw, era stata «la più grande di tutte le sventure che mai abbiano colpito il genere umano». Altri ritenevano, al contrario, che le Americhe fossero luoghi di ricchezze e meraviglie naturali, di indigeni pacifici e innocenti, e che avessero fornito occasioni straordinarie per la crescita della civiltà e per l'espansione della cristianità.

Tra fine Settecento e inizio Ottocento la disputa cessò di riguardare l'ambiente naturale delle Americhe e i suoi abitanti nativi, per investire invece le società euro-americane che vi si stavano formando, e in particolare la società postrivoluzionaria degli Stati Uniti. Ma toni e linguaggi dei commenti cambiarono poco rispetto a quelli settecenteschi, infiammati e polarizzati, di assoluta ammirazione o assoluta denigrazione. L'America, riassunta ora negli Stati Uniti d'America, continuò a essere uno specchio nel quale gli europei contemplavano l'immagine riflessa dei loro sogni utopici o incubi catastrofici, delle loro speranze o paure per l'avvenire. Come aveva fatto nel Cinquecento il missionario e storico spagnolo Bartolomé de Las Casas, anch'essi associarono ciò che accadeva nel Nuovo mondo, nel bene e nel male, a «questo nostro tempo così nuovo e così diverso da ogni altro». Gli osservatori americani, com'è comprensibile, concordarono con le valutazioni positive e ottimistiche. Con fiducia, scommisero sul successo della neonata repubblica e giovane nazione, e guardarono indietro, a prima della nascita, per ricercarne origini e ragioni di esistenza. Da allora, e a lungo, questo è stato il tema centrale della storiografia statunitense sull'esperienza coloniale. Per quasi due secoli gli storici degli Stati Uniti (non diversamente da quanto abbiano fatto tutti gli storici dell'Occidente contemporaneo, ciascuno rispetto al proprio paese di appartenenza) hanno indagato un passato definito prenazionale in funzione di un presente nazionale, postulato come sbocco inevitabile di quel passato. Hanno considerato la storia coloniale come anticipazione della storia nazionale, come storia del trapianto oltremare della civiltà anglo-europea e della sua trasformazione in una nuova, distinta e forse superiore civiltà. Di questa storia eroica e di progresso gli emigranti inglesi, con le loro istituzioni, idee e vocazioni colonizzatrici volte al futuro, non potevano che essere gli unici protagonisti.

Negli ultimi decenni la prospettiva storiografica è mutata, e così è mutato il modo di raccontare la storia coloniale. I vecchi protagonisti, i coloni europei, sono emersi come soggetti diversi fra loro, con vocazioni e progetti spesso divergenti. Perché alcuni di questi progetti siano prevalsi e altri no è diventato un problema, e non c'è alcuna necessità trascendente che possa spiegare l'approdo all'indipendenza politica e alla formazione di un nuovo stato. Gli europei, inoltre, non appaiono più come gli unici protagonisti. Essi non incontrarono in Nord America la *wilderness*, cioè la natura selvaggia e disabitata, bensì una molteplicità di popoli nativi con cui si confrontarono e, soprattutto, si scontrarono. Gli effetti di questa interazione furono complessi, e infine tragici. Se è vero che gli inglesi non trovarono un deserto, è vero che ne crearono uno, derubando antiche civiltà dei loro territori, respingendole verso l'interno del continente e poi distruggendole. Né gli emigranti europei furono le uniche genti che attraversarono l'oceano. Lo fecero anche, non per libera scelta ma perché deportati, molti abitanti dell'Africa subsahariana. La loro schiavitù permanente ed ereditaria divenne un'istituzione centrale della vita pubblica e dell'economia degli insediamenti anglo-americani. La storia dell'America coloniale è quindi la storia di tre popoli dai destini incrociati e diseguali, nell'ambito di processi che riguardarono la costruzione dei moderni imperi europei non solo nelle Americhe ma anche in Africa (e in Asia). Le colonie inglesi erano parte di un vasto circuito atlantico, di un sistema di scambi e relazioni che connetteva fra loro quattro continenti (Europa occidentale, Africa occidentale, Nord America e Sud America) e una grande diversità di aree regionali. Questo sistema comportò uno dei più massicci incontri di culture nella storia dell'umanità.

Il numero delle persone coinvolte era enorme, e gli europei erano in netta minoranza. Prima del 1820 arrivarono nelle due Americhe 3 milioni di emigranti europei e circa 8 milioni di africani in catene. Solo nel periodo fra il 1820 e il 1840 il numero dei liberi europei raggiunse e superò quello degli schiavi. Per più di tre secoli, dunque, la tratta degli schiavi non costituì un fatto marginale e particolarmente brutale nei passaggi transatlantici, bensì la norma. Per gli americani nativi è più difficile avere cifre accurate. Nessuno sa quanti fossero gli abitanti dell'intero continente quando arrivò Cristoforo Colombo nel 1492, e le stime variano moltissimo, da meno di 10 milioni a più di 110 milioni. Secondo calcoli ritenuti ragionevoli erano intorno ai 70 milioni, circa un settimo degli abitanti del pianeta di allora, ed erano concentrati soprattutto in Messico e Perú e nei Caraibi. Il Nord America a nord del fiume Rio Grande era l'area meno densamente popolata con circa 7-8 milioni di residenti, di cui probabilmente 5 milioni nell'area oggi occupata dagli Stati Uniti. Queste stime si riferiscono al momento del primo contatto con gli europei. Nel corso del primo secolo dopo il contatto, alcune popolazioni si estinsero; tutte si ridussero di almeno il 90%. Si trattò di un collasso demografico di enormi proporzioni, i cui principali responsabili furono le malattie infettive portate dagli europei e dagli africani. Gli americani nativi non conoscevano queste malattie, erano rimasti isolati dal resto dell'umanità per 10.000 anni, e non avevano sviluppato difese immunologiche. Furono decimati da vaiolo, peste, difterite, malaria, dissenteria, morbillo, varicella, pertosse, polmonite, influenza. Questi furono i più letali invasori del Nuovo mondo, gli agenti di una sorta di guerra batteriologica che fece perdere ai nativi la superiorità numerica sui nuovi arrivati e aprì la strada alla conquista europea.

Per quanto minoranza, gli europei furono all'inizio l'elemento dinamico e propulsivo di questi cambiamenti, e alla fine quello dominante e di dominio. Gli inglesi, per la verità, giunsero sulla scena americana piuttosto tardi e con un ruolo marginale. Insieme a olandesi e francesi erano gli ultimi arrivati, dopo che già da un secolo i portoghesi e soprattutto gli spagnoli avevano affermato la loro signoria sulle popolazioni dell'America meridionale e centrale. Gli spagnoli avevano aperto vie di penetrazione anche verso l'America settentrionale. Si erano stabiliti in Florida, dove fondarono la comunità di Saint Augustine (1565), cacciando i francesi che vi avevano appena costruito un forte. Dal Messico si erano spinti verso l'interno fondando Santa Fe (1610), oggi in New Mexico. I primi a sfidare la Spagna, la cui supremazia sembrava aver raggiunto il massimo fulgore fra il 1580 e il 1640 con l'occupazione del Portogallo e l'unificazione dei due imperi, furono gli abitanti in rivolta di un pezzo del suo impero europeo, e cioè della repubblica olandese. Dopo la loro dichiarazione d'indipendenza dalla Spagna (1581), e mentre combattevano una lunga guerra per difenderla, gli olandesi si diedero al commercio e al contrabbando atlantico. Entro la metà del Seicento conquistarono basi e colonie in Brasile e nei Caraibi, più a nord fondarono Nuova Amsterdam, dove oggi si trova New York City, e divennero i principali fornitori di schiavi africani per gli insediamenti francesi e inglesi nell'emisfero. Nello stesso periodo i francesi aggredirono il continente dall'estremo nord, creando avamposti in Acadia (1605) e poi in Canada a Québec

(1608). Nell'area caraibica occuparono Martinica e Guadalupa (1635) e poi Haiti (1677). Più tardi ancora giunsero alle foci del grande fiume Mississippi e organizzarono il territorio della Louisiana (1682).

Per gli inglesi le colonie americane della Nuova Spagna furono sia un modello che una minaccia. La Spagna era la rivale dell'Inghilterra, e aveva creato il più potente degli imperi: le sue dipendenze d'oltreoceano le procuravano ricchezza e superiorità strategica nel controllo dei traffici. Il governo inglese decise di muoversi nella stessa direzione, e progettò degli insediamenti in aree non occupate dagli europei, che fornissero accesso al commercio indiano e basi di attacco contro gli spagnoli. La prima colonia nel Nuovo mondo fu Terranova (1583), importante per i ricchi banchi di pesca del merluzzo. Ma il primo vero tentativo di metter piede nel cuore del continente fallì. Nel 1587 un centinaio di coloni fu inviato a Roanoke Island, oggi in North Carolina; ma i contatti con la madrepatria si interruppero immediatamente, mentre in Europa l'Inghilterra si preparava ad affrontare una possibile invasione spagnola del suo territorio. Sfumato questo pericolo grazie alla *débâcle* della flotta spagnola fra le tempeste del canale della Manica (1588), si cercò di ristabilire i contatti ma i coloni erano svaniti nel nulla. Dopo il 1600 i tentativi di colonizzazione ripresero con maggiore successo, tanto nelle isole caraibiche, le cosiddette Indie occidentali (Bermuda, Barbados, Bahamas, e infine la Giamaica conquistata agli spagnoli nel 1655), quanto sulle coste nordamericane, a cominciare da Jamestown nel 1607. In queste operazioni l'Inghilterra si mosse in sincronia con la Francia, ma anche in contrasto con essa, come accadde quando accampò diritti sull'Acadia francese che per gli inglesi era la Nova Scotia. Più tardi si scontrò con l'Olanda. Si stavano delineando nuovi conflitti nella partita imperiale in Nord America. Alla fine del Cinquecento la Spagna era l'antagonista di tutti; con il nuovo secolo e il relativo declino spagnolo, presero il sopravvento le rivalità anglo-francesi e anglo-olandesi.

2. *Inglesi e altri europei in movimento*

Gli insediamenti inglesi nelle Americhe non erano tutti uguali fra loro. Presentavano importanti differenze strutturali che li collocavano in aree diverse del sistema euro-imperiale transatlantico. Quelli nelle Indie occidentali erano colonie di sfruttamento, con piantagioni di prodotti tropicali (tabacco, canna da zucchero), dove gli inglesi deportarono grandi quantità di schiavi dall'Africa. Nel Seicento queste colonie assorbirono 220.000 emigranti europei e 320.000 schiavi africani. Malgrado il massiccio e continuo afflusso di nuovi arrivati, intorno al 1700 la popolazione totale ammontava a 150.000 persone, per l'80% di origine africana. Queste colonie rientravano nella norma. Erano simili sia alle colonie francesi e olandesi, che erano state organizzate nello stesso periodo e sempre nella regione caraibica, sia a quelle spagnole, che avevano introdotto la schiavitù fin dall'inizio del Cinquecento. I loro residenti europei erano una minoranza e costituivano piccole guarnigioni che per sopravvivere imponevano una ferrea disciplina alla forza lavoro schiava. Erano inoltre in gran parte maschi; spesso si sposavano o accoppiavano con donne native e africane e contribuivano a generare popolazioni razzialmente miste. Gli insediamenti inglesi nel continente nordamericano erano, almeno in parte, un'altra cosa. Si trattava di colonie di popolamento, dove emigrarono comunità autosufficienti per risiedervi stabilmente, e dove la schiavitù come istituzione di massa arrivò in un secondo tempo, e solo in certe aree. Nel Seicento vi giunsero 170.000 europei e solo 30.000 schiavi. Nel 1700 la popolazione complessiva era di 250.000 unità, per quasi il 90% di origine europea. La popolazione europea era formata in maniera equilibrata da uomini e donne. Era quindi in grado di autoriprodursi, di crescere in maniera autonoma e di mantenere una netta separazione razziale.

Anche gli insediamenti nordamericani erano in realtà diversificati al loro interno, e tanto più lo divennero nel Settecento. Fra il 1700 e il 1760 vi giunsero 180.000 schiavi africani e da 150.000 a 230.000 emigranti europei. I nuovi arrivi dall'Europa continuarono con ogni probabilità a essere i più numerosi, ma la proporzione cambiò rispetto al secolo precedente. L'accresciuta domanda di forza lavoro schiava veniva dalle regioni più meridionali che, per il tipo di economia e di organizzazione sociale, avevano cominciato a somigliare alle Indie occidentali e al resto delle Americhe. Questa frattura era già evidente nel 1700, quando nelle colonie che si stendevano dal Maryland e dalla Virginia verso sud gli schiavi erano quasi un quarto dei 100.000 residenti. Nelle colonie più settentrionali del New England e in quelle centrali di New York, New Jersey e Pennsylvania erano invece poco più di 5.000 su 150.000 abitanti. Le colonie centrali e settentrionali erano tutt'altro che estranee all'economia della schiavitù. Parte della loro ricchezza derivava dalla tratta degli schiavi, che praticavano con efficienza ed entusiasmo, e dal commercio dei prodotti dell'agricoltura schiavista del sud. Ma la presenza degli schiavi nel tessuto sociale era minima, e la loro rilevanza economica *in loco* pressoché nulla. Erano società, se non economie, di fatto basate sul lavoro libero, e con popolazioni quasi totalmente di origine europea in rapida e naturale crescita: in effetti avevano i tassi di crescita demografica più elevati del continente e forse del mondo. Si trattava di caratteristiche piuttosto eccezionali nella storia dell'espansione europea nell'Atlantico, che collocavano queste colonie ai margini del sistema. Le colonie meridionali invece vi erano dentro. Nel corso del Settecento la frattura lungo questa linea di confine si approfondì.

2.1. *Gli insediamenti anglo-americani nel Seicento*

Fu nel meridione che gli inglesi si insediarono stabilmente per la prima volta, nel 1607. In quell'anno un centinaio di membri della Virginia Company, una società commerciale alla ricerca di rapidi profitti, fondò il villaggio di Jamestown nella baia di Chesapeake. A differenza di quanto era accaduto ai compatrioti sbarcati a Roanoke Island vent'anni prima, costoro riuscirono a sopravvivere grazie alla disciplina imposta dal capitano John Smith e all'assistenza alimentare degli indiani Algonchini, che erano sovrani del luogo. Diedero quindi origine alla colonia della Virginia, alla quale si affiancò nel 1634 la colonia del Maryland, che abbracciava la parte settentrionale della stessa baia. Il Maryland fu fondato da Cecil Calvert (Lord Baltimore), un cattolico che voleva offrire un rifugio ai correligionari perseguitati in Inghilterra; in questo era dunque diverso dalla Virginia, che era dominata proprio dalla chiesa d'Inghilterra che in patria opprimeva i cattolici. Ma per il resto le due colonie erano simili: stesso ambiente naturale, stesso clima, stessa economia basata sulle piantagioni di tabacco. Nel 1662 gli insediamenti si estesero verso sud, quando un gruppo di proprietari delle Indie occidentali inglesi organizzò la Carolina e vi importò le piantagioni di riso e tabacco e la schiavitù. Da questo enorme territorio, compreso fra la Virginia e la Florida spagnola, nacquero all'inizio del Settecento tre colonie distinte: North Carolina (intorno al villaggio di Wilmington), South Carolina (intorno a Charles Town, poi Charleston), e poi Georgia (intorno a Savannah). La Georgia fu fondata nel 1733 come impresa filantropica per dare asilo ai debitori inglesi. Nel giro di un ventennio divenne una colonia schiavista come le altre della regione.

Il secondo centro di insediamento in ordine di tempo fu nelle regioni settentrionali, poi note come New England. Nel 1620 un centinaio di protestanti intransigenti, in fuga come i cattolici dai problemi religiosi della madrepatria, fondò Plymouth Colony a Cape Cod. Questi «Padri pellegrini» si ritrovarono a Cape Cod per caso. Erano diretti più a sud, verso la Virginia, dove erano stati autorizzati a stabilirsi; ma la loro nave, il *Mayflower*, fu portata fuori rotta da una tempesta. Avendo toccato terra oltre i confini giurisdizionali della Virginia Company, essi decisero di stendere uno statuto provvisorio per l'autogoverno; e prima di sbarcare firmarono il cosiddetto Patto del Mayflower. Altri protestanti (i «puritani») fondarono poi Salem e, tramite la Massachusetts Bay Company guidata da John Winthrop, la città di Boston (1630). Partendo da qui, gruppi di inglesi crearono le vicine colonie del Connecticut, del Rhode Island e del New Hampshire. La religione giocò un ruolo importante nella formazione di questi insediamenti. Per esempio, la città di Providence, nucleo originario del Rhode Island, fu fondata nel 1636 da Roger Williams, un dissidente cacciato dal Massachusetts per le sue idee ritenute stravaganti; Williams sosteneva che i puritani non dovevano imporre d'autorità la loro fede, che chiesa e stato dovevano essere separati, e che gli inglesi non avevano diritto di disporre delle terre dei nativi americani. I nomi delle colonie del New England testimoniavano una devozione alla corona minore rispetto a quelli delle colonie meridionali, che onoravano la «regina vergine» Elisabetta I (Virginia), Henrietta Maria consorte di Carlo I

(Maryland), Carlo II (Carolina) e Giorgio II (Georgia). In New England c'erano invece nostalgie della toponomastica inglese (contea di Hampshire, Isle of Rhodes) e prestiti linguistici dall'algonchino (Massachusetts e Connecticut).

La terza area di colonizzazione fu nella regione intermedia del Middle Atlantic. Qui erano giunti per primi gli olandesi, che nel 1624 avevano occupato la valle del fiume Hudson. Ma nel 1664 una flotta inglese guidata dal duca di York si impadronì di questa Nuova Olanda e dei suoi 5.000 abitanti, e la ribattezzò New York. Lo stesso nome fu dato a Nuova Amsterdam, un villaggio di 1.200 olandesi e 300 schiavi africani sull'isola di Manhattan, che divenne New York City. In poco tempo l'intera zona fu riorganizzata con una serie di transazioni commerciali. Il duca di York vendette ad altri tutto il territorio a sud del fiume Hudson, che divenne la colonia del New Jersey. Schiacciati fra il New Jersey e, a nord, il Connecticut, i newyorkesi cominciarono a espandersi verso l'interno. Gran parte del New Jersey fu poi ceduta a William Penn, un esponente delle comunità religiose quacchere che, come altri prima di loro, cercavano nel Nuovo mondo un sollievo dalle persecuzioni religiose del Vecchio mondo e un'occasione per migliorare le loro condizioni di vita. Nel 1681 nacque così la Pennsylvania, dalla quale si staccò nel 1704 la colonia semi-autonoma del Delaware. In tutte queste colonie la terra conquistata dagli europei era abbondante e la popolazione immigrata era scarsa. I gestori delle colonie, che erano soprattutto speculatori terrieri, frazionarono e misero in vendita le loro immense proprietà cercando di attrarre dall'Europa compratori medio-piccoli che diventassero residenti stabili. Offrirono quindi un pacchetto di vantaggi economici, civili e politici che comprendeva: terra a buon mercato, garanzia di tolleranza e libertà religiose, e varie forme di autogoverno locale (che nel caso di New York erano quelle ereditate direttamente dagli olandesi).

Gli insediamenti avevano dunque origini e forme specifiche diverse. Derivavano da un intreccio caotico e creativo di motivazioni: desiderio di ricchezza, aspirazione a vivere la propria religiosità senza costrizioni, interesse a speculazioni in grande stile, fuga dagli sconvolgimenti politico-sociali della madrepatria. Le fasi della storia dell'Inghilterra dettarono i tempi e i modi della colonizzazione e dell'emigrazione. L'irrigidirsi intollerante della monarchia protestante degli Stuart e della chiesa anglicana, all'inizio del Seicento, provocò la partenza dei dissidenti puritani verso il New England e dei cattolici verso il Maryland. Dopo la Rivoluzione puritana (1642), l'esecuzione di Carlo I (1649) e il Commonwealth repubblicano di Oliver Cromwell, il ritorno al potere della stessa casa regnante con Carlo II nel 1660 facilitò sia gli insediamenti in Carolina che le attività newyorkesi del duca di York, che di Carlo era fratello e che sarebbe diventato lui stesso re con il nome di Giacomo II. La concomitante restaurazione dell'anglicanesimo spinse i quaccheri a fondare la Pennsylvania. D'altra parte, anche le ricerche di libertà politico-religiosa erano organizzate come imprese commerciali e avevano la benedizione della corona. La Massachusetts Bay Company dei puritani era una società di mercanti capitalisti istituita con un decreto regio. Il Maryland cattolico e la Pennsylvania quacchera nacquero grazie a lucrative concessioni territoriali dei sovrani inglesi ai loro amici Lord Baltimore e William Penn. Queste concessioni non costavano niente ai sovrani, in quanto riguardavano proprietà altrui (delle popolazioni indiane), e potevano servire a pagare vecchi debiti (Penn era un creditore del re). La cacciata di Giacomo II Stuart, la Rivoluzione gloriosa del 1688-89 e il cambiamento della dinastia regnante con l'arrivo di Guglielmo III d'Orange portarono infine a una riorganizzazione e centralizzazione dell'intero sistema imperiale.

Il carattere di impresa commerciale delle colonie plasmò le loro forme di governo. I tipi prevalenti di governo provinciale nel Seicento erano due. Il tipo della *corporation* era diffuso nel New England, a cominciare dal Massachusetts. Le *corporations* erano le antenate delle moderne società per azioni. Servivano per raccogliere le risorse di un certo numero di investitori e finalizzarle a un unico scopo collettivo. Erano istituite con un decreto regio che ne dettava lo statuto, le forme di autogestione e, nel caso delle *corporations* organizzate per stabilire insediamenti nel Nuovo mondo, le forme di governo dei territori loro concessi; esse prevedevano dei governatori e dei consigli eletti periodicamente dai membri della società stessa. Dallo sviluppo di questi organi societari nacquero le istituzioni rappresentative delle colonie, elette dai residenti che fossero capifamiglia proprietari. Gli statuti delle *corporations* servirono inoltre da modello per le costituzioni scritte del Settecento. Un secondo tipo di governo era quello delle colonie «proprietarie» nel sud (Carolina e Maryland) e nel Middle Atlantic (New York, New Jersey, Pennsylvania). In questi casi la corona conferiva i territori a lord proprietari che ne disponevano pienamente e avevano l'autorità di istituirvi le forme di governo che preferissero. Qui in genere i governatori erano nominati dal proprietario, ma a essi si accompagnavano comunque assemblee rappresentative elettive simili a quelle delle *corporations*. In entrambi i casi la distinzione moderna tra sfera degli interessi privati e sfera degli interessi pubblici o politici non era chiara. La corona assicurava il carattere legale dell'impresa ma non esercitava direttamente la sovranità sui nuovi insediamenti. L'organizzazione e la gestione del governo spettava agli sponsor privati.

Il commercio plasmò anche la struttura imperiale inglese. Per tutto il Seicento il controllo politico dell'Inghilterra sul Nord America fu piuttosto blando. Ciò che importava era il controllo commerciale: a questo era preposto il principale organo di governo imperiale, il consiglio che dopo il 1696 fu conosciuto come Board of Trade; a questo erano preposte le principali leggi che regolavano l'impero, e cioè i *Navigation Acts*, che nella seconda metà del secolo definirono il sistema che più tardi sarebbe stato chiamato «mercantilista». Queste leggi imponevano che tutte le merci circolanti nell'impero viaggiassero su navi inglesi; che tutti i manufatti consumati nelle colonie provenissero dalla madrepatria; che tutti i prodotti scambiati fra i mercati coloniali e quelli extraimperiali passassero per l'Inghilterra. Intorno al 1700 questo sistema chiuso, che aveva Londra come unica porta di comunicazione con l'esterno, si era perfezionato. Ma nelle colonie molti mercanti trovavano oneroso far transitare dalla lontana Inghilterra le merci acquistate, per esempio, nelle vicine piantagioni francesi dei Caraibi. Trovavano invece lucrativo e ragionevole importarle di contrabbando. Per far rispettare con più rigore le regole imperiali, alla fine del Seicento Londra cercò di ridurre l'autonomia politica delle province nordamericane facendone delle colonie «regie». Era questo un terzo tipo di governo provinciale sotto il quale i governatori, pur essendo coadiuvati da assemblee elette *in loco*, erano nominati dalla corona e dipendevano da essa. Questo sistema era comune nelle Indie occidentali ma non nel continente, dove a lungo esistette solo in Virginia, nata come *corporation* ma riformata in colonia regia già nel 1625. Dall'inizio del Settecento, pur con contrasti e resistenze, il governo inglese aveva trasformato in colonie regie la maggioranza delle colonie del Nord America, con l'eccezione di Connecticut e Rhode Island (che restavano *corporations*) e di Pennsylvania e Maryland (che restavano proprietarie).

2.2. *Crescita e diversità delle colonie all'inizio del Settecento*

Qualunque fossero le motivazioni dei primi coloni, alla fine del Seicento le ragioni e i meccanismi dell'emigrazione europea mutarono. Da allora, tutta l'Europa era in movimento. Gli spostamenti transatlantici erano eccezionali solo per le distanze che implicavano e i tempi che richiedevano. Ma non esisteva una contrapposizione fra mobilità americana e stasi europea. Nelle isole britanniche l'emigrazione temporanea o permanente alla ricerca di lavoro, da una regione all'altra, dalla campagna alla città, dalla provincia a Londra, era normale. L'area metropolitana londinese crebbe da 200.000 abitanti nel 1600 a 575.000 abitanti nel 1700. I 20.000 puritani inglesi che raggiunsero il New England fra il 1630 e il 1640 non erano un fenomeno straordinario. Nello stesso decennio 60.000 inglesi partirono per le Indie occidentali, e altri 120.000 fra inglesi e scozzesi passarono in Irlanda. Il movimento era endemico anche in un'altra zona di provenienza di emigranti americani, e cioè nelle regioni di lingua tedesca della valle del Reno, nell'Europa continentale. Insomma, il popolamento del Nord America fu un'estensione, quasi un traboccamento, di consolidati processi di mobilità in Europa. All'inizio il Nord America inglese era una delle possibili destinazioni, non la più facile né la più importante, dove magari si finiva dopo averne provate altre senza soddisfazione. In un secondo tempo, dopo il 1700, la sua attrazione aumentò fino a diventare una forza indipendente, la più poderosa operante nelle isole britanniche e anche in alcune aree del continente. Le migrazioni divennero operazioni di massa molto sofisticate, paragonabili a quelle che negli stessi anni gestivano la tratta degli schiavi africani.

Gli organizzatori di queste operazioni erano vari. Il governo inglese fece la sua parte inviando nelle colonie nordamericane circa 50.000 galeotti prima del 1775 (non tutti gli emigranti europei erano volontari). Poi c'erano le compagnie di navigazione transatlantica che cercavano clienti e gli speculatori americani che cercavano acquirenti o affittuari per i loro terreni. I loro agenti battevano le regioni dove esistevano mobilità latenti o movimenti migratori in atto, e cercavano di stimolarli e indirizzarli per trarne profitto, raccontando quanto fosse meravigliosa l'America. C'erano infine gli agenti che cercavano manodopera qualificata, di cui le colonie avevano gran bisogno soprattutto dopo che i lavori più brutali furono scaricati sugli schiavi. Decine di migliaia di lavoratori e artigiani vennero reclutati come servi a contratto che, in cambio del pagamento del viaggio, si mettevano alle dipendenze di un padrone americano per un periodo di tempo definito, in genere sette anni, con vitto e alloggio ma senza salario. Per loro la servitù temporanea era il prezzo di una maggiore libertà futura. Tutti questi operatori del sistema dell'emigrazione, con le loro domande e strategie di ricerca, determinarono la provenienza geografica e la destinazione in Nord America degli europei, nonché la loro quantità e qualità. Coloro che partivano sapevano già dove sarebbero andati, avendo delle proprietà o dei datori di lavoro ad attenderli. Possedevano inoltre qualche risorsa da investire nell'impresa: la traversata oceanica era costosa, la terra anche, e i servi a contratto dovevano comunque possedere un mestiere. L'America non era un rifugio per i poverissimi.

Gli emigranti erano originari delle isole britanniche e, in misura minore, di alcune aree del continente. Appartenevano a gruppi etnici diversi, ciascuno dei quali si insediò in aree specifiche del Nord America, disegnando una mappa tutt'altro che omogenea. Erano inglesi meridionali e di Londra, tipicamente giovani artigiani maschi che non trovavano lavoro in patria. Erano inglesi settentrionali e scozzesi, in genere nuclei familiari di agricoltori in fuga dalle tasse, dalla disoccupazione e da proprietari prepotenti. Erano scoto-irlandesi presbiteriani, agricoltori e allevatori d'Irlanda di origine scozzese, tartassati dal governo, dalla siccità e dall'aumento dei fitti agrari. Di irlandesi cattolici ce n'erano pochissimi. Erano tedeschi impoveriti dalle guerre, oppure appartenenti a sette religiose (mennoniti e amish) perseguitate sia dai protestanti luterani che dai cattolici. Perseguitati religiosi erano anche i 15.000 ugonotti che arrivarono dalla Francia cattolica dopo la revoca dell'Editto di Nantes (1685) e la fine della politica di tolleranza. Nel Nuovo mondo gli ugonotti si stabilirono nelle città, praticando l'artigianato e il commercio. I tedeschi si concentrarono nelle regioni agricole della Quakertal, cioè in Pennsylvania, dove la cittadina di Germantown esisteva dal 1683. Scozzesi e scoto-irlandesi raggiunsero le aree occidentali di New York, Pennsylvania e Carolina, e divennero agricoltori (proprietari, affittuari o abusivi) nonché feroci guerrieri anti-indiani. Gli inglesi erano un po' ovunque, ma caratterizzavano soprattutto il New England e le regioni costiere meridionali. Nelle colonie a sud di New York la diversità fra la costa inglese e l'entroterra scozzese e scoto-irlandese era causa di tensioni continue. I due popoli non si amavano in patria, e qui trovarono ragioni di rinnovare i loro odii tribali.

La geografia etnica delle colonie si sovrapponeva a una geografia sociale ed economica altrettanto, e sempre più, differenziata. Le colonie del New England, omogenee etnicamente, lo erano anche dal punto di vista religioso. Qui le chiese del dissenso inglese erano diventate chiese di stato e, per un periodo almeno, soprattutto in Massachusetts, duramente intolleranti del dissenso altrui. La cultura religiosa plasmava l'istituzione centrale della vita collettiva, la famiglia. La famiglia puritana era patriarcale e disciplinata, e non lasciava alcuna autonomia alle mogli e ai figli. Garantiva tassi di crescita naturale elevati, lunghe aspettative di vita ai suoi membri, una trasmissione ordinata della proprietà e dell'autorità maschile, e quindi delle comunità in rapido sviluppo con élite stabili e longeve. Spesso la famiglia costituiva il cuore dell'impresa economica, soprattutto nelle campagne dominate da fattorie di dimensioni medio-piccole, che producevano per l'autoconsumo e solo in parte per l'esportazione. Altrettanto importante era la famiglia nelle attività urbane, artigianali e commerciali. Le città portuali, di cui Boston (passata da 7.000 abitanti nel 1690 a 16.000 nel 1775) era la più popolosa, avevano un ruolo cruciale perché la regione costituiva il centro dell'industria del mare nel Nord America. Vi fiorivano le costruzioni navali, anche per committenti inglesi, e i commerci e i trasporti marittimi intercoloniali e transoceanici, compresa la tratta degli schiavi. La pesca d'altomare nei banchi di Terranova impegnava circa 10.000 pescatori, e la caccia oceanica alla balena 4.000 marinai e 300 baleniere, per metà di base a Nantucket. L'economia del

New England era dunque piuttosto varia, sul modello di certe aree costiere del Nord Europa.

Molte di queste stesse caratteristiche si ritrovavano nelle colonie del Middle Atlantic, ma più in grande. L'agricoltura, favorita dall'estensione delle pianure della costa, produceva per l'esportazione. Le fattorie erano di dimensioni maggiori. Lungo la valle dell'Hudson esistevano enormi proprietà controllate dalla vecchia aristocrazia di origine olandese. Le attività manufatturiere e artigianali erano consistenti. Riguardavano la trasformazione dei prodotti agricoli (mulini, fabbriche di birra, distillerie di rum) e dei prodotti minerari (estrazione e lavorazione del ferro in Pennsylvania). Riguardavano inoltre la produzione di capi d'abbigliamento e cappelli, carta e mattoni, fucili e carri, e quella del vetro, per la quale furono importati maestri soffiatori italiani. Le industrie navali e le attività mercantili erano anche qui, come nel New England, concentrate in città portuali che crescevano a vista d'occhio. Sia New York (passata da 3.900 abitanti nel 1690 a 25.000 nel 1775) che Filadelfia (da 4.000 a 40.000) avevano superato Boston, e Filadelfia era la seconda città dell'impero dopo Londra. Ciò che distingueva queste colonie da quelle più a nord era la loro eterogeneità etnica e religiosa. Vi risiedevano inglesi, tedeschi, olandesi, svedesi, scoto-irlandesi, francesi ugonotti ed ebrei. Vi si trovavano comunità religiose di varie denominazioni, e ciò ostacolò la formazione di chiese di stato e costrinse le autorità locali ad accettare il pluralismo. I quaccheri della Pennsylvania ebbero in questo un merito specifico, con la loro cultura tollerante, pacifica e pacifista. Anche i loro rapporti familiari erano relativamente meno autoritari, più egualitari. Le donne quacchere avevano ruoli pubblici indipendenti sconosciuti altrove.

Le colonie meridionali erano diverse in quasi tutto. Qui, come nelle Indie occidentali, dominava la chiesa anglicana, burocratica, autoritaria e più intollerante della chiesa madre in Inghilterra. Come nelle colonie tropicali, le comunità europee erano a netta prevalenza maschile e con basse aspettative di vita. La loro riproduzione dipese a lungo dall'afflusso continuo di emigranti. Un matrimonio durava in media 7-8 anni prima della morte di uno degli sposi. Pochi vivevano abbastanza da vedere i nipoti, e spesso anche i figli adulti. Ciò rendeva difficile l'esercizio dell'autorità paterna, il controllo sul patrimonio e la costruzione di dinastie e di gerarchie stabili. I fondatori delle colonie credevano in società deferenziali e patriarcali, ma l'andamento demografico ostacolò sviluppi di questo tipo sin dentro il Settecento. Fino ad allora le élite tendevano a essere giovani e formate da nuovi arrivati. Queste colonie erano agricole e rurali. Le attività artigianali e manufatturiere e quelle legate all'economia urbana erano marginali. L'unica città era Charles Town in South Carolina, che aveva 1.100 abitanti nel 1690 e 12.000 nel 1775. Le condizioni del suolo e del clima erano ideali per le monocolture finalizzate all'esportazione e cioè tabacco e poi cereali in Virginia e Maryland; tabacco, riso e poi indaco in North Carolina, South Carolina e Georgia. Le forme più visibili di organizzazione dell'economia agricola erano le piantagioni, che talvolta erano enormi. All'ombra dei grandi proprietari, tuttavia, la stragrande maggioranza dei coloni europei gestiva fattorie medio-piccole. In entrambi i casi, il motore della macchina economica e sociale era costituito dalla forza lavoro schiava proveniente dall'Africa. La schiavitù di massa degli africani era l'istituzione centrale delle colonie meridionali.

3. *Gli africani e la schiavitù nordamericana*

3.1. *L'Africa e la tratta atlantica*

Per gli inglesi insediatisi in Nord America, visto il modo disastroso in cui la loro avventura era cominciata, non poteva che andare meglio. Da questo punto di vista, la storia delle loro colonie è una storia di progresso. Il loro progresso ebbe tuttavia conseguenze e costi elevatissimi per altri. La terra abbondante e a buon mercato del Nuovo mondo, che era alla base del benessere e delle libertà degli anglo-americani, volle dire, come si vedrà nel prossimo paragrafo, conquista ed esproprio per le popolazioni native. Dalla fine del Seicento in poi, per milioni di africani, volle dire schiavitù. Alla disponibilità di terra non corrispondeva infatti un'adeguata disponibilità di manodopera, e il sistema più rapido che gli europei immaginarono per risolvere questo problema fu quello di costringere altri a lavorare per loro. Gli europei fecero in America quello che non avrebbero osato fare nel loro continente, e cioè schiavizzare altri popoli, aiutati in questo da convinzioni culturali e religiose che ritenevano questi popoli meno civili, inferiori. Dapprima ci provarono con gli indiani, poi avviarono la tratta degli africani. Gli schiavi indiani, che pure erano a portata di mano (nel 1708 in South Carolina ce n'erano 1.400), presentavano troppi problemi: erano esposti alle malattie dei nuovi venuti, morivano rapidamente, potevano fuggire in un ambiente che conoscevano bene. Gli africani importati sembravano invece resistere bene alle malattie, vivevano più a lungo degli stessi bianchi. Erano inoltre estranei all'ambiente e avevano il marchio del colore della pelle, che li rendeva facilmente riconoscibili anche qualora cercassero di darsi alla fuga. Erano convenienti ed efficienti, malgrado il costo dell'attraversamento dell'oceano. Alla fine del Seicento un padrone nordamericano poteva recuperare il costo di uno schiavo africano con il suo lavoro di un anno.

All'inizio del Settecento le colonie inglesi nel Nord America e nelle Indie occidentali, così come quelle spagnole e portoghesi nelle aree tropicali dell'emisfero, erano parte di una grande rete di scambi che collegava le aree costiere dei continenti che si affacciavano sull'oceano Atlantico. Il sistema comportava la produzione di merci sulle coste del Nuovo mondo per i mercati dell'Europa, e l'invio di forza lavoro schiava dall'Africa nera occidentale. Le medie annuali di spedizione crebbero da 3.000-4.000 schiavi nell'ultimo quarto del Cinquecento fino a 80.000 nel periodo 1780-1800. Solo nel Settecento gli africani importati furono più di 5 milioni, per due terzi maschi. Provenivano in genere dalle aree intorno al golfo di Guinea, da terre di foreste tropicali e savane, da società basate sull'agricoltura e sull'allevamento di piccola scala, da culture ed etnie diverse fra loro. Probabilmente un quarto di tutti gli schiavi era originario delle regioni che gli europei chiamarono Congo e Angola (popolazioni Kongo, Matamba, e altre), e un altro quarto della Nigeria (Ibo). Quote del 15% riguardavano il Senegal-Gambia (popolazioni Mandinka), la Costa d'Oro (Ashanti) e la Sierra Leone-Costa d'Avorio. Le cifre erano enormi. La migrazione atlantica è stata spesso descritta dagli storici come la più grande e fatale migrazione, e migrazione forzata, nella storia dell'umanità. Anche l'organizzazione che gestiva questi movimenti era enorme e attentamente pianificata. Riguardava non solo il trasporto e la distribuzione degli schiavi nelle Americhe, ma anche la loro raccolta nelle regioni africane dell'interno e la spedizione ai porti d'imbarco. E si basava su una sorta di divisione razziale del lavoro.

La tratta transatlantica era gestita dagli europei, e cioè da spagnoli, portoghesi, olandesi e poi inglesi, che vi mettevano capacità manageriali, capitali, uomini e navi. Nel 1672 gli inglesi formarono la Royal African Company, una società alla quale affidarono il monopolio del loro commercio degli schiavi. Il contrabbando era tuttavia diffuso, e dopo il 1700 il monopolio finì, aprendo la strada alle imprese private, magari ad avventurieri che operavano con un unico vascello. I profitti erano elevati; nel 1760 uno schiavo costava 14 sterline in Gambia e ne rendeva 45 in Virginia. Finirono anche analoghi monopoli in altri imperi coloniali. Nel 1713 gli inglesi ottennero il diritto di importare schiavi anche nell'America spagnola, il cosiddetto *Asiento*, e divennero i più grandi negrieri del mondo. Gli europei costituirono piccoli insediamenti lungo le coste africane, dove concentravano gli schiavi acquistati in attesa del loro imbarco. Li pagavano in denaro, oppure con prodotti tessili, strumenti, armi, alcol. Prima di arrivare ai punti d'imbarco, tuttavia, le operazioni erano gestite dagli africani. In molti casi erano gli stessi governanti dei regni della costa a procurarsi schiavi presso le popolazioni vicine, razziandoli o acquistandoli da mercanti locali, per poi rivenderli con profitto agli europei. In effetti, fu grazie a queste attività che, nel Settecento, alcuni stati africani prosperarono o addirittura si formarono. Il regno Ashanti, per esempio, nacque dalla fusione di una trentina di piccoli regni lungo la cosiddetta Costa d'Oro. Con la sua forza militare fu in grado di contrastare sia la penetrazione dei mercanti africani dall'interno, sia la pressione europea dal mare, e di imporre a entrambi una remunerativa mediazione nel commercio schiavista.

In Africa la schiavitù era un'istituzione solida e di vecchia data, sia pure con caratteristiche diverse in società diverse. Nelle aree di influenza musulmana gli schiavi (prigionieri di guerra, tributi di territori sottomessi o conquistati, prigionieri per debiti, criminali condannati) erano considerati delle proprietà in un senso molto vicino a quello europeo. In altre aree vivevano nelle famiglie e partecipavano alla divisione familiare del lavoro. Erano usati per vari compiti a seconda delle loro abilità: erano braccia per lavorare ma anche, se abili e colti, cervelli per istruire e amministrare. Altrettanto consolidato era il commercio degli schiavi, che si avvaleva di strutture che ne permettevano la pratica di massa. Carovane di migliaia di persone, organizzate da ricchi operatori come i mercanti Ibo del Biafra o i mercanti musulmani delle savane occidentali, attraversavano il continente lungo le vie tradizionali che portavano dall'Africa nera verso nord, attraverso i deserti sahariani e lungo la valle del Nilo, oppure verso est, attraverso il mar Rosso e la penisola arabica fino al golfo Persico e oltre. A cominciare dal periodo della massima egemonia islamica, nel VII e VIII secolo, esse rifornivano di schiavi il mondo mediterraneo e quello dell'oceano Indiano. Queste vie di emigrazione forzata erano dunque molto più antiche di quella che si aprì verso ovest e il Nuovo mondo, e sopravvissero a essa, continuando a funzionare fino all'inizio del Novecento. In più di un millennio, furono percorse da circa 10 milioni di africani in catene, una cifra analoga a quella della grande deportazione oltre l'oceano Atlantico, e contribuirono alla loro dispersione forzata e a quella che è stata chiamata la «Diaspora nera».

L'avvio di una tratta transatlantica non costituì dunque all'inizio, dal punto di vista delle culture africane, una gran novità. Il suo carattere nuovo si rivelò alla fine del Seicento, e consistette nella scala e nei tempi delle operazioni, che si concentrarono in un paio di secoli, crearono un sistema vasto e complesso, mobilitarono grandi interessi e causarono enormi sofferenze. Gli interessi in gioco erano molteplici. Senza la domanda di forza lavoro nelle Americhe, e senza le tecnologie marittime dei paesi europei, la tratta sarebbe stata inconcepibile. Sarebbe stata altrettanto inconcepibile, tuttavia, senza la domanda di merci europee da parte dei paesi africani, e senza le loro collaudate reti di comunicazione continentale che consentivano di procurare schiavi in grandi quantità e a basso costo. Agli europei non restava che comprarli nei mercati costieri, senza perdere tempo e senza rischiare la pelle per le malattie tropicali. Anche una breve permanenza in quei porti era infatti pericolosa per i bianchi, che vi registravano tassi di mortalità giganteschi, dal 250 al 750 per mille per anno. Le sofferenze degli africani furono drammatiche, e niente fu peggiore della traversata atlantica, il cosiddetto *middle passage*, il passaggio di mezzo. Malnutriti e malvestiti, gli schiavi erano stipati come animali nelle stive di navi fetide per un viaggio che durava 30 o 40 giorni, se i venti erano favorevoli; se no, anche il doppio. In media, periva il 10-20% del «carico», un tasso di mortalità elevato benché analogo a quelli di altri trasporti transoceanici di massa del periodo, per esempio degli emigranti, dei soldati o dei prigionieri dall'Europa. Nel caso degli africani erano impressionanti le cifre assolute. In tutto, ci furono probabilmente 2 milioni di morti.

Il rischio incombente e la realtà della morte erano solo uno degli aspetti atroci dell'esperienza della tratta. Un raro documento del tempo, *L'interessante narrazione della vita di Olaudah Equiano, o Gustavus Vassa, l'africano*, scritta da lui medesimo e stampato a Londra nel 1789, consente di guardare a essa con gli occhi delle vittime. Equiano nacque in una ricca famiglia Ibo, essa stessa proprietaria di schiavi, nella regione che è oggi la Nigeria. Catturato bambino da razziatori locali, fu venduto a vari padroni africani e poi deportato nel Nuovo mondo, nelle Barbados e in Virginia. Al seguito dei padroni europei girò mezzo mondo: le Americhe fino all'Artico, il Mediterraneo; imparò l'inglese, a leggere e scrivere, e riuscì a comprare la propria libertà. In Inghilterra militò nel movimento abolizionista, e proprio per contribuire alla causa scrisse e pubblicò, con grande successo di pubblico, le memorie forse un poco romanzate della sua vita straordinaria. Equiano racconta come il trauma iniziale dell'essere ridotto in schiavitù dai propri simili fosse diventato cieco terrore quando dovette affrontare padroni mai visti prima, dall'aspetto orribile (capelli lisci e lunghi, nasi affilati, pelli bianche, volti paonazzi) e dal comportamento selvaggio, che emettevano suoni mai sentiti e vivevano su barche gigantesche dirette verso l'ignoto. Temette che fossero spiriti maligni o antropofagi. Durante la lunga traversata fu travolto dall'angoscia, da crisi depressive, dal desiderio di morte. Alcuni suoi compagni si suicidarono saltando in mare, quelli ripescati vivi furono frustati a sangue. L'impatto con la schiavitù d'oltre Atlantico fu altrettanto traumatico. Si rese conto che essere schiavi in Africa non implicava diversità né inferiorità razziale; significava piuttosto occupare un gradino inferiore all'interno di una società gerarchica. Nelle Americhe la linea di demarcazione fra i liberi e gli schiavi era invece nettissima, e razzialmente definita.

3.2. *La schiavitù nel Nord America inglese*

La linea di demarcazione era tanto più netta nelle colonie inglesi del Nord America, dove la società bianca era meno gerarchica che altrove, e il lavoro dello schiavo nero più rigidamente segregato. Queste colonie assorbirono una quota molto ridotta del traffico transatlantico di africani, meno del 5% del totale, meno di quanto finisse nella piccola isola di Cuba. Anche nell'ambito dell'impero inglese nel Nuovo mondo le colonie continentali furono sempre seconde, come mercato di schiavi, rispetto alla Giamaica. Anche se non in massa, comunque gli schiavi vi arrivarono fin dall'inizio, i primissimi portati dagli olandesi nel 1619 a Jamestown. Gli olandesi controllarono questo commercio fino alla metà del Seicento, sostituiti poi dal naviglio inglese, al quale si aggiunse quello anglo-americano. Alla metà del Settecento, le navi che facevano capo ai porti del New England, ma anche a New York e Filadelfia, controllavano un terzo della tratta inglese. I mercati più importanti furono dapprima in Virginia e Maryland, ma dopo il 1700 le colonie più meridionali presero il sopravvento. Prima Charleston (South Carolina) e poi Savannah (Georgia) divennero i principali porti di ingresso. Gli schiavi arrivavano sulle coste nordamericane per due vie, direttamente dall'Africa oppure tramite le Indie occidentali. Non si trattava solo di due rotte distinte, bensì di due tipi diversi di operazione che implicavano diversi livelli di maturità dei mercati. Gli schiavi «freschi» d'Africa dovevano essere disciplinati alla nuova vita, e le Indie occidentali, che avevano un sistema schiavista consolidato, erano le più adatte a farlo. Da lì, gli schiavi «stagionati» erano riesportati nei mercati più incerti e nuovi. Quando il South Carolina cominciò a importare africani freschi, fino a coprire più della metà dei nuovi arrivi dopo il 1720, il segnale era chiaro: la schiavitù aveva messo radici anche nelle colonie del continente, influenzandone il destino.

La schiavitù mise radici in Nord America senza grandi discussioni, come cosa normale, sia pure in tempi e modi differenti nelle diverse aree. Nelle colonie più settentrionali gli schiavi furono sempre pochi. Nel 1770 c'erano 50.000 africani a nord dei confini del Maryland, e costituivano il 4,5% della popolazione non indiana. Per contro, a sud di quella linea ce n'erano 400.000, il 40% della popolazione. La loro scarsa presenza nelle colonie settentrionali era frutto di una struttura economica che non ne aveva bisogno, e che lasciava loro qualche posto da artigiano, da operaio, da servitore domestico. Non derivava da disapprovazione morale. Gli anglo-americani del nord non solo accettavano la schiavitù in quanto istituzione, ma praticavano anche con efficienza, determinazione e considerevoli profitti la tratta degli schiavi per il resto dell'emisfero. Nelle colonie più meridionali la schiavitù era invece visibile nella sua forma estrema. La Carolina era nata schiavista, fondata da piantatori inglesi delle Indie occidentali. Le bozze delle *Costituzioni fondamentali della Carolina* (1669), stilate dal filosofo inglese John Locke e mai entrate in vigore, parlavano chiaro: «Ogni uomo libero della Carolina avrà potere e autorità assoluta sugli schiavi negri di qualunque opinione o religione». In North Carolina e South Carolina dopo il 1700, in Georgia dopo il 1750, la schiavitù divenne il sistema dominante di organizzazione del lavoro nelle grandi piantagioni di riso e indaco. Per il riso gli agricoltori africani, soprattutto quelli originari del Senegal-Gambia, erano essenziali, perché sapevano coltivarlo meglio degli europei. Gli schiavi erano la metà dei 30.000 abitanti della Georgia nel 1773. Nel 1750 erano la stragrande maggioranza della popolazione nella South Carolina, 70.000 contro 30.000 bianchi.

Nelle più vecchie colonie della baia di Chesapeake, Virginia e Maryland la schiavitù si insediò gradualmente. Per un periodo la condizione degli africani, presenti ma poco numerosi, non sembrò diversa da quella dei servi a contratto europei; alcuni di loro acquistarono la libertà e divennero piccoli piantatori. Poi, intorno alla metà del Seicento, qualcosa cambiò. I prezzi del tabacco, che dominava l'economia locale, scesero. I profitti minori resero più difficile attrarre servi a contratto dall'Europa. Nello stesso tempo, i servi già immigrati vivevano più a lungo, oltre la scadenza dei loro contratti, e quindi diventavano liberi ma senza le risorse per diventare proprietari. Si formò così una classe di maschi senza terra e vagabondi come in Inghilterra e per di più, come tutti in America, armati. Questi gruppi erano una minaccia per i piantatori, e parteciparono a disordini sociali come la Ribellione di Bacon (1676). Le élite coloniali reagirono cercando di allungare la durata dei contratti e di privare del diritto di voto i non proprietari. Ma non potevano limitare oltre i privilegi degli inglesi. Cominciarono a pensare che tutti i loro problemi (la scarsità di manodopera, la turbolenza di quella disponibile, il rispetto dovuto alle libertà degli inglesi) potevano trovare soluzione in un altro tipo di servitù. Come avevano fatto mezzo secolo prima i loro compatrioti delle Indie occidentali, guardarono anch'essi agli schiavi africani: abbondanti, servi a vita, di un'altra razza, perfetti. Dopo il 1680 i numeri crebbero in fretta. In Maryland e Virginia c'erano in quell'anno 4.600 africani, il 7% degli abitanti. Nel 1770 ce n'erano 200.000, e costituivano il 40% della popolazione, i tre quarti dei lavoratori manuali, la quasi totalità dei lavoratori agricoli.

L'introduzione della schiavitù di massa cambiò non solo il sistema economico ma anche quello sociale e giuridico. La schiavitù non era prevista dal diritto comune, e i coloni ne inventarono le basi legali seguendo il modello delle Indie occidentali. In Virginia e Maryland i tribunali iniziarono a trattare diversamente gli africani fin dal 1640. I servi neri ebbero contratti più lunghi di quelli dei bianchi, e infine la servitù a vita ed ereditaria. Quelli che fuggivano ebbero pene più pesanti. Le violenze dei padroni nei loro confronti furono dichiarate non punibili. Ai neri fu vietato di portare armi, poi di sposarsi con i bianchi e infine di avere proprietà. Dopo il 1680, quando l'importazione di schiavi divenne massiccia, fu tolto loro ogni diritto residuo, compreso quello di contrarre matrimonio. All'inizio del Settecento i residenti di origine africana erano sottoposti ovunque a delle leggi speciali. I loro comportamenti, soprattutto nelle colonie dove erano numerosi e magari, come in South Carolina, più numerosi degli europei, erano regolati da norme severissime che formavano i cosiddetti *slave codes*. Gli europei erano ossessionati dalla possibilità di essere sgozzati di notte nei loro letti, e reagivano con norme molto rigide (divieti di movimento, di assembramento, di uso dei tamburi, coprifuoco notturno) e punizioni orrende (dal taglio del naso alla castrazione, al rogo). A ciò si accompagnò la crescente separazione sociale. La crescita economica favorì la concentrazione della maggioranza degli africani in grandi piantagioni, e quindi il loro isolamento. A parte i padroni, gli unici bianchi che vi si trovassero erano i sovrintendenti assunti per controllare il lavoro degli schiavi. Tipicamente, costoro erano giovani maschi senza proprietà, durissimi nella disciplina. Insomma, si era formata una società schiavista a base razziale.

Pur vivendo immersi in ambienti ostili, gli africani coltivarono e mantennero molte loro tradizioni, e cominciarono a forgiare nuove forme culturali. Per la prima metà del Settecento è difficile parlare di una comunità afro-americana omogenea, perché le condizioni di insediamento nel Nord America erano diverse, e diverse erano le culture africane di origine. La vita nelle grandi piantagioni con pochi contatti esterni era prevalente, ma era soprattutto tipica delle colonie meridionali, dove si accompagnava a un continuo afflusso di nuovi arrivi dall'Africa. Le permanenze culturali africane erano così molto evidenti, per esempio fra i neri della South Carolina. Nelle più antiche piantagioni della Virginia gli schiavi erano più americanizzati, perché i contatti fra loro e con i bianchi erano maggiori, e perché la popolazione nera aveva una proporzione fra uomini e donne che le consentiva di crescere senza importare africani freschi. Nelle colonie settentrionali gli schiavi erano più rari e isolati fra loro, avevano maggiore libertà di movimento, spesso formavano famiglie regolari; avevano più contatti con la società bianca, ma ne erano anche più controllati. Le istituzioni familiari ebbero un ruolo importante in queste trasformazioni, così come quelle religiose. Fra l'altro la maggioranza degli africani, per quanto cristianizzata dai missionari inglesi, rimase fuori dalle chiese dei bianchi per scelta propria, anche se ci furono alcune esperienze interrazziali nelle chiese più popolari. Gli incontri religiosi erano spazi di autonomia sottratti al controllo dei padroni e di contaminazione fra pratiche religiose cristiane e africane; vi si celebravano le memorie comuni, si promuovevano i dirigenti delle nuove comunità americane, si proteggevano rapporti sociali di solidarietà e resistenza.

La resistenza alla schiavitù assunse varie forme. Le più comuni erano anche le meno drammatiche, e le più difficili da decifrare per gli osservatori. Implicavano per esempio darsi malati, ubriacarsi, lavorare lentamente, simulare incidenti, distruggere raccolti, strumenti di lavoro, edifici. Far finta di essere stupidi era un'altra possibilità. Ciò che ai padroni sembrava infantilismo era in effetti una strategia di difesa e aggiramento. La resistenza implicava anche episodi cruenti, come avvelenamenti di guardiani e padroni, e la fuga. Ma la fuga era frustrante perché non c'era un luogo dove andare. La schiavitù era ovunque. Capitava che la praticassero anche gli indiani delle foreste occidentali, che a volte erano cordiali e accoglienti con i fuggitivi, altre volte no. E infine c'erano le rivolte, numerose e disperate, che colpirono tutte le colonie. Una rivolta tentata a New York (1741) portò all'arresto di 54 neri e all'esecuzione di 31 di loro. Le più importanti tuttavia avvennero in South Carolina fra il 1720 e il 1740, e coinvolsero schiavi appena arrivati dall'Africa con tutta evidenza non ancora stagionati. La più clamorosa di tutte fu la cosiddetta *Stono Rebellion*, scoppiata il 9 settembre 1739 nei pressi di Charleston. Qui una ventina di angolani si impadronì delle armi di un negozio, lasciò le teste mozzate dei proprietari sui gradini d'ingresso, e cominciò una sanguinosa marcia verso sud, forse verso la Florida spagnola, raccogliendo nuovi adepti. La sera i ribelli furono affrontati e dispersi dalla milizia. Alla fine si contarono una trentina di morti fra i bianchi e 44 fra i neri. L'anno successivo, sempre a Charleston, 200 schiavi furono colti a organizzare un'altra fuga, e 50 di loro vennero giustiziati. Gli europei erano ossessionati dalle cospirazioni degli schiavi, le vedevano ovunque, e talvolta a ragione.

4. *Gli americani nativi e gli invasori*

4.1. *Due civiltà a confronto*

Anche per i residenti originari del Nord America, così come per gli africani deportati, esisteva un rapporto tragico fra il progresso di alcuni e la conseguente maledizione di altri. L'insediamento e poi la crescita della civiltà europea sul loro continente significò per loro conquista, esproprio e rovina. Come si è già detto, al momento dei primi contatti l'area occupata oggi dagli Stati Uniti contava probabilmente 5 milioni di abitanti nativi, appartenenti a una miriade di popoli indipendenti. Nel 1800 i nativi erano probabilmente scesi a 600.000. Per quanto i dati di partenza e arrivo siano discutibili, la portata della catastrofe sembra indiscutibile in termini quantitativi e qualitativi. Le epidemie, poi le guerre e le migrazioni forzate, già devastanti di per sé, ebbero tremendi effetti moltiplicativi. Decimarono la popolazione, bloccarono le attività economiche, produssero fame e ulteriori morti, interruppero la trasmissione del sapere fra le generazioni, lasciarono vuoto e disperazione. Fra l'altro, sulle coste atlantiche gli agenti patogeni portati dagli esploratori e dai trafficanti fecero il loro letale lavoro prima che vi si insediassero i coloni veri e propri. Per esempio, la peste precedette di un paio d'anni l'arrivo dei puritani a Plymouth nel 1620. Costoro trovarono quindi regioni poco o per niente abitate, e interpretarono ciò come un dono della provvidenza che li aveva forniti di terre libere e, per giunta, sollevati da ogni complesso di colpa. I coloni sapevano benissimo attraverso quali vie terrene agisse la divina provvidenza. Un governatore della South Carolina ringraziò il suo Dio per aver mandato un «angelo assiro» fra gli aborigeni con «il vaiolo e cose simili per diminuire il loro numero: così che gli inglesi, a paragone degli spagnoli, hanno solo poco sangue indiano di cui rispondere».

Gli scambi fra inglesi e americani nativi non si limitarono ai microbi. Ce ne furono altri, e piuttosto visibili. Sulla costa atlantica, all'inizio, gli indiani letteralmente sfamarono i coloni, costretti al baratto per procurarsi il cibo. Poi insegnarono loro a conoscere animali e piante nuove, quali fossero commestibili e quali no, a quali usi alimentari, medicinali o di abbigliamento destinarle. Insegnarono loro le vie di comunicazione verso l'interno, i sentieri, i guadi, le valli che conducevano ai passi montani, e i modi migliori per percorrerli, con canoe di corteccia, con racchette da neve, o semplicemente in «fila indiana». Insegnarono loro le tecniche di caccia e di guerriglia nella foresta. Dagli europei i nativi impararono subito l'uso del pentolame e di altri strumenti, con più lentezza quello di certi tessuti, con grande velocità quello delle armi da fuoco. Di queste armi divennero esperti utilizzatori, riparatori e anche, qualche volta, costruttori artigianali. I popoli che acquisirono per primi queste capacità ne ricavarono, come gli Irochesi del nordest, autorità e potere sui loro vicini. E tuttavia si trattò sempre di scambi ineguali. Tranne che nella primissima e cruciale fase di contatto, erano gli europei a dettare le condizioni dello scambio, a prendere l'iniziativa, a incorporare nella propria cultura ciò di cui avevano bisogno e a trarne il massimo vantaggio. Accadde sul piano generale ciò che accadde per la lingua. Per nominare realtà nuove l'inglese assorbì, spesso deformandoli, vocaboli provenienti da diverse lingue nordamericane (da opossum, mais e squaw fino ai nomi di 28 stati degli attuali Stati Uniti). Ma l'impatto normativo di questi prestiti fu nullo, non cambiò la struttura della lingua, che rimase quella di prima con qualche parola straniera in più.

Gli scambi erano difficili. Tanto gli europei quanto gli americani nativi erano tutt'altro che omogenei al loro interno. Quelli che gli europei chiamavano gli indiani del Nord America, per esempio, si dividevano in 12 gruppi linguistici importanti e in 2.000 gruppi più piccoli. E tuttavia l'alterità reciproca era percepita come netta e drammatica. Da parte europea c'era la tecnologia dell'età del ferro, una dinamica economia commerciale e monetaria, la cultura della parola scritta e dell'archivio. Da parte indiana, c'era una tecnologia che non conosceva ruota, ferro, vetro, carta, tessuti, orologi, bussole, polvere da sparo; c'era l'economia del baratto e una cultura orale e della memoria. Da parte europea c'era un solo Dio, un atteggiamento di sfruttamento nei confronti delle risorse naturali, la tendenza all'espansione guidata da un senso di superiorità tecnologica, razziale e religiosa. Dall'altra parte c'era una molteplicità di spiriti, il sentirsi parte della natura, e un senso di superiorità dovuto al legame con la terra. Da una parte c'erano gerarchie sociali complesse, città e villaggi stabili, e guerre per la corona, la conquista, la ricchezza, la fede. Dall'altra c'era una sorta di democratico individualismo regolato dal controllo comunitario, un ciclo di spostamenti stagionali sul territorio, e guerre per vendetta, onore e per fare prigionieri. Da una parte c'era un senso lineare del tempo che si proiettava come una freccia verso il futuro; dall'altra un tempo circolare senza netti confini tra futuro, presente e passato. Gli europei avevano superiorità schiaccianti e misurabili in due aree: le risorse tecnologiche e la pressione demografica di una popolazione in crescita. La diversità culturale, tuttavia, fornì agli americani nativi uno strumento per contrastare la pressione europea, sottrarsi all'assimilazione e difendere la propria autonomia.

I popoli indiani avevano un forte senso di indipendenza, di autostima e di superiorità. Poteva accadere che chiamassero se stessi «il popolo degli uomini» per antonomasia, e gli altri popoli circostanti con qualche nome denigratorio. Si sentivano sovrani nel loro ambiente, che ai loro occhi non era *wilderness*, come sembrava agli inesperti europei, bensì natura segnata dall'opera dell'uomo, con campi, abitazioni, vie di comunicazione, luoghi abituali di raccolto e di caccia. La caccia li spingeva a muoversi periodicamente, rendendo labile il rapporto esclusivo degli individui con specifici appezzamenti di terreno, ma non il rapporto collettivo e comunitario con un territorio da difendere con le unghie e con i denti. Il nomadismo fece sì che non si sviluppassero abitazioni stabili, e le donne che controllavano l'ambiente domestico, e dovevano traslocare più volte l'anno, rifiutarono di usare prodotti ingombranti di origine europea. L'agricoltura era un'attività secondaria per quasi tutte le popolazioni del Nord America e il lavoro nei campi era comunque compito delle donne. L'intento europeo di «civilizzare» gli indiani trasformando gli uomini in agricoltori fu percepito come un tentativo di trasformare gli uomini in donne, di sconvolgere le convenzioni di genere. Talvolta i guerrieri accettarono di gestire attività agricole, ma presero a modello i gentiluomini bianchi delle colonie meridionali e quindi fecero lavorare altri, gli schiavi; questo cercarono di fare i Cherokee del sudest all'inizio dell'Ottocento. Infine, gli americani nativi facevano affidamento su strutture politico-sociali che fornivano loro identità e organizzazione, ma che erano difficilmente comprensibili agli europei, che non avevano neppure le parole per dar loro un nome.

Nel Seicento gli europei chiamavano i capi indiani «re e imperatori», «principi» e «principesse», secondo il lessico delle istituzioni del Vecchio mondo. Più tardi prevalsero termini come «capi» e «capitribù», che tradivano un giudizio nuovo su società ora percepite come più primitive. Anche i nomi per designare le entità politiche variarono, da «tribù» a «confederazione», ma tutti erano (e restano) insoddisfacenti. Il nome più diffuso era forse «nazione», in uso fin dal 1650. In ogni caso, i capi indiani avevano le stesse funzioni dei capi europei. Raramente in Nord America esistettero forme di potere assoluto simili a quelle di cui erano titolari i sovrani Aztechi del Messico e Inca del Perú, o i sovrani dell'Europa del tempo. Autorità fortemente centralizzate erano presenti solo fra i Natchez della costa del golfo, che sentivano l'influenza degli imperi teocratici del Messico; oppure, in tono minore, presso alcuni popoli della Florida e della Virginia. Sulla costa atlantica, in genere, i capi condividevano il potere con i consigli e le assemblee di villaggio; le decisioni erano prese in consiglio, mediante discussioni che potevano essere estenuanti, magari protrarsi fino al raggiungimento dell'unanimità, vera o fittizia che fosse. C'era una netta separazione fra le autorità civili, le autorità militari e quelle incaricate di amministrare la giustizia. A tutti i livelli, i capi erano uomini scelti più per le loro capacità che per via ereditaria; talvolta, come accadeva fra gli Irochesi, erano nominati da assemblee guidate dalle donne più anziane. Alla base della vita pubblica c'erano i clan, cioè gruppi di parentela formati da individui che discendevano o ritenevano di discendere dallo stesso antenato, anche secondo linee femminili. I clan erano estesi, e trascendevano persino le tribù o le nazioni. Furono essi a costituire la spina dorsale delle potenti confederazioni degli Irochesi nel nordest e dei Creek e Cherokee del sud.

Queste complesse formazioni politiche avevano storie relativamente recenti, poiché erano il risultato dell'impatto con gli europei. Fino all'inizio del Settecento, per esempio, i Cherokee non avevano alcun coordinamento delle loro comunità, che vivevano in totale autonomia le une dalle altre. Fu l'incontro con gli inglesi e i francesi a spingerli a creare un sistema decisionale in grado di trattare con loro e di elaborare, tramite una rete di consigli di villaggio, un atteggiamento comune. Le strutture decisionali della loro confederazione non erano fisse, cambiavano a seconda del compito da affrontare. I clan (ne esistevano sette, ognuno rappresentato in ogni comunità) avevano autorità esclusiva sulla distribuzione della terra per l'orticoltura, sui matrimoni e sulle vendette. L'omicidio di un membro del clan chiedeva una vendetta di sangue da parte di un qualunque membro del clan stesso. I rapporti con i popoli vicini e con i bianchi erano invece regolati da un consiglio degli anziani, che era rappresentativo dei sette clan e di fronte al quale avevano diritto di parola tutti i maschi. In tempo di guerra si creava una nuova gerarchia di comando. I guerrieri eleggevano un comitato militare esecutivo con un capo, un sacerdote, un oratore, un chirurgo e vari ufficiali; si formava inoltre un consiglio di guerra, più politico, di sette membri (di nuovo, tutti i clan). La confederazione, sia pure con molte difficoltà, funzionò in questo modo per tutto il Settecento. Una struttura così flessibile e articolata confondeva spesso gli europei, che non capivano il potere decentrato e rifiutarono di adattarvisi. Furono allora i Cherokee ad adattarsi agli europei. Scelsero uno dei capi villaggio e lo nominarono imperatore affinché parlasse, o almeno facesse finta di parlare, a nome di tutti.

4.2. *La resistenza e le guerre indiane*

L'atteggiamento degli indiani nei confronti dei bianchi variò nel tempo. Benché gli incontri iniziali fossero pacifici e segnati da trattati di amicizia e alleanza, il lato pacifico si basava su un fraintendimento. I primi europei erano troppo pochi, e troppo curiosi delle potenzialità delle nuove terre, per cercare lo scontro con i nativi. Risposero quindi all'ospitalità con l'ospitalità. Alcuni impararono le lingue amerindiane, altri si procurarono degli interpreti, magari istruendo dei giovani del luogo sequestrati allo scopo, e questa era già una pratica sordida che suscitò parecchi malumori. Ma tutto l'atteggiamento degli europei cominciò ad apparire irrispettoso e aggressivo. I nuovi venuti davano nuovi nomi a tutto ciò che capitasse loro a tiro. Lasciavano ovunque segni della loro presenza, cippi, stendardi, croci. Violavano i trattati stipulati quando ciò tornava loro utile, e in effetti ritenevano di avere diritti di possesso sulle terre che li ospitavano. Con impudente semplicità, con pochi atti simbolici, rivendicavano ai loro sovrani il dominio su interi territori appartenenti ad altri. Gli statuti regi delle colonie davano loro diritti su sezioni estesissime del continente che andavano da un oceano all'altro, prima ancora di sapere che cosa ci fosse nel mezzo. Le autorità locali non gradirono questa arroganza. Quando fu chiaro che gli europei intendevano restare e impadronirsi delle loro ricchezze e, tramite l'evangelizzazione, anche delle loro anime, la luna di miele finì. Gli indiani smisero di vedere i bianchi come propri simili o come divinità arrivate dal cielo, e cominciarono a vederli come spiriti potenti e maligni oppure nemici anche troppo umani, forse subumani, da schiacciare prima che facessero danni irrimediabili. Fra l'altro questi cambiamenti nei rapporti non riguardavano necessariamente gli stessi gruppi di europei. Quello che per i coloni inglesi del Nord America era il primo incontro (nel 1607 a Jamestown o nel 1620 a Plymouth) non lo era per gli abitanti della regione, che già avevano alle spalle decenni di contatti, per quanto sporadici e occasionali. Questi contatti avevano lasciato eredità di sospetti, paure e vendette.

Le decisioni degli americani nativi di difendersi con le armi, con rabbia e ferocia, spazzarono via qualunque visione europea del buon selvaggio. Agli occhi degli europei gli indiani si comportavano ora da cattivi selvaggi, e come tali furono trattati, mettendo da parte la normale etichetta della guerra. Gli scontri furono senza esclusione di colpi. All'inizio gli europei erano appesantiti da armi inadatte e armature, e avevano difficoltà ad affrontare i guerrieri delle foreste, leggeri e veloci. Allora aggredirono e distrussero villaggi, raccolti, vecchi, donne e bambini che stavano fermi ed erano indifesi. Durante i primi conflitti con i Powhatan in Virginia (1622 e 1644), con gli Algonchini Pequot nel New England (1636-37), con i Raritan in Nuova Olanda (1640-42), di nuovo nel New England con gli Algonchini Wampanoag (1675-76) e nelle continue guerre che seguirono, il massacro dei non combattenti fu usato come sistema. Ciò indignava gli indiani, che tuttavia risposero per le rime e con altrettanta perizia. C'era una logica terribile in quelle tecniche di guerra e terrore. I conflitti avevano come posta in gioco il controllo del territorio. Gli europei volevano ripulirlo della presenza indiana, e mostrare la loro potenza distruttiva a dei popoli che erano soverchianti per numero. Gli indiani, a loro volta, ritenevano i coloni e le loro famiglie nemici più pericolosi dei soldati, perché si insediavano per restare stabilmente. I bianchi si indignavano per l'uso indiano della tortura e ne erano ossessionati. I guerrieri nativi si vantavano di resistere alle sevizie senza lamentarsi; l'eroe ideale insultava i suoi torturatori fino alla fine. Gli europei la pensavano diversamente: urlavano, piangevano, chiedevano grazia, e ai torturatori sembravano vigliacchi. Il mistero era che poi costoro vincessero le guerre; dal punto di vista degli indiani erano i deboli di carattere a ereditare il mondo.

Guerre di resistenza, trattati di pace firmati e disattesi, tregue temporanee, sottomissioni rassegnate: dall'intreccio di questi elementi furono segnate tutte le aree di contatto fra popolazioni indiane ed europee. E ciò non riguardava solo la costa atlantica. I popoli del Nord America erano assediati da tutte le direzioni, anche se non ne avevano piena consapevolezza, perché non sempre erano in comunicazione fra loro. Intorno alla metà del Settecento, il loro continente era un campo di battaglia, dovunque si guardasse. La presenza di molte potenze coloniali, che erano in competizione fra loro e si intralciavano a vicenda, contribuì a rallentare i tempi dell'invasione e a dare spazi di manovra e di libertà agli indiani. Nel sudovest del continente gli Apache erano riusciti a fermare gli spagnoli, costringendoli a una serie di accordi. Gli indiani della

California, invece, cedettero più facilmente alla penetrazione spagnola delle missioni francescane che dopo il 1769 risalirono verso nord, da San Diego alla baia di San Francisco. Gli indiani Tlingit, sovrani delle coste del nordovest lungo l'oceano Pacifico, si batterono furiosamente e con qualche successo contro i russi che scendevano dall'Alaska verso sud. Nel sudest del continente una dozzina di nazioni indiane, divise e talvolta in guerra fra loro, cercava di resistere agli spagnoli della Florida, ai francesi della Louisiana e di Nouvelle Orléans, agli inglesi delle colonie atlantiche. Nel 1712 i Tuscarora furono sconfitti dai virginiani e costretti a emigrare verso nord. Nel 1715 una coalizione di Shawnee, Cherokee, Catawba, Yamasee, Creek e Choctaw fu respinta verso l'interno dai caroliniani. Nel 1731 un'alleanza guidata dai Natchez si batté contro i francesi e fu travolta nel sangue. I francesi massacrarono i Natchez, li inseguirono fino a sterminarli.

Nel cuore del continente, nelle regioni settentrionali comprese fra la baia di Hudson, i Grandi Laghi e le Montagne Rocciose e, verso sud, la valle del fiume Missouri, lo scacchiere era altrettanto complesso. L'unità dell'immenso territorio era data da un sistema di scambi preesistente all'arrivo degli europei, basato su vie di comunicazione attive da millenni che arrivavano fino all'Atlantico e al golfo del Messico. In questo sistema si inserirono gli inglesi e i francesi, che si affacciarono da nord offrendo prodotti europei in cambio di pellicce, e avanzando le loro confliggenti pretese di sovranità. Essi scatenarono dapprima la competizione commerciale (gli inglesi agivano tramite la Hudson's Bay Company), e poi le guerre per l'impero. Le popolazioni indiane, che dal commercio delle pelli traevano profitto, usarono a proprio vantaggio la concorrenza anglo-francese sia sul piano economico, vendendo al miglior offerente, sia su quello politico, con alleanze e guerre. Qui la principale potenza indiana era la Confederazione irochese, formata da cinque nazioni, Mohawk, Oneida, Onondaga, Cayuga e Seneca, a cui si aggiunse nel 1722 una sesta nazione, i Tuscarora emigrati dal sud. Questa confederazione aveva stretto un patto di alleanza con gli inglesi, e si batté contro gli indiani alleati dei francesi per la sovranità sui Grandi Laghi. Nel 1701, tuttavia, gli Irochesi proclamarono la loro neutralità e assunsero un ruolo indipendente e di equilibrio. Occupando il territorio lungo il fiume St. Lawrence, fra l'avamposto inglese di Albany (New York occidentale) e la Nuova Francia di Montréal, Québec e del lago Ontario, facevano da cuscinetto fra le due potenze e da mediatori nel commercio fra le due aree. Ciò consentiva loro, tra l'altro, di esercitare un primato imperiale nei confronti delle altre nazioni indiane.

La Confederazione irochese si stendeva alle spalle delle popolate colonie inglesi del nordest: New Hampshire, Massachusetts, New York, Pennsylvania. Da un certo punto di vista la sua potenza militare proteggeva le aree occidentali di questi insediamenti dalle incursioni dei francesi e degli indiani ostili, ma da un altro le minacciava e ne era minacciata. I coloni anglo-americani risalivano infatti verso nord le valli parallele dei fiumi Connecticut, Hudson, Delaware e Susquehanna, che puntavano direttamente verso la signoria irochese. Nei primi decenni del Settecento, tuttavia, a sentire con maggiore drammaticità la pressione dei bianchi furono i Delaware della Pennsylvania occidentale, appartenenti alla grande famiglia linguistico-culturale degli Algonchini. L'arrivo in massa degli emigranti scoto-irlandesi, affamati di terra e più bellicosi dei primi coloni quaccheri, costrinse i Delaware ad abbandonare le loro terre e a retrocedere verso l'interno, oltre i monti Allegheni. Si concentrarono quindi nei tradizionali territori di caccia dell'alta valle del fiume Ohio e delle valli dei tributari dell'Ohio che scendono dalle montagne verso ovest. Qui i Delaware si ritrovarono insieme ad altri nuovi immigrati, gruppi di Shawnee e di altre nazioni, vittime anch'essi di sconfitte militari e di espulsioni. Intorno al 1740 il cosiddetto territorio dell'Ohio, una volta praticamente disabitato, aveva una popolazione superiore a quella della confederazione irochese. Si trattava di genti risentite, che erano state già rimosse una volta e non avevano alcuna intenzione di esserlo una seconda. Questi indiani ritenevano che gli Allegheni fossero la loro diga naturale anti-inglese, l'ultima linea di confine sulla quale battersi e morire.

Si trattò di un'illusione. Dalla Pennsylvania attraversarono le montagne i primi mercanti. Dalla Virginia arrivarono agenti per costruire un forte in posizione strategica (1750). Era chiaro che i mercanti e gli agenti sarebbero stati seguiti dai coloni. Alcuni indiani pensarono di proteggersi dietro lo scudo della Francia, la quale temeva del tutto correttamente che gli inglesi volessero sfondare verso ovest e costruire un cuneo che dividesse le sue colonie settentrionali in Canada da quelle meridionali in Louisiana. Nel 1753 il governatore del Canada, marchese Duquesne, inviò gruppi armati di francesi e indiani che sloggiarono gli inglesi e la primavera successiva costruirono un loro forte, Fort Duquesne, dove i fiumi Allegheny e Monongahela si uniscono a formare l'Ohio. Il generale Edward Braddock, nel 1755 comandante in capo delle truppe inglesi in Nord America, cercò di conquistare la posizione ma fu sconfitto dai franco-indiani con tattiche di guerriglia nei boschi che egli non riuscì neanche a capire, e fu ucciso. Il tentativo dei nativi americani di costruire un territorio indipendente oltre gli Allegheni sembrava fallito; per sfuggire agli inglesi erano finiti sotto il dominio militare dei francesi. Non avevano molta scelta. Ai capi Delaware che si offrirono di aiutare gli inglesi, purché alla fine della guerra la sovranità sul territorio dell'Ohio rimanesse loro, Braddock aveva detto la verità: «nessun selvaggio avrebbe ereditato la terra». I Delaware si schierarono con i francesi. Entrarono così in un conflitto che stava diventando una guerra imperiale globale, nota agli americani come Guerra franco-indiana (1754-60) e agli europei come Guerra dei sette anni (1756-63), e che in Nord America segnò una svolta importante per i destini di francesi, inglesi, anglo-americani e indiani.

5. *Le colonie britanniche alla metà del Settecento*

Intorno alla metà del Settecento, la crescente diversità delle colonie britanniche in Nord America si accompagnò all'emergere di caratteri che invece accomunavano i loro residenti di origine europea (circa 1 milione ormai nel 1750). In parte i caratteri comuni erano il prodotto dei confronti e degli scontri che questi residenti ebbero con i popoli non europei. I rapporti ravvicinati di conflitto, antagonismo e dominio con i nativi americani e con gli schiavi neri svilupparono nei coloni euroamericani una coscienza e un'identità razziale, e cioè la convinzione di appartenere tutti, malgrado le differenze regionali e le differenti origini etniche e linguistiche, a una medesima razza bianca. Ciò favorì la formazione di un senso di comunanza e solidarietà fra i coloni, e contribuì a marcare le distanze dai connazionali rimasti in Europa che a questa esperienza erano estranei. Gli inglesi d'Inghilterra, per esempio, percepivano nettamente l'importanza dei nativi nell'influenzare la vita degli inglesi d'America, soprattutto di coloro che si stabilivano nelle regioni della cosiddetta frontiera, l'area di contatto con gli indiani, e vi vivevano come selvaggi. Consideravano questi *frontiersmen* come «indiani bianchi»; pensavano che fossero inglesi «con l'anima indiana» e quindi, in qualche misura, non più tanto inglesi. I termini che i coloni usarono per definire se stessi nell'ambiente americano testimoniano la formazione di una società a base razziale e di identità plasmate dall'idea di razza. Nel primo Seicento, per distinguersi dai neri e dai pellerossa, si autodefinivano «cristiani»; poi, con il passare del tempo, «inglesi», «liberi» e infine «bianchi».

La coscienza razziale dei coloni si sviluppò gradualmente e divenne coscienza di superiorità razziale. Per ciò che riguarda i neri, non è chiaro se all'inizio gli inglesi costruissero società schiaviste perché erano convinti dell'inferiorità degli africani, o se, viceversa, diventassero razzisti in conseguenza della pratica della schiavitù. Fatto sta che, una volta avviato il processo, schiavitù e razzismo si rafforzarono a vicenda. Da una parte, il pregiudizio razziale servì a giustificare l'asservimento di altri esseri umani. Dall'altra, la schiavitù permanente confermò quel pregiudizio; essa condizionò talmente i comportamenti degli schiavi che gli schiavi stessi non potevano che rinviare ai padroni l'immagine di una loro presunta inferiore umanità. Per ciò che riguarda i nativi, essi furono percepiti soprattutto come una minaccia culturale alla civiltà portata dall'Europa e come costante minaccia militare. Ciò generò nei coloni una mentalità da fortezza assediata. Con un paradossale ribaltamento della logica e della storia, furono essi, i conquistatori di terre altrui, a sentirsi un popolo ingiustamente in pericolo, sempre in procinto di essere annientato. Fino al punto che alcuni coloni pensarono di annientare gli altri, gli indiani pericolosi, e pensarono al genocidio. Appelli del genere si levarono da varie parti fra il Seicento e il Settecento; nel 1711 l'assemblea della Virginia votò una legge «per estirpare tutti gli indiani senza distinzione fra amici e nemici». Progetti così radicali non si realizzarono. E tuttavia la strenua resistenza indiana rese molto costosa la conquista. I governi provinciali non ce la facevano da soli, e dovevano fare affidamento sulla Gran Bretagna o collaborare fra loro; in entrambi i casi, impararono a lavorare insieme e a cooperare militarmente contro il nemico rosso.

5.1. *I coloni dentro l'impero*

La comune appartenenza all'impero britannico era una ulteriore, ovvia fonte di caratteri comuni per le colonie, che erano inserite in una rete sempre più fitta di scambi commerciali, politici e culturali con la madrepatria e fra di loro. Il commercio con la Gran Bretagna crebbe di continuo, soprattutto quando, dopo il 1717-18, svanì la minaccia della pirateria. Fra il 1700 e il 1771 il valore annuale delle esportazioni coloniali passò da 290.000 a quasi 1,5 milioni di sterline, quello delle importazioni da 340.000 a più di 4 milioni di sterline. Le colonie vendevano materie prime, e cioè, in ordine d'importanza, tabacco, farina, riso, pesce, indaco; e acquistavano merci di ogni tipo, articoli di lusso, ori e argenti, mobili e abiti, armi e strumenti, tutti i manufatti della rivoluzione industriale inglese. Le colonie avevano inoltre istituzioni politiche sempre più omogenee fra loro, a causa del maggior controllo imperiale inaugurato alla fine del Seicento. Nella prima metà del Settecento le strutture di governo locali acquisirono delle similarità che non avevano avuto nel secolo precedente. Tutte le colonie avevano assemblee provinciali bicamerali, con almeno una camera elettiva; solo in Pennsylvania la rappresentanza era monocamerale. Il diritto di voto era legato alla proprietà, e così gli elettori erano un numero ridotto di proprietari maschi bianchi. Il governatore era, nella maggioranza dei casi, di nomina regia (tranne che nelle due colonie che erano rimaste *corporations*, Connecticut e Rhode Island, e nelle due proprietarie, Pennsylvania e Maryland). Il sistema giudiziario era ovunque organizzato in maniera simile, sulla base del diritto comune inglese per i bianchi e degli *slave codes* per gli schiavi africani. Tutti i governi provinciali avevano complessi legami con gli organi del governo imperiale di Londra, con la corona e con il Parlamento.

La cultura politica dei coloni era un prodotto della loro appartenenza all'impero. I residenti d'America condividevano con quelli d'Inghilterra la convinzione di vivere in un'oasi di libertà in mezzo alla tirannide. Tutti si consideravano sudditi del sovrano inglese, con le medesime prerogative. Tutti si consideravano figli delle due rivoluzioni seicentesche (quella puritana e poi quella del 1688-89) che avevano trovato sbocco in una monarchia costituzionale parlamentare e avevano sancito, con il *Bill of Rights* o Dichiarazione dei diritti del 1689, alcuni importanti diritti: il diritto all'inviolabilità della casa e alla protezione da arresti arbitrari, a processi tramite giuria, alle libertà di parola e coscienza, di viaggiare e commerciare. Gli eventi rivoluzionari e i principi che li avevano ispirati erano parte del comune discorso pubblico su entrambe le sponde dell'Atlantico e in tutte le colonie, qualunque fosse la loro origine. Naturalmente quei principi potevano avere e in effetti ebbero interpretazioni divergenti, che diedero voce a interessi o partiti in conflitto fra loro. Un'interpretazione sottolineava l'autorità del sovrano e, nelle colonie, del governatore reale e dei funzionari inglesi, ed era sostenuta dai cosiddetti *court parties* o «partiti della corte». Una seconda interpretazione esaltava i poteri del Parlamento e, nelle colonie, delle assemblee locali, ed era sostenuta dai *country interests* o «interessi del paese» reale. Le divisioni non avvennero dunque fra America e Inghilterra, bensì all'interno di entrambe le comunità. Gli anglo-americani parlavano spesso della loro indipendenza, ma si riferivano all'indipendenza personale, basata sulla proprietà privata e i diritti individuali, rispetto alle gerarchie sociali e agli abusi del potere politico. Altrettanto facevano gli inglesi d'Inghilterra, soprattutto se si paragonavano al resto degli europei.

I movimenti religiosi che infiammarono le colonie dopo il 1735, noti come il Grande Risveglio, riguardarono anch'essi tutto il mondo inglese. Anch'essi non divisero l'America dalla madrepatria, bensì gli anglo-americani fra loro e gli inglesi fra loro, scatenando ondate di fervore di massa contro le chiese esistenti. Fra i coloni, l'affiliazione formale alle chiese non era altissima; le stime degli storici sono contraddittorie, parlano di percentuali di non affiliati comprese fra il 40 e l'80% degli abitanti, in luoghi e periodi diversi. Tuttavia l'idioma della religione era intessuto nei modi di pensare, comunicare e reagire alle crisi pubbliche e private di tutti. Le pubblicazioni religiose, dai trattati teologici ai sermoni alle pie leggende, costituivano la categoria principale di materiale a stampa diffuso nelle colonie; erano assai più numerose delle opere di storia, politica e diritto combinate. Gli edifici e gli eventi religiosi avevano dimensioni comunitarie, funzioni sociali e politiche. E la partecipazione si impennò alla fine degli anni trenta, grazie alle prediche del teologo del Massachusetts Jonathan Edwards, dell'inglese George Whitefield che visitò le colonie nel 1739-40, e di altri ministri loro seguaci. Questi ministri di nuovo tipo miravano a «risvegliare» la fede popolare; e in effetti attrassero larghe folle criticando il lassismo del clero tradizionale e invocando, con toni emozionali, il pentimento e la conversione dei peccatori e il loro totale abbandono alla volontà di Dio. La loro azione provocò reazioni negative da parte delle istituzioni religiose (congregazionaliste puritane, presbiteriane o anglicane che fossero) e infine la loro spaccatura. Queste divisioni, così come quelle politiche, attraversarono tutti gli insediamenti. Ovunque, esse scossero i poteri costituiti e le chiese di stato, favorendo l'avvento di sentimenti antigerarchici e di forme di tolleranza e pluralismo. Favorirono inoltre la formazione di fedeltà religiose non localistiche bensì intercoloniali.

La struttura sociale delle colonie aveva molti tratti simili a quella della madrepatria, ma anche alcune differenze significative. Le comunità coloniali nella loro interezza erano più gerarchiche di quella inglese, in quanto includevano una massa di schiavi neri senza diritti, non-persone che in Inghilterra erano del tutto inesistenti. Se si consideravano solo le comunità coloniali bianche, invece, queste erano meno gerarchiche perché mancavano del vertice della piramide sociale inglese, la nobiltà ereditaria, che non aveva mai attecchito in Nord America (malgrado i tentativi di introdurla in Maryland e Carolina). Fra i ceti intermedi, inoltre, la mobilità sociale era probabilmente più elevata che in Gran Bretagna; e tuttavia già nel Settecento era difficile diventare grandi proprietari partendo da condizioni modeste, o membri di un'assemblea provinciale partendo dalla condizione di servi a contratto, come a qualcuno era accaduto nel Seicento. I ceti sociali riconosciuti dagli anglo-americani erano tre. Le classi superiori o *better sort* comprendevano proprietari terrieri, grandi mercanti, alti funzionari imperiali e, un poco più sotto, uomini d'affari, agricoltori ricchi e professionisti. Nelle classi intermedie o *middling sort* c'erano agricoltori (metà dei bianchi rientrava in questa categoria), negozianti e artigiani. Appartenevano infine alle classi inferiori o *lower sort* i braccianti, i lavoranti e i servi a contratto. Le distinzioni sociali erano rigide e implicavano rapporti personali di deferenza e di dipendenza dei ranghi inferiori rispetto a quelli superiori. Esistevano rituali codificati che prevedevano gli abiti che si potevano portare (le leggi sul lusso punivano chi si vestiva al di sopra del proprio status sociale), chi avesse diritto a un posto in chiesa nella sezione giusta, con quali titoli ci si dovesse rivolgere gli uni agli altri (da *madam* e *esquire* per i signori a *goodwife* e *goodman* per gli agricoltori). Queste divisioni esistevano in tutte le colonie, sia pure con proporzioni diverse. Nel New England più egualitario, per esempio, il 70% dei bianchi possedeva un po' di terra. Nel sud signorile e schiavista ciò valeva solo per il 40%.

Come in Inghilterra e altrove in Europa, le diversità sociali più evidenti e le ricchezze più cospicue si trovavano nelle città, che ospitavano anche la vita politica e culturale più vivace. Le città coloniali raccoglievano una minoranza esigua della popolazione, meno del 5% nel 1775; tuttavia svolsero un ruolo cruciale nella formazione di élite intercoloniali abbastanza omogenee. Tutte le città erano porti oceanici, quindi luoghi di comunicazione transatlantica e continentale. Alla fine del Seicento arrivava a New York mezza dozzina di navi l'anno dall'Europa, ma cinquant'anni dopo questo era un evento quasi quotidiano. Alla metà del Settecento i porti erano collegati fra loro da strade di tipo europeo, non più da sentieri indiani, e le strade erano percorse da linee regolari di carrozze e dalla posta. Una lettera impiegava sei giorni ad andare da Boston a Filadelfia, anche se la più meridionale Charleston continuava a essere tagliata fuori, a dieci settimane di distanza. Nelle città nacquero i giornali (il primo fu il «Boston Newsletter», 1704), che non informavano tanto su ciò che accadeva *in loco* bensì nelle altre colonie, in Inghilterra e in Europa. Vicino alle città, e per le élite urbane, sorsero i primi centri di istruzione superiore: l'Harvard College a Cambridge, presso Boston (1636), e lo Yale College a New Haven, in Connecticut (1701). Simili cambiamenti portarono a forme di integrazione culturale fra i ceti superiori coloniali che, fossero essi piantatori meridionali o mercanti settentrionali, avevano interessi e contatti con il resto del mondo. Produssero però anche una drastica spaccatura fra questa esperienza elitaria e cosmopolita e quella popolare e localistica di altri gruppi e ceti, che avevano interessi e contatti più legati alla piccola comunità che al vasto mercato delle merci e delle idee, e che guardavano con sospetto a tutto ciò che arrivasse dall'esterno.

I legami intercoloniali e quelli fra colonie e madrepatria sembrarono rafforzarsi ancora di più in occasione delle guerre imperiali con cui gli inglesi combatterono i francesi e infine li espulsero dal Nord America. Dalla fine del Seicento in poi, questi conflitti erano causati da due espansionismi territoriali di tipo diverso ma in rotta di collisione fra loro. Gli insediamenti inglesi procedevano dalla costa atlantica verso l'interno del continente ed erano molto popolati. Gli insediamenti francesi che cercavano di contenerli, aggirandoli dal Canada e dalla Louisiana e chiudendo il cerchio nella valle del Mississippi, spesso erano solo una rete di guarnigioni militari. Se infatti nel 1750 gli abitanti europei delle colonie britanniche erano circa 1 milione, quelli del Canada erano appena 70.000. La Guerra franco-indiana o Guerra dei sette anni, iniziata nel 1754 e formalmente dichiarata nel 1756 quando si estese al continente europeo, pose fine alla tenzone. L'inizio fu incerto e drammatico per gli inglesi, segnato dal massacro delle truppe di Braddock presso Fort Duquesne di cui si è detto, e dalla guerriglia condotta da indiani e francesi in Pennsylvania e New York occidentale. Alla fine tuttavia gli inglesi ebbero la meglio, soprattutto dopo essere riusciti a portare dalla loro parte gli indiani Delaware dell'Ohio e alcuni Irochesi. Conquistarono dunque Fort Duquesne ribattezzandolo Fort Pitt (oggi è Pittsburgh), poi Québec e Montréal e Detroit, concludendo così i combattimenti nell'emisfero (1760). Con l'epilogo della guerra in Europa e la pace di Parigi del 1763, gli inglesi presero ai francesi il Canada e i territori nella valle del Mississippi a est del fiume; presero inoltre la Florida agli spagnoli, che si erano alleati ai francesi. La Louisiana a ovest del Mississippi e Nouvelle Orléans furono trasferite temporaneamente alla Spagna. Insomma, la Francia era uscita di scena e l'Inghilterra era diventata regina e padrona del Nord America atlantico.

Le guerre antifrancesi, come le guerre anti-indiane alle quali spesso si intrecciavano, tendevano di per sé a spingere le colonie a collaborare e a stringersi intorno allo scudo protettore della madrepatria. Non sempre in verità ciò accadeva con lo zelo e l'efficienza desiderate da Londra, che alla vigilia della Guerra franco-indiana affrontò esplicitamente il problema. Nel 1754 le autorità imperiali convocarono ad Albany una conferenza di delegati delle province centro-settentrionali, dal Maryland al New England, per negoziare un trattato con gli Irochesi e promuovere forme di coordinamento contro i nemici comuni. La conferenza approvò in via provvisoria un Piano di unione stilato da Benjamin Franklin della Pennsylvania. Il

Piano prevedeva l'istituzione di un'assemblea rappresentativa intercoloniale, con un presidente di nomina regia, che avesse competenza a trattare le questioni indiane, militari e territoriali. Franklin fece appello, come modello di cooperazione, proprio all'esperienza della Confederazione irochese. Le reazioni al progetto, tuttavia, mostrarono le difficoltà e i sospetti che circondavano simili appelli unitari. Il Piano fu respinto sia dai governi provinciali, che temevano di perdere la loro autonomia a favore di un potere centralizzato dominato dalla corona, sia dal governo inglese, che all'opposto temeva di concedere troppo a un'autorità coloniale unificata. Malgrado questi fallimenti, le operazioni belliche comportarono una mobilitazione di risorse e soldati e un'intensità di rapporti fra le colonie, e fra colonie e impero, quale mai si era verificata in precedenza. La vittoria della Gran Bretagna ebbe effetti paradossali su questi rapporti. Dopo il 1763 infatti, per vari motivi, l'unità intercoloniale cominciò a essere pensata dalle colonie in una logica diversa, sempre di meno come unità dentro l'impero e al servizio dell'impero, e sempre di più come unità contro gli interessi e le direttive imperiali della Gran Bretagna.

Capitolo secondo

Rivoluzione e Costituzione (1763-1789)

1. *Le molte rivoluzioni americane*

La Rivoluzione americana fu molte cose insieme. Le griglie interpretative che permettono di dare un senso a eventi e problemi in genere considerati sotto questa etichetta sono almeno tre. La prima suggerisce di guardare alla Rivoluzione come a un movimento di indipendenza nazionale, analogo ad altri che avvennero subito dopo nelle Americhe spagnole, poi nell'Ottocento in Europa e nel Novecento in Asia e Africa. Secondo questa interpretazione gli europei trapiantati nel Nord America inglese forgiarono con il tempo delle comunità coloniali autonome e una coscienza della loro differenza dalla Gran Bretagna, percepita non più come madrepatria bensì come agente di dominio esterno. Arrivarono quindi a scontrarsi con essa e a conquistare l'indipendenza, dopo una guerra di alcuni anni, una unilaterale Dichiarazione d'indipendenza (4 luglio 1776) e un formale trattato di pace firmato a Parigi (1783). Come in molti stati contemporanei, anche negli Stati Uniti la guerra d'indipendenza è diventata un mito di fondazione dell'unità e dell'identità della nazione, un elemento costitutivo dell'ideologia nazionale. È accaduto così che gli storici che hanno sostenuto questa interpretazione della Rivoluzione si siano dimostrati inclini a negare che essa comportasse anche conflitti sociali e lotte intestine, che fosse una rivoluzione sociale paragonabile a quella francese. A differenza dei francesi, dicono questi storici, gli americani non si divisero e non combatterono fra loro, in un bagno di sangue. Piuttosto si batterono come un unico popolo contro una potenza nemica di cui si liberarono con relativa facilità perché era un corpo estraneo, e perché c'era di mezzo un oceano. Per emanciparsi da un passato opprimente, gli americani non dovettero tagliare la testa a un re; fu sufficiente resistere ai suoi eserciti e rifiutarsi di avere ulteriori rapporti con lui.

C'è del merito in queste osservazioni. E tuttavia ci sono caratteristiche importanti degli eventi americani che sono spiegate da una seconda griglia interpretativa, quella proposta dagli storici che guardano alla Rivoluzione come a un movimento di cambiamento sociale. La guerra d'indipendenza, dicono costoro, decise una questione cruciale, e cioè che gli americani sarebbero stati padroni a casa loro. Ma pose sul tappeto anche una seconda questione, e cioè quella di chi fra i residenti avrebbe governato a casa propria, una volta conquistato l'autogoverno. La Dichiarazione d'indipendenza non si limitò a porre termine al dominio britannico; lo fece in nome di principi rivoluzionari, fra i quali quello dell'eguaglianza originaria di tutti gli uomini. Le società coloniali nordamericane non erano affatto egualitarie. La quasi totalità degli abitanti di origine africana era emarginata per ragioni di razza e di casta, viveva in schiavitù; anche la popolazione libera di origine europea era divisa per ceto sociale, per status civile e politico, per appartenenza etnica e religiosa. Tutti questi gruppi giocarono un ruolo nella guerra anti-inglese. Ma si scontrarono anche fra loro, durante e dopo la guerra, per definire concretamente il significato del principio di eguaglianza e quindi per definire come sarebbe stata la società e la politica postrivoluzionaria. Ancora prima che su questo, un aspro conflitto intestino si accese sulla questione stessa dell'indipendenza, che polarizzò le comunità coloniali e mise gli uni contro gli altri vicini di casa, amici, familiari. Molti anglo-americani si schierarono con i rivoluzionari o «patrioti»; altri, i «lealisti», difesero la politica imperiale. I lealisti non pensavano di schierarsi «con gli inglesi», cioè con lo straniero (erano i patrioti ad accusarli di questo, e perciò di tradimento). Si sentivano piuttosto sudditi dello stesso impero e ritenevano che a tradire la comune appartenenza fossero i patrioti. La Rivoluzione fu dunque anche una guerra civile, e comportò forme di violenza incontrollata, atrocità, efferatezze.

Una terza griglia interpretativa guarda alla Rivoluzione in funzione del suo sbocco, e cioè la costruzione di un nuovo stato nazionale. Il processo cominciò nel 1776 ma ci vollero anni, e una complessa stagione costituente, prima che si concludesse. Durante la guerra con la Gran Bretagna, le colonie divennero stati sovrani distinti (da nord verso sud: New Hampshire, Massachusetts, Rhode Island, Connecticut, New York, New Jersey, Pennsylvania, Delaware, Maryland, Virginia, North Carolina, South Carolina, Georgia). La Dichiarazione d'indipendenza era, come recita il testo finale, la «Dichiarazione unanime dei tredici Stati Uniti d'America»; e il nuovo nome collettivo Stati Uniti d'America (uno sviluppo logico della denominazione Colonie Unite americane o d'America che i coloni in fermento usavano da tempo per definire se stessi rispetto alla madrepatria) suggeriva più una pluralità di soggetti che un corpo unitario. Dopo il 1777, con la loro prima Costituzione, questi stati formarono una «unione» che era sì «perpetua», ma solo in quanto «lega di amicizia». Soltanto a guerra finita da un pezzo, con la seconda Costituzione concepita nel 1787, crearono una struttura federale di governo che era titolare di una sovranità a essi superiore, e che era in qualche modo definibile come «governo nazionale» (anche se il termine non compare nel documento costituzionale). Ma questa è solo una parte della storia, perché la lotta per la sovranità in Nord America non si combatté unicamente fra europei. Fu piuttosto una partita a tre fra anglo-americani, inglesi e americani nativi. Gli Stati Uniti furono costruiti contro l'Inghilterra, ma anche contro le popolazioni indiane indipendenti, a spese della loro indipendenza. Questo secondo conflitto non si concluse nel 1783, anche se la sconfitta britannica rappresentò una sconfitta e un arretramento degli indiani coinvolti e, in prospettiva, l'inizio della loro rovina.

I motivi di questo scontro tripartito erano visibili alla fine della Guerra franco-indiana, quando si creò lo scenario nel quale fu possibile immaginare la rivoluzione e l'indipendenza. Come si è visto, la pace di Parigi del 1763 segnò il trionfo dell'Inghilterra, ma proprio questo trionfo segnò anche, paradossalmente, l'inizio dei suoi guai americani. I francesi furono espulsi dal Nord America e cancellati come quarto protagonista delle vicende della regione; ciò modificò i rapporti di forza fra i tre attori rimasti. I francesi scomparvero infatti non solo come minaccia per l'impero inglese, ma anche come minaccia alle frontiere degli insediamenti anglo-americani. Gli anglo-americani si sentirono quindi meno dipendenti per la loro sicurezza dalle armi imperiali. Alcuni storici sottolineano il carattere strategico di questo fatto: le colonie non avrebbero mai pensato di rompere con la madrepatria se una potenza europea nemica avesse controllato l'interno del continente, costituendo un pericolo permanente. D'altra parte, i rovesci dell'esercito inglese nella prima fase della guerra indussero molti residenti a pensare l'impensabile, e cioè che i soldati di sua maestà non fossero dopo tutto invincibili. Benjamin Franklin scrisse nell'*Autobiografia* che l'arrivo a Filadelfia dei resti malconci dell'armata del generale Braddock scampati al massacro di Fort Duquesne «fece nascere in noi americani i primi sospetti che le nostre idee esaltanti sul valore delle truppe regolari inglesi non fossero ben fondate». I coloni pensarono di poter dilagare dentro il continente senza incontrare alcuna resistenza, ovvero incontrando solo la resistenza degli americani nativi ormai privi di alleati e quindi più deboli.

La fine della guerra fu infatti l'inizio di una nuova fase di conflitto fra anglo-americani e americani nativi. Fino ad allora le nazioni indiane avevano difeso la loro indipendenza giocando sulla competizione imperiale franco-britannica, schierandosi ora con gli uni ora con gli altri. Con realismo e cinismo, contrattavano alleanze, cambiamenti di fronte, neutralità. Gli inglesi in marcia verso ovest incontravano non solo la resistenza indiana, ma la resistenza di indiani alleati della Nuova Francia, e ciò complicava le cose. Gli indiani filo-francesi, d'altra parte, ricattavano gli alleati con la minaccia di diventare filo-inglesi, e viceversa. Senza i francesi la politica di equilibrio non funzionava più, e i nativi dovettero sopportare senza mediazioni la pressione inglese. La Guerra franco-indiana non si era ancora conclusa che già scoppiarono nuove guerre anglo-indiane su tutte le frontiere. Nelle regioni dell'Ohio e dei Grandi Laghi, in particolare, gli indiani Ottawa, Delaware e Irochesi Seneca si unirono in una grande sollevazione e assediarono le guarnigioni britanniche che avevano occupato i forti ex francesi sui loro territori (Fort Duquesne-Fort Pitt, Fort Niagara e Detroit). Gli inglesi mantennero le posizioni militari ma furono costretti a bloccare l'afflusso di civili. Con la *Royal Proclamation* del 1763 il governo di Londra cercò di regolare l'intera questione del movimento verso ovest, e vietò ai coloni di attraversare la linea di displuvio dei monti Allegheni, la cosiddetta *Proclamation Line*. Per gli indiani questo era il riconoscimento di un confine fra stati, una loro vecchia rivendicazione. Per gli inglesi no. Nel proclama, la corona riaffermava la sua sovranità anche sui territori occidentali riservandone solo l'uso temporaneo ai popoli indiani, magari come terreni di caccia.

Tutto ciò ebbe ricadute negative sui rapporti fra coloni e impero. La *Royal Proclamation* fece infuriare i coloni, che videro in essa un tentativo illegale del re di porre un limite all'espansione che, per loro, era un diritto riconosciuto dagli statuti coloniali. D'altra parte, lo scontro diretto e totale fra americani nativi e anglo-americani divenne costosissimo, e costrinse il governo inglese, come poi il governo statunitense, a livelli elevati di spese militari. Fu anche per coprire queste spese che, a guerra finita, Londra riorganizzò il sistema fiscale imperiale. L'intenzione era di far pagare ai sudditi d'oltre Atlantico parte del costo della loro sicurezza e della loro espansione e di esercitare su di essi un maggiore controllo. Il risultato fu di irritarli ulteriormente, e di far venire alla luce contrasti d'interesse e poi, sempre di più, differenze politiche. Le finanze britanniche erano esauste non solo per la guerra americana. L'Inghilterra aveva combattuto la Francia per terra e per mare, in Europa, Africa e Asia, ed erano state le flotte e gli eserciti di portata globale a far raddoppiare il debito pubblico fra il 1754 (73 milioni di sterline) e il 1763 (137 milioni). Occorre tuttavia ricordare che questo era il debito pubblico di un paese vittorioso che era appena diventato la prima potenza mondiale. I suoi domini territoriali spaziavano dal Nord America al Senegal-Gambia, in Africa occidentale, fino all'India. Il dominio mercantile era ancora più esteso, e Londra era il cuore finanziario del mondo occidentale. La politica di tassazione del governo inglese dopo il 1763 non era una politica disperata. Era piuttosto parte di un progetto di riforme di vasto respiro per attrezzare un impero prospero ed estesissimo ad affrontare nuovi compiti. Così almeno la pensavano il primo ministro inglese, George Grenville, e il giovane re Giorgio III, salito al trono nel 1760.

Ad aumentare le tensioni contribuì una recessione economica che molti anglo-americani imputarono alla politica inglese. Dopo il 1745 gli scambi nell'area imperiale transatlantica conobbero una rinnovata e sostenuta crescita. Ma l'espansione riguardò soprattutto le esportazioni di manufatti inglesi verso le colonie, molto meno il movimento inverso, le esportazioni di materie prime coloniali verso la madrepatria. Per le colonie ciò comportò un incremento del debito nei confronti di Londra, e un'invasione senza precedenti dei loro mercati da parte dei prodotti della rivoluzione industriale inglese. Queste merci erano disponibili in quantità superiore alla domanda, riempivano i magazzini, immobilizzavano capitali, abbassavano o annullavano i profitti, minacciavano fallimenti. Anche i mercanti più solidi cominciarono a nutrire dubbi sulle loro capacità di sopravvivenza. La Guerra franco-indiana migliorò la situazione ma la sua fine innescò, dopo il 1760, una nuova crisi commerciale e nuovi malumori. La diminuzione dei profitti nel commercio, fra l'altro, rese appetibili gli investimenti nelle attività manifatturiere coloniali, in aperta sfida al governo britannico che invece li scoraggiava. Da allora molti coloni, in particolare grandi mercanti e proprietari terrieri sia del nord che del sud, avevano cominciato a pensare ai possibili vantaggi di una fuoriuscita dal sistema economico imperiale (per quanto, obiettivamente, i costi che il sistema imponeva loro fossero poca cosa). Avevano cominciato a pensare in termini di autonomia dei mercati coloniali, di sovranità economica americana.

2. *La lotta per l'indipendenza*

Gli anglo-americani erano tutt'altro che un popolo impoverito. Malgrado le crisi commerciali, l'economia coloniale era prospera e gran parte dei residenti ne godeva i benefici. L'incremento del reddito pro capite era continuo, sia pure con un andamento ciclico; era stato molto sostenuto nel periodo 1745-60 (in media il 3% annuo), aveva rallentato dopo il 1760. Questo miglioramento di condizioni era dovuto all'introduzione di nuove tecnologie, al maggior capitale disponibile per gli investimenti, alla diversificazione dei prodotti e all'aumento del loro valore di mercato, e infine all'esplosione demografica. Gli abitanti delle colonie salirono da 1.200.000 nel 1750 a 2.500.000 nel 1775. Di questi i quattro quinti erano bianchi: persone attive e produttive che formavano un mercato di consumo rispettabile, persone giovani (per metà avevano meno di 16 anni) e fertili che si moltiplicavano in fretta. Nel quindicennio successivo al 1760 arrivò anche la più consistente ondata di emigranti fino a quel momento, 137.000 europei ai quali si aggiunsero 85.000

schiavi africani. La crescita economica e demografica dava ai residenti di origine europea un senso di dinamismo, di proiezione verso il futuro e di fiducia in se stessi. In che misura, e con quali tempi, si sviluppasse una nuova identità collettiva è questione controversa. Sembra che i termini «America» e «americani», usati con implicazioni non geografiche ma politiche, si diffondessero solo dopo il 1763 e piuttosto fra gli inglesi che fra i coloni stessi; e che per gli inglesi avessero un significato negativo, che indicava differenza ma anche inferiorità. Fu tra il 1763 e il 1775 che gli «americani» cominciarono lentamente, e orgogliosamente, a sentirsi tali. Fu in quegli anni, osservò più tardi uno dei dirigenti della Rivoluzione, John Adams, che avvenne la vera rivoluzione «nella mente della gente», e ciò accadde prima dello scoppio delle ostilità, prima che una sola goccia di sangue fosse versata; la guerra guerreggiata, a suo parere, «non era parte della rivoluzione; ne fu solo un effetto e una conseguenza». Ma certo Adams scriveva a Rivoluzione conclusa, con il conforto del senno di poi.

Al governo britannico la politica di riforma fiscale avviata dopo il 1763 sembrava moderata e ragionevole. Secondo il primo ministro Grenville, erano stati gli americani ad aver guadagnato di più, e a costi molto bassi, dalla sconfitta francese; ed erano le genti meno tassate del mondo. Era giusto che pagassero una parte delle spese. Gli inglesi erano inoltre furiosi perché i coloni si erano fatti beffe dell'impegno bellico imperiale, e avevano continuato a commerciare di nascosto con il nemico francese. Che lo facessero durante la guerra era scandaloso, ma anche prima e dopo la guerra il contrabbando era vietatissimo, e tuttavia praticato con disinvoltura. Altre leggi dell'impero erano disattese, per esempio quelle che vietavano la produzione *in loco* di vari prodotti, dal ferro ai cappelli, per favorirne l'importazione dall'Inghilterra; o quelle che riservavano alla marina inglese il legname migliore delle foreste americane. Non si trattava solo di questioni commerciali. Quando i governatori reali cercavano di imporre con troppa decisione queste leggi, erano attaccati dalle assemblee provinciali che rappresentavano gli interessi locali. Quando i giudici processavano i contrabbandieri, non riuscivano a convincere le giurie popolari a condannarli. C'era una diversa percezione della legalità che gli inglesi attribuivano all'incapacità dei coloni di autogovernarsi, e che i coloni attribuivano invece alla volontà di Londra di intromettersi nei loro affari interni e di governare direttamente, come mai aveva fatto prima, le varie parti dell'impero. Alle origini della nuova politica inglese c'era dunque un problema di reperimento di risorse finanziarie, e di tasse da distribuire equamente fra i sudditi. Ma c'era anche un tentativo di affermazione dell'autorità imperiale su sudditi indisciplinati e lontani. I sudditi risposero con energia sorprendente su entrambi i fronti, con conseguenze politiche inattese.

Le misure imperiali furono tre, contenute in due leggi del Parlamento di Londra, il *Revenue Act* (1764) e lo *Stamp Act* (1765). Il *Revenue Act* intendeva in primo luogo rendere più difficile il contrabbando. Introdusse bolle di accompagnamento per le merci, aumentò il numero dei doganieri, estese i compiti di controllo alla marina militare, trasferì i processi per contrabbando dalla magistratura ordinaria a quella del viceammiragliato dove non c'erano giurie popolari. In secondo luogo, questa legge riorganizzò la struttura dei dazi sui prodotti d'importazione, per esempio sullo zucchero delle colonie francesi e spagnole (da cui derivò la denominazione *Sugar Act*). Le tariffe erano fino ad allora molto alte perché miravano a escludere quei prodotti dal mercato imperiale, non a procurare introiti alle casse dello stato. Ora furono ridotte, spesso dimezzate, ma applicate con rigore; non erano più proibitive e avevano come scopo «accrescere le entrate di questo regno». La terza misura, adottata con lo *Stamp Act*, prevedeva che documenti, transazioni e prodotti dovessero essere accompagnati da bolli appropriati da acquistare presso rivenditori autorizzati. L'uso di bolli a fini fiscali non era nuovo, e in Inghilterra era in vigore da un secolo almeno; in questo caso, sembrava particolarmente complesso e vessatorio. Fra l'altro, la legge stabiliva che anche in questo caso gli evasori dovessero essere processati dai tribunali del viceammiragliato, senza giuria. Sia il *Revenue Act* che lo *Stamp Act* erano chiari su un punto: le entrate così procurate dovevano restare nelle colonie, servire per pagare truppe e funzionari provinciali, provvedere a coprire le «spese inerenti alla difesa, protezione e sicurezza» delle colonie medesime. Erano registrate a parte nel bilancio dell'impero, e destinate a questo unico scopo.

2.1. *Tassazione e rappresentanza*

I coloni si risentirono moltissimo. Le ragioni immediate erano intuibili: si chiedeva loro di pagare di più, spesso con implicazioni spiacevoli. Le nuove leggi prevedevano l'intervento della magistratura militare invece di quella ordinaria e davano alla marina militare poteri di ispezione e sequestro che in genere si applicavano ai nemici dell'impero, non ai suoi sudditi. Lo *Stamp Act* imponeva bolli su tutto, colpiva tutti (chiunque avesse bisogno di atti notarili e giudiziari, testamenti, contratti, passaporti, licenze, certificati scolastici, carte da gioco, dadi, giornali, libri, calendari, almanacchi), in maniera smaccata e fastidiosa. I bolli dovevano essere pagati in sterline, il che era un problema in un'economia fondata spesso sul baratto, sullo scambio di merci. Ma c'era qualcosa di più. Il malcontento degli anglo-americani acquistò subito un carattere politico-costituzionale che andava oltre la questione dell'opportunità dei provvedimenti, per investire quella della loro legittimità. Le reazioni si mossero su due piani. Da una parte dissero che le nuove tasse erano sbagliate e ingiuste, dannose per gli interessi economici sia delle colonie che della madrepatria. Dall'altra, con più audacia e sfrontatezza, sostennero che erano incostituzionali: il Parlamento di Londra non aveva l'autorità di approvare simili leggi sulle colonie, perché le colonie non vi erano rappresentate. Un'assemblea degli elettori di Boston arrivò a questa conclusione (maggio 1764): «Se siamo soggetti a tasse in qualsiasi forma senza essere legalmente rappresentati là dove esse vengono stabilite, non siamo forse ridotti dallo stato di liberi sudditi a quello miserabile di schiavi tributari?».

La questione era piuttosto delicata. Nella monarchia costituzionale inglese il potere di imporre tasse era così centrale e fondante da essere distinto da quello legislativo. Fare leggi era un atto del potere sovrano e cioè della corona, della Camera dei Lord e dei Comuni che agivano insieme come re-in-Parlamento. Era il prodotto di un processo di costruzione del consenso fra le diverse istituzioni politico-sociali, il monarca, l'aristocrazia, la rappresentanza del popolo. Ma le tasse erano un'altra cosa. Come ripeté William Pitt il Vecchio, primo ministro durante la Guerra franco-indiana, la «tassazione non è parte del potere legislativo o di governo. Le tasse sono un dono volontario e una concessione dei soli Comuni». Solo i Comuni potevano introdurre ed emendare disegni di legge di carattere fiscale, perché solo i rappresentanti del popolo potevano trasferire porzioni di proprietà dei loro rappresentati al sovrano, sotto forma di prelievo impositivo. Fare altrimenti voleva dire violare i diritti e i privilegi degli inglesi, procedere ad atti illegittimi di confisca della proprietà privata, ad atti di tirannide. Nei movimenti contro il *Revenue Act* e lo *Stamp Act* il tema dominante delle proteste divenne proprio questo, esplosivo nella sua ambiguità. Gli anglo-americani erano e si consideravano inglesi a tutti gli effetti, sudditi fedeli della corona britannica. Rispetto a coloro che erano nati in Inghilterra ritenevano di avere gli stessi diritti e privilegi. L'esercizio dei diritti degli inglesi li portava tuttavia a mettere in discussione l'autorità, se non della corona, almeno del Parlamento di Londra dove non erano rappresentati, e a trasferire la loro lealtà ad altri organi rappresentativi, le assemblee coloniali. In nome di quei diritti, fecero atti e presero posizioni molto radicali.

Contro lo *Stamp Act* le colonie fecero fronte comune e convocarono un'assemblea intercoloniale a New York (ottobre 1765). Nella dichiarazione conclusiva ripeterono i discorsi sulla incostituzionalità degli atti del Parlamento, riconoscendo le assemblee provinciali come le uniche legittimate a rappresentare i coloni e imporre tasse. Aggiunsero che il trasferimento dei processi ai tribunali militari senza giuria costituiva una violazione di un «diritto innato e inestimabile di ogni suddito britannico di queste colonie». Altrove si udivano voci più radicali. La camera bassa della Virginia aveva approvato una risoluzione di protesta, redatta dal giovanissimo Patrick Henry, che era particolarmente dura, rancorosa, sovversiva (maggio 1765). Invitava il popolo alla disobbedienza e bollava come «nemico della colonia» chiunque sostenesse, a voce o per iscritto, la causa del Parlamento di Londra. La delibera di un'assemblea popolare a New London, in Connecticut, acquistò i caratteri di un manifesto rivoluzionario (dicembre 1765). La resistenza allo *Stamp Act* era invocata in nome di alcuni principi generali: che il governo legittimo deriva dal consenso del popolo; che, quando il governo supera certi limiti, il popolo ha il diritto di ritirare il consenso; che è dovere di ogni persona opporsi con qualunque mezzo legittimo a una legge ingiusta e che, se questi mezzi non sono sufficienti, è giusto «invocare i propri diritti naturali e l'autorità di cui le leggi di natura e di Dio li hanno investiti». I buoni sudditi del Connecticut facevano queste affermazioni con grande sicurezza e serenità. Sembrava proprio che nelle loro menti la rivoluzione fosse già avvenuta.

In quello stesso anno un dibattito più teorico chiarì altri aspetti della faccenda. Un funzionario londinese, Thomas Whately, pubblicò un pamphlet nel quale affermava che il Parlamento, nonostante le rimostranze degli anglo-americani, rappresentava «virtualmente» tutti gli inglesi ovunque abitassero, che votassero o meno. In Inghilterra, scrisse, l'assemblea rappresentava non solo gli elettori effettivi ma anche i non elettori, per esempio i non abbienti, le donne, i bambini; lo stesso valeva per i coloni. Whately usava la dottrina della «rappresentanza virtuale» sviluppata dal pensiero costituzionale seicentesco, in base alla quale ciascuno dei membri del Parlamento rappresentava non i suoi particolari elettori bensì tutto il popolo e il bene comune. Ne estendeva tuttavia la portata dalla comunità politica nel territorio metropolitano alle comunità dei territori d'oltremare ai quali era negata ogni autonomia. Il Parlamento era l'organo sovrano su tutto l'impero. Osservata dal Nord America, questa estensione sembrava nuova e infondata, assurda, un'offesa al buon senso e alla geografia. In un pamphlet di risposta, Daniel Dulany del Maryland sottolineò come, per votare per il Parlamento, o per esservi eletto, o per farvi sentire la sua voce, un inglese delle colonie dovesse viaggiare per 3.000 miglia, trasferirsi oltre l'Atlantico, non essere più un colono, negare se stesso. Dulany sostenne che la rappresentanza virtuale andava benissimo, purché elettori e non elettori, singoli rappresentanti e interesse generale fossero legati dal vincolo territoriale. La logica di questo ragionamento portò gli americani in una direzione pericolosa anche se all'inizio inconsapevole. Essi stavano dicendo, in effetti, che le colonie americane erano non solo comunità sociali autonome all'interno dell'impero, ma anche comunità politiche distinte da quella rappresentata nel Parlamento di Londra.

Il movimento del 1765 che innescò la cosiddetta crisi dello *Stamp Act* fu un fenomeno complesso. Coinvolse le élite politiche che sedevano nelle assemblee coloniali e che scrissero i documenti di protesta e gli opuscoli teorici di cui si è detto. Coinvolse le élite economiche, spesso coincidenti con quelle politiche, che prepararono boicottaggi e accordi di non-importazione delle merci inglesi per spingere Londra a revocare le leggi invise. Coinvolse i ceti popolari, i club di lavoratori e artigiani urbani che organizzarono manifestazioni pubbliche anti-inglesi. Nell'estate e nell'autunno 1765, a Boston e a New York City alcune di queste manifestazioni divennero moti di piazza, e si conclusero con assalti alle abitazioni di funzionari imperiali. Dai moti di New York nacquero associazioni popolari di resistenza che si fecero chiamare Sons of Liberty, figli della libertà, più tardi affiancati da analoghe associazioni femminili, le Daughters of Liberty, figlie della libertà. Molti dei resistenti erano proprietari, quindi titolari del diritto di voto, e influenzarono le decisioni dei corpi rappresentativi locali. Il movimento coinvolse anche vari gruppi in Gran Bretagna, che volevano mantenere buoni rapporti politici e commerciali con le colonie, ed erano in disaccordo con le decisioni del Parlamento. E alla fine ebbe qualche successo. Nel 1766 il Parlamento fece marcia indietro sullo *Stamp Act*, revocandolo. Ma non indietreggiò sulla questione di principio. Approvò infatti un *Declaratory Act* che riaffermava la dipendenza delle colonie e l'infondatezza delle loro pretese di autonomia. Il re e il Parlamento, si diceva, avevano «pieno potere e autorità di emanare leggi e statuti di sufficiente forza e validità da vincolare in ogni qualsivoglia caso le colonie e il popolo d'America».

Nel decennio successivo l'antagonismo transatlantico si accentuò in un circolo vizioso di conflitti. Con i *Townshend Acts* (1767) il governo inglese cercò di nuovo di spremere risorse dagli anglo-americani, questa volta imponendo dazi sulle merci circolanti dentro l'impero, fra l'Inghilterra e le colonie. Di nuovo ci furono proteste e il boicottaggio dei prodotti inglesi divenne movimento di massa; i coloni impararono a esercitare il loro potere di consumatori rifiutandosi di consumare, e facendo di questo rifiuto un atto di libertà e un atto sovversivo. Di nuovo il governo di Londra, ora guidato da Lord North, revocò i dazi controversi, tranne quello sul tè (1770). La tensione sfociò in incidenti dinanzi alla dogana di Boston, durante i quali le sentinelle spararono sulla folla uccidendo cinque residenti e facendone i martiri del Massacro di Boston (5 marzo 1770). Sempre a Boston, qualche anno dopo, ci fu una prova di forza riguardante l'applicazione del dazio sul tè. Una sessantina di coloni, alcuni dei quali travestiti da indiani, assalì una nave inglese e ne buttò a mare il carico, in quello che divenne noto come Boston Tea Party (16 dicembre 1773). Le reazioni furono durissime. Con una serie di leggi che gli americani chiamarono gli *Intolerable Acts* (marzo 1774), il governo britannico chiuse il porto di Boston, abolì l'assemblea elettiva del Massachusetts, inasprì le norme repressive, diede più potere al governatore e ai militari. Gli anglo-americani a loro volta rinnovarono il boicottaggio anti-inglese, e convocarono un'altra assemblea intercoloniale per l'autunno successivo. Negli anni trascorsi dalla crisi dello *Stamp Act* i ribelli avevano messo da parte alcuni tradizionali motivi di conflitto fra le colonie e avevano sviluppato dei Comitati di corrispondenza per coordinare il fronte comune contro la madrepatria. Ma nessuno pensava ancora all'indipendenza come soluzione del problema.

2.2. *La Dichiarazione d'indipendenza*

La nuova assemblea intercoloniale, poi nota come Primo congresso continentale, si riunì a Filadelfia fra settembre e ottobre del 1774. In essa si confrontarono due posizioni. Alcuni delegati, come Joseph Galloway della Pennsylvania, erano favorevoli a riconoscere l'autorità del Parlamento di Londra. Ritenevano tuttavia che fosse opportuno istituire un'assemblea nordamericana che sanzionasse l'estensione oltremare della validità delle leggi approvate dal Parlamento stesso. Altri, che furono poi indipendentisti, come Richard Henry Lee della Virginia, erano invece convinti che quel Parlamento rappresentasse solo una regione dell'impero, le isole britanniche; nelle colonie l'autorità doveva appartenere a parlamenti locali autonomi, ciascuno dei quali sottoposto alla sovranità della corona. Emerse qui con chiarezza l'idea che esistesse una sorta di doppia sovranità, quella della corona come garante dell'unità dell'impero e quella delle assemblee coloniali come garante dell'autogoverno. Posizioni del genere furono sostenute anche dal trentunenne virginiano Thomas Jefferson, che non era delegato a Filadelfia, nel pamphlet *Esposizione sommaria dei diritti dell'America britannica* (1774). Quel libello era in verità inquietante. Iniziava con un «Umile e rispettoso indirizzo a sua maestà» Giorgio III a nome dei fedeli sudditi, al fine di rimostrare contro gli abusi e le usurpazioni del «corpo legislativo di una parte dell'impero» (il Parlamento di Londra, appunto) e chiederne l'annullamento. Proseguiva con la denuncia della condotta anche del re. E si concludeva ricordando al monarca che dalla sua ragionevolezza dipendeva «la vostra felicità e gloria futura» nonché «la conservazione di quell'armonia che sola può far godere ancora a Gran Bretagna e America i vantaggi reciproci del loro legame». Jefferson aggiungeva che «non è nostra intenzione, né nostro interesse, separarci» dalla Gran Bretagna. Evidentemente l'ipotesi di una separazione era stata almeno presa in considerazione.

Compito principale del Primo congresso continentale era tuttavia quello di dare risposte immediate alla crisi. Le risposte in se stesse erano prevedibili. I delegati inviarono a Londra le loro formali recriminazioni, chiesero la revoca degli *Intolerable Acts* e proposero un nuovo boicottaggio dei prodotti inglesi. Ma qualcosa era cambiato nei livelli quantitativi e qualitativi della protesta. Il Congresso era extralegale, i suoi membri erano stati scelti da assemblee convocate dai Comitati di corrispondenza senza l'autorizzazione dei governatori. Anche l'applicazione delle sue decisioni avvenne per vie extralegali. Il boicottaggio fu gestito da Comitati di osservazione che allargarono con rapidità i loro compiti e la loro base sociale, fino a diventare degli organismi politici «patriottici», cioè anti-inglesi e rivoluzionari. Nell'inverno e nella primavera del 1775 si diffusero in tutte le colonie. Da una parte, questi organismi facevano propaganda alla causa e organizzavano le reti di attivisti e simpatizzanti; non tardarono inoltre a stilare liste nere dei «non patrioti» che dissentivano, a invitarli pubblicamente a collaborare, e infine a costringerli, spiarli, intimidirli. Dall'altra, favorirono la nascita di parlamenti alternativi a quelli legittimi, eletti con procedure non riconosciute. Le nuove assemblee provinciali cominciarono a formare milizie popolari, a raccogliere armi e munizioni, a ostacolare il lavoro dei tribunali, a riscuotere direttamente le tasse. Furono loro a convocare un Secondo congresso continentale per la tarda primavera del 1775. In breve, svuotarono di autorità i governi coloniali, ne provocarono il crollo dall'interno, di fatto li sostituirono con nuove strutture rappresentative. Senza dirlo a voce alta, si comportavano da governi indipendenti.

All'inizio del 1775 la situazione precipitò. Londra ordinò l'arresto dei dirigenti della rivolta in Massachusetts. Da Boston i comandanti militari inglesi inviarono truppe verso la cittadina di Concord, dove sapevano esservi ammassate delle armi. Sempre da Boston, i patrioti inviarono alcuni messaggeri per avvisare i compagni di ciò che si stava preparando. La cavalcata nella notte di uno di questi messaggeri, di nome Paul Revere, entrò nella leggenda. Quando gli inglesi arrivarono a Lexington, sulla via di Concord, ci fu una scaramuccia con i miliziani locali, che ebbero 8 morti (19 aprile). Lo stesso giorno gli scontri continuarono con la milizia di Concord e questa volta gli inglesi ripiegarono su Boston con parecchie perdite, inseguiti e attaccati in continuazione sui fianchi dagli americani. I miliziani, ormai 20.000, circondarono Boston (20 aprile) e cominciarono un assedio che durò un anno ma fu piuttosto incruento, se si esclude una iniziale battaglia a Breed's Hill, passata alla storia con il nome errato di battaglia di Bunker Hill (17 giugno). Nel frattempo si riunì a Filadelfia il Secondo congresso continentale (10 maggio). Convocato per altre ragioni, i tempi veloci degli eventi imposero ai suoi membri di assumere compiti non più di protesta bensì di governo. Entro pochi mesi i delegati decisero di battere moneta, di gestire il sistema postale e il commercio, di prendere contatti internazionali, di rafforzare le milizie coloniali, e di creare un esercito unificato. La Continental Army doveva assorbire i combattenti che assediavano Boston e coinvolgere nelle operazioni anche le province meridionali. Fu così scelto un comandante in capo virginiano, George Washington. Washington impiegò l'inverno ad addestrare l'esercito e a disciplinare le milizie. La primavera successiva, un po' per i bombardamenti americani, un po' perché avevano comunque deciso di andarsene, le truppe inglesi abbandonarono Boston (17 marzo 1776), e, via mare, si trasferirono in Nova Scotia con l'intenzione di riorganizzarsi e di ritornare in forze.

L'indipendenza cominciò a essere considerata nell'ordine delle cose possibili. Nel gennaio 1776 lo affermò la voce solitaria dello scrittore radicale Thomas Paine, un inglese arrivato da due anni a Filadelfia. Nel pamphlet intitolato *Senso comune*, Paine sostenne che l'indipendenza delle colonie era necessaria, opportuna, inevitabile; che l'Inghilterra le aveva sfruttate anche troppo; che i liberi stati d'America da soli sarebbero stati forti e potenti, e non deboli e divisi come alcuni temevano. Attaccò non solo la politica inglese ma anche il sistema costituzionale britannico, monarchico e aristocratico. Insultò e derise personalmente il re Giorgio III. Chiese l'istituzione di governi repubblicani, in cui «la corona sia spezzata e distribuita a tutto il popolo, al quale appartiene di diritto». La forza del pamphlet stava nello stile, oltre che nelle idee. Il linguaggio era semplice, diretto, mirava a coinvolgere un pubblico popolare nella discussione di questioni complesse. Le immagini erano vivide, eloquenti: non era forse assurda e contro natura l'idea di una piccola isola come l'Inghilterra che governava un vasto continente come l'America? Il senso di urgenza, di novità dei tempi, di rottura radicale era palpabile: non era forse vero che i pensieri di ieri erano «come gli almanacchi dell'anno passato: allora servivano, ma oggi sono inutili e superati»? Paine diceva inoltre agli americani che il loro destino trascendeva quello di 13 colonie in rivolta, e assumeva un'importanza universale. L'America era la negazione del vecchio ordine europeo, l'ultimo rifugio della libertà e un asilo per coloro che l'amavano: «La causa dell'America è in grande misura la causa dell'intera umanità». Paine sembrava dar voce e argomenti a convinzioni che si stavano diffondendo. In pochi mesi vendette 150.000 copie del suo opuscolo, e ne ricavò grande fama. Molti contemporanei sottolinearono il suo enorme impatto sull'opinione pubblica, e oggi gli storici lo ritengono il più influente pamphlet scritto del periodo rivoluzionario.

Nel maggio-giugno 1776, mentre si moltiplicavano le voci di un imminente massiccio sbarco di truppe britanniche lungo le coste nordamericane, l'idea dell'indipendenza fu assunta dal Secondo congresso continentale. Il Congresso istruì le colonie a darsi nuovi governi repubblicani, una misura che già ammontava, si disse allora, a una «totale, assoluta» separazione dai destini della corona e di Londra. Il 7 giugno avviò inoltre la discussione di una mozione, presentata dal virginiano Richard Henry Lee e assecondata da John Adams del Massachusetts, in cui si affermava: «queste Colonie Unite sono, e devono di diritto essere, stati liberi e indipendenti». Dalle assemblee provinciali e da riunioni locali di patrioti giunsero petizioni di sostegno e incoraggiamento. Alcune di queste petizioni e alcuni articoli di giornale affermarono che era arrivato il momento di pensare a un nome per l'entità politica che si stava delineando, non più Colonie Unite bensì Stati Uniti d'America. Tra la fine di giugno e l'inizio di luglio Virginia e New Jersey adottarono nuove carte costituzionali con preamboli che proclamavano la fine della sovranità britannica e l'indipendenza dei rispettivi stati. Finalmente il 2 luglio, ottenuto il consenso di tutti i governi rivoluzionari, anche il Congresso votò all'unanimità la mozione di Lee e Adams. Il grande passo era fatto. Restava da spiegare al mondo, e soprattutto agli americani e alle truppe combattenti, le ragioni di questo importante atto. La preparazione di un testo in tal senso era stata affidata a un comitato composto da Jefferson, Adams, Franklin, Robert R. Livingston di New York e Roger Sherman del Connecticut. Jefferson ne fu il redattore principale, anche se la sua stesura fu poi corretta ed emendata dal Congresso stesso. L'approvazione finale giunse il 4 luglio 1776.

La Dichiarazione d'indipendenza che emerse da questo lavorìo riprendeva e adattava affermazioni e formule retoriche che erano comuni nei documenti rivoluzionari e nel linguaggio politico dei nordamericani del tempo. Jefferson si ispirò in particolare al preambolo, scritto da lui stesso, della Costituzione della Virginia e alla prima versione della Dichiarazione dei diritti sempre della Virginia, scritta da George Mason. Entrambi i testi erano recentissimi, ed erano in parte modellati sul *Bill of Rights* inglese del 1689. La Dichiarazione conteneva una lunga lista di accuse a Giorgio III, che serviva a giustificare l'inevitabilità della rottura. Tale lista era racchiusa tra due affermazioni nette e fatali. L'elegante introduzione teorica annunciava il verbo rivoluzionario, i diritti inalienabili degli individui, i principi di eguaglianza e libertà, il diritto all'autogoverno repubblicano e alla rivoluzione:

> Consideriamo come autoevidenti queste verità, che tutti gli uomini sono creati uguali, che sono dotati dal creatore di certi inalienabili diritti, che fra questi ci sono la vita, la libertà e la ricerca della felicità. Che per assicurare questi diritti, sono istituiti tra gli uomini dei governi che derivano i loro giusti poteri dal consenso dei governati. Che ogni volta una forma di governo diventa distruttiva di questi scopi, è diritto del popolo cambiarla o abolirla, e istituire un nuovo governo.

La conclusione tagliava i legami con la madrepatria, con il Parlamento, con il re, e proclamava che le colonie erano diventate «stati liberi e indipendenti». I membri del Congresso stavano commettendo tradimento, rischiavano l'impiccagione. In chiusura del documento, offrirono solennemente in pegno «la vita, le fortune e il sacro onore». E nelle settimane successive lo firmarono uno a uno, 56 in tutto, assumendosene la responsabilità non solo collettiva ma anche individuale.

3. *Gruppi sociali e culture politiche nella Rivoluzione*

La notizia dell'indipendenza fu accolta da grandi manifestazioni popolari. Folle patriottiche distrussero gli stemmi imperiali, bruciarono i ritratti del re o ne seppellirono l'effige in funerali simulati. A New York la statua equestre di Giorgio III («l'immagine della bestia», come scrisse un cronista) fu abbattuta e la sua testa tagliata. Ci furono inoltre parate di giubilo, falò, salve di fucileria e brindisi alla «prosperità e eternità degli USA» (come dissero i patrioti di Boston usando il nuovo acronimo). Si salutava così la morte della monarchia e del dominio britannico e nel contempo, con gli stessi rituali festivi con cui si era celebrato fino ad allora il compleanno del re, la nascita di un nuovo ordine politico. Si evocava anche la continuità con la Rivoluzione inglese di metà Seicento, quando un re era stato deposto e decapitato davvero, non solo simbolicamente; le imprese di Oliver Cromwell e l'esecuzione di Carlo I (1649) furono ripetutamente ricordate soprattutto nel puritano New England. Il testo della Dichiarazione d'indipendenza del 4 luglio fu diffuso a stampa, pubblicato sui giornali, letto a voce alta in assemblee pubbliche, ma non fece una particolare impressione; dopo tutto, il fatto dell'indipendenza parve più importante della sua giustificazione teorica, e quel fatto era acquisito fin dal 2 luglio. E al 2 luglio pensò Adams quando predisse che quel giorno sarebbe diventato «l'epoca più memorabile nella storia d'America» e sarebbe stato festeggiato per sempre dalle generazioni a venire, con solennità e grande pompa, da un capo all'altro del continente. Ma l'anno successivo il Congresso dimenticò la data, se ne ricordò solo il 3 luglio, e così il primo anniversario dell'indipendenza fu festeggiato a Filadelfia e altrove il 4 luglio. Fu così che il Quattro di Luglio si avviò a diventare la festa ufficiale della nuova repubblica.

3.1. *Guerra civile e differenze sociali*

Non tutti gli anglo-americani erano favorevoli all'indipendenza, soprattutto nei primi tempi del conflitto. Fino al 1776 tutti i protagonisti della crisi avevano fatto appello alla comune appartenenza britannica. Le fratture politiche che si erano delineate non contrapponevano necessariamente le colonie alla madrepatria. Persino dopo l'inizio delle ostilità e la formazione della Continental Army, nel luglio 1775, Washington e i suoi ufficiali continuarono a considerarsi sudditi della corona. Viceversa, ci furono ufficiali inglesi che rifiutarono posti di comando nella guerra di repressione o vi andarono con scarso entusiasmo, considerandola ingiusta e combattuta contro dei fratelli. Anche in Gran Bretagna l'opinione pubblica era divisa, e vi si conduceva una vivace critica del potere costituito analoga a quella in atto in Nord America. La polemica antimonarchica di Paine trovava in effetti sostenitori e avversari su entrambe le sponde dell'oceano. Quando i rivoluzionari americani giunsero dunque alla rottura definitiva, le folle che salutarono con approvazione il loro atto rappresentavano una parte soltanto della popolazione. Molti compatrioti non li seguirono nell'avventura e rimasero fedeli alle autorità imperiali. Questi «lealisti», chiamati anche Tories dal nome del partito di governo in quegli anni a Londra, provenivano da aree politiche e sociali conservatrici o legate agli interessi dell'impero (funzionari regi, grandi mercanti transatlantici, prelati e fedeli della chiesa anglicana, ex ufficiali e soldati dell'esercito inglese), ma anche da minoranze etniche non-inglesi e dai ceti mezzadrili delle campagne meridionali. Gli storici hanno calcolato che almeno un quinto dei coloni non riconobbe le nuove autorità rivoluzionarie e si oppose attivamente.

Gli indipendentisti costituivano tuttavia una cospicua maggioranza relativa. Chiamati «ribelli» dal governo di Londra e dai lealisti, si autodefinivano patrioti o Whig, dal nome degli oppositori britannici alla politica della corona. Adottarono anche con orgoglio il nomignolo «yankee», che era invece derisorio in bocche inglesi. Erano circa i due quinti della popolazione bianca e rappresentavano i gruppi più rilevanti nella società coloniale. Provenivano dalle élite mercantili e terriere (mercanti impegnati nel commercio intercoloniale e continentale, piantatori del sud), da ceti intermedi e popolari importanti (agricoltori indipendenti del nord, bottegai e artigiani delle città), dal ceto politico formatosi localmente (rappresentanti nelle assemblee provinciali elettive e funzionari di livello inferiore), dalle denominazioni religiose protestanti non anglicane. Altrettanto numerosi furono coloro che non si schierarono né da una parte né dall'altra, i restanti due quinti dei coloni. Erano indifferenti, pacifisti come i quaccheri, oppure semplicemente persone che volevano essere lasciate in pace. Ma lo sviluppo degli eventi rese loro la vita difficile, perché in una rivoluzione sembrava impossibile rimanere neutrali. Sia i militanti lealisti che quelli indipendentisti cercarono di portarli nel loro campo, con la convinzione o con la forza. Soprattutto i governi patriottici rivoluzionari, secondo la logica del «chi non è con noi è contro di noi», finirono per trattarli come lealisti sospetti e per farli oggetto di alcune delle misure repressive d'emergenza che colpirono i lealisti veri. Lealisti veri o presunti furono disarmati e arrestati, privati della libertà di parola, messi alla berlina, costretti a fare giuramenti di fedeltà e a pagare più tasse. Ci furono casi di persecuzioni popolari e di tribunali speciali sostenuti dalle milizie locali. Nel corso della guerra fra 60.000 e 100.000 residenti furono esiliati e i loro beni confiscati.

Dove i lealisti erano più numerosi si combatté una vera guerra civile che, per zelo e determinazione, acquistò i caratteri di una guerra religiosa. Ciò non accadde in New England, dove i lealisti erano una minoranza trascurabile, ma in altre aree sì: intorno a New York City, dove i lealisti erano in effetti maggioranza, nel Maryland e nelle regioni occidentali degli stati di New York, Carolina e Georgia. In queste zone di frontiera lo scontro fu particolarmente cruento, configurandosi come una guerra di bande irregolari che attraversò le comunità locali, in cui ciascuna delle due parti si alternava nei ruoli di carnefice e vittima in massacri indiscriminati. Non ci furono grandi battaglie, ma la ferocia era tale che sembrava che i combattenti si proponessero, come disse un ufficiale lealista, «lo sterminio del nemico». Altrove la guerra civile era più strutturata, e si formarono milizie sia di patrioti sia di lealisti che combatterono a fianco degli eserciti regolari. Fra le milizie lealiste c'erano i Dragoni americani del re di Benjamin Thompson, il Reggimento reale di New York di sir John Johnson, l'American Legion di Benedict Arnold (un comandante rivoluzionario che nel 1780 aveva cambiato bandiera), e altre più piccole. L'osservatore e residente francese J. Hector St. John de Crèvecoeur così riassunse la situazione alla fine del conflitto: «Il furore della discordia civile è avanzato fra di noi con una rapidità sorprendente. Ogni opinione è mutata; ogni pregiudizio è sovvertito; ogni antico principio è spazzato via [...] il figlio si è armato contro il padre, il fratello contro il fratello; più intima è la relazione personale, più aspro il risentimento, più violenta la furia dell'opposizione».

Le popolazioni non europee erano estranee alle ragioni iniziali del conflitto ma vi furono coinvolte, o se ne fecero coinvolgere cercandovi un tornaconto. Parecchi neri del nord, per esempio, si schierarono con i ribelli, e qualcuno partecipò alle prime battaglie di Lexington e Concord (il primo «martire» della causa, la prima vittima del massacro di Boston del 1770, era in effetti un africano che aveva anche sangue indiano, Crispus Attucks). Alcuni lo fecero perché erano liberi, altri perché furono liberati dai padroni purché si arruolassero nelle milizie. Libertà in cambio di arruolamento divenne la politica di alcuni governi rivoluzionari. Nel sud le cose andarono diversamente. I patrioti bianchi non avevano alcuna intenzione di liberare gli schiavi africani e tanto meno di armarli, cosa che vietarono esplicitamente. Qui furono gli inglesi a promettere la libertà a chi avesse combattuto con loro, e almeno 5.000 neri risposero all'appello in Virginia e Maryland. Alla fine della guerra anche 3.000 schiavi di New York City seguirono le truppe britanniche in ritirata e si stabilirono in Canada come liberi cittadini. Anche molte nazioni indiane videro negli inglesi una garanzia maggiore per la loro autonomia, contro l'insaziabile fame di terra dei coloni. Nel sud presero questa posizione i Cherokee, che tuttavia furono sconfitti dai caroliniani e virginiani nell'estate 1776 e per qualche tempo, insieme ai loro alleati Creek, si tennero fuori dalla guerra. Nel nord la confederazione irochese si spaccò fra una maggioranza filo-inglese (Seneca, Cayuga e Mohawk) e una minoranza filo-americana (Oneida e Tuscarora). Per la prima volta da tempo immemorabile Irochesi uccisero Irochesi, generando una guerra civile nella guerra civile, con catene di vendette. Lo stesso destino ebbero i Delaware, una parte dei quali appoggiò la causa rivoluzionaria fidandosi delle promesse americane di riconoscere formalmente la loro indipendenza territoriale.

I patrioti euro-americani erano uniti nella battaglia comune contro l'Inghilterra, e tuttavia avevano visioni diverse e talvolta contrastanti del loro ruolo presente e futuro nella società. Queste differenze erano fondate su diverse esperienze sociali. Fra i dirigenti e sostenitori della Rivoluzione vi erano esponenti dei gruppi più facoltosi delle colonie. Vi erano grandi piantatori della Virginia come Jefferson, Washington, Lee e Mason. In effetti l'élite schiavista virginiana si batté per l'indipendenza con una compattezza che non aveva eguali nelle altre colonie; sia l'aristocrazia terriera di New York sia i mercanti delle città costiere si spaccarono in due fazioni. Fra i rivoluzionari newyorkesi si ritrovarono così Robert R. Livingston e Philip Schuyler, grandi proprietari della valle dell'Hudson, mentre altri nella stessa posizione sociale, come la famiglia De Lancey, divennero il fulcro della resistenza lealista. Divennero patrioti alcuni ricchi mercanti bostoniani come John Hancock, presidente del Congresso continentale e primo firmatario della Dichiarazione d'indipendenza, mentre altri come Andrew Oliver li avversarono. La dirigenza indipendentista di Filadelfia comprendeva opulenti avvocati come John Dickinson, la cui famiglia aveva solidi interessi agrari, nonché il più ricco mercante del Nord America, il finanziere Robert Morris. Tutti costoro erano e si consideravano membri della *better sort* della società, *gentlemen* cosmopoliti e colti, di buone maniere e buone letture, che avevano tempo libero e risorse sufficienti per dedicarsi agli affari pubblici. Si ritenevano superiori ai ceti intermedi e più bassi, anche se alcuni di loro proprio da lì provenivano. Di questi ceti si proponevano come leader naturali per virtù, talento e preminenza sociale.

Non sempre questa leadership paternalistica era bene accetta, e accettata. Anzi, una delle caratteristiche della crescita del processo rivoluzionario fu proprio il rompersi dei rapporti di deferenza sociale che legavano i ceti intermedi e inferiori a quelli superiori, e l'emergere di nuovi protagonisti con voce propria, distinta e dissonante. Nel New England acquistarono voce indipendente gli agricoltori, con le loro tradizioni politico-religiose egalitarie che alla *better sort* sembravano manifestazioni di «spirito livellatore». Nel sud ci furono problemi continui fra la leadership patriota della costa, egemonizzata dai grandi piantatori anglicani, e i movimenti dell'interno animati dai proprietari delle regioni di frontiera, più poveri e radicali, di etnia scoto-irlandese e di religione presbiteriana. Nelle città del centro-nord emersero associazioni e comitati di artigiani e piccoli commercianti della *middling sort* benestante, capaci di mobilitarsi su base autonoma e di mobilitare la *lower sort* urbana, nella tradizione dei Sons of Liberty del decennio precedente. Il maestro argentiere bostoniano Paul Revere, famoso per la sua cavalcata notturna verso Concord nell'aprile 1775, era un esempio di questo tipo sociale di rivoluzionario. A questo tipo apparteneva e si rivolgeva con i suoi scritti Thomas Paine. Queste mobilitazioni si tradussero in partecipazione politica, soprattutto nelle camere basse dei nuovi stati, allargate e democratizzate dalla Rivoluzione. Si tradussero anche in coinvolgimento nella lotta armata sia nell'esercito regolare sia nelle milizie popolari, che erano meno gerarchiche per struttura e mentalità. Prendere le armi in difesa della repubblica era un modo per affermare i propri diritti di cittadinanza. Le azioni e i comportamenti dei cittadini-soldati portarono alla luce le tensioni latenti nel campo rivoluzionario.

3.2. *Repubblica e libertà*

Alle diverse esperienze sociali dei patrioti corrispondevano culture politiche distinte, sia pure con molte contaminazioni reciproche. I patrioti concordavano su una cosa: le società e i governi postrivoluzionari sarebbero stati repubblicani. Repubblica era il contrario di monarchia dal punto di vista non solo politico-istituzionale ma anche sociale. Voleva dire che il governo si basava sul consenso dei governati, che gli incarichi istituzionali non erano assegnati per casta e in via ereditaria, ma anche che la società non era divisa in ordini immutabili, e che esistevano forme di eguaglianza civile fra i cittadini. Nel linguaggio usato per discutere di queste questioni confluirono varie tradizioni del pensiero politico inglese ed europeo. Una tradizione rimandava alle riflessioni sulle rivoluzioni inglesi del Seicento che trovò espressione più compiuta nei *Due trattati sul governo* (1690) di John Locke. In Locke c'era la giustificazione politico-filosofica dei diritti naturali dell'uomo, della sovranità popolare, della teoria contrattualista dello stato e della legittimità della rivoluzione, in termini che furono ripresi da molti documenti americani, in particolare dalla Dichiarazione d'indipendenza. In natura, diceva Locke, gli uomini hanno alcuni diritti fondamentali, inalienabili, intangibili, in particolare il diritto alla vita, alla libertà e alla proprietà. La proprietà era stata da lui inserita perché fondata sul lavoro personale e sul diritto a goderne i frutti. Il governo deve garantire l'esercizio di questi diritti, non manometterli. Suo solo compito è quello di agire da arbitro nel dirimere i conflitti fra gli individui, e anche questo compito gli è liberamente delegato dai governati, unici titolari del potere costituente. Per Locke l'autorità politica esisteva con il consenso dei cittadini, altrimenti era arbitraria, e poteva e doveva essere rovesciata.

Una seconda tradizione risaliva all'Inghilterra medievale, alla *Magna Charta Libertatum* (1215) e al corpo dottrinale che i costituzionalisti inglesi svilupparono nei secoli successivi. Anche questa tradizione poneva dei limiti al potere dei governanti sui governati, ed esaltava il *rule of law* ovvero il governo della legge. La legge non era intesa come una manifestazione della volontà del sovrano, bensì come un freno al suo arbitrio, a lui superiore e da lui intangibile. La legge proteggeva da questo arbitrio le libertà degli individui, di alcuni almeno (all'inizio i baroni feudali sassoni contro i re normanni), e li salvaguardava con alcune procedure giuridiche. Una persona non poteva essere incarcerata se non dopo un giudizio dei propri pari, cioè dopo un processo con giuria; non poteva essere privata della proprietà se non con un regolare procedimento legale. Nel regno della legge, si era liberi perché in pieno controllo della propria persona e della proprietà. In questa interpretazione, a differenza di quanto diceva Locke, le libertà non erano diritti naturali dell'uomo, bensì immunità o privilegi storici dei sudditi inglesi. I sudditi inglesi non erano tutti uguali, anzi c'era molta differenza nel tipo e nell'estensione dei privilegi di cui godevano, a seconda dell'età, del sesso, del mestiere, dello status sociale. Per chiunque ne godesse, le libertà erano cose preziose e da difendere, tanto è vero che, a conclusione del ciclo rivoluzionario seicentesco, furono elencate in un documento solenne e impegnativo, il *Bill of Rights* o Dichiarazione dei diritti (1689). A tutto ciò facevano appello i coloni anglo-americani quando rivendicavano i loro diritti di inglesi contro i soprusi veri o presunti del governo di Londra. Alla Dichiarazione del 1689, come si è visto, si ispirarono quando stesero i loro analoghi documenti.

Una terza tradizione era esplicitamente repubblicana, e le sue radici sembravano ancora più antiche. I rivoluzionari americani inserirono le loro riflessioni in proposito in un discorso transatlantico che faceva riferimento alle esperienze repubblicane dell'antichità greca e romana, e al modo in cui erano state ripensate nell'Italia rinascimentale da Niccolò Machiavelli nei *Discorsi sopra la prima Deca di Tito Livio* (1513-20). Il pensiero di Machiavelli era arrivato nelle isole britanniche tramite le letture che ne facevano i radicali repubblicani del tempo di Oliver Cromwell, per esempio James Harrington in *La repubblica di Oceana* (1656), e quelli più tardi dell'inizio del Settecento, soprattutto John Trenchard e Thomas Gordon nelle loro *Lettere di Catone* (1720); da qui, aveva attraversato l'oceano. Gli inglesi d'America impararono da questa tradizione due cose. La prima era che le repubbliche erano possibili e desiderabili, anzi erano l'unica possibilità per gli uomini di realizzare se stessi. Perché ciò accadesse, tuttavia, occorreva che i cittadini fossero virtuosi, e cioè indipendenti di carattere e mezzi economici, forti e coraggiosi, dotati di spirito pubblico, responsabili verso la comunità, capaci di controllare passioni e interessi individuali in nome dell'interesse superiore della repubblica. La seconda cosa era che le repubbliche erano fragili, esposte al rischio del fallimento ogniqualvolta diventassero troppo grandi, ricche, potenti e socialmente stratificate. Allora i valori repubblicani si corrompevano, travolti dall'egoismo, dal lusso, dal disordine e dalla guerra civile, e si apriva la strada alla tirannia. Quando i rivoluzionari contrapponevano «virtù» (patriottica) e «corruzione» (inglese) non esprimevano un giudizio morale, bensì una valutazione politica, civica, sociale. Contrapponevano le libertà repubblicane al dispotismo monarchico.

Queste tradizioni avevano sia tratti comuni sia differenze. Costituzionalismo inglese e repubblicanesimo condividevano la convinzione, tragica ed eroica, che le libertà fossero prodotti di condizioni storiche speciali, mai acquisite definitivamente. I loro difensori dovevano essere costantemente all'erta, perché la tirannia e la corruzione erano costantemente in agguato. Questa convinzione ispirò gli atteggiamenti di sospetto, talvolta ai limiti della paranoia, degli anglo-americani verso ogni atto del governo inglese, e poi di molti patrioti verso le autorità postrivoluzionarie. Per il costituzionalismo inglese e il pensiero alla Locke, le libertà avevano dimensione privata e negativa, riguardavano il diritto dei soggetti a essere lasciati in pace dal potere, sicuri di sé e delle loro cose. Per il repubblicanesimo, invece, le libertà erano pubbliche e positive, riguardavano la partecipazione attiva dei cittadini alla conduzione del governo e alla realizzazione del bene pubblico. Tutte le tradizioni in questione consideravano la proprietà un fondamento di libertà, una garanzia di indipendenza dei cittadini rispetto allo stato e alla società. Per i lockiani il diritto di proprietà aveva tuttavia un carattere espansivo e acquisitivo; voleva anche dire libertà di perseguire interessi economici privati e di accumulare ricchezze individuali, con l'implicazione che ciò favorisse automaticamente l'interesse generale e la ricchezza di tutti. Proprio nel 1776 queste idee trovarono autorevole espressione nelle pagine della *Ricchezza delle nazioni*, del pensatore scozzese Adam Smith. Per i repubblicani la proprietà era anche strumento di eguaglianza, purché fosse piccola ed equamente distribuita. Ai loro occhi, lo spirito acquisitivo e la concentrazione di ricchezza non contribuivano al bene comune bensì alla comune rovina; erano in effetti le cause più importanti della corruzione delle repubbliche.

Nell'America rivoluzionaria, una cultura politica basata sull'individualismo acquisitivo era percepibile solo in alcuni strati minoritari della società, fra i grandi mercanti delle città portuali e fra alcuni artigiani-imprenditori. I dirigenti del movimento appartenevano piuttosto all'area ideologica del repubblicanesimo. Condividevano l'opinione di Jefferson che le nuove repubbliche, per essere virtuose e durature, dovessero avere dimensioni ridotte, omogeneità sociale, una popolazione di artigiani e agricoltori, di piccoli produttori senza grandi disparità fra loro. Accettavano il principio della Dichiarazione d'indipendenza che «tutti gli uomini sono creati uguali», ma spesso lo definivano in senso restrittivo. Per i meridionali, era indubbio che questo principio non riguardasse gli schiavi africani. La Carta dei diritti della Virginia (1776) precisò che gli uomini sono uguali nello stato di natura, ma che i loro diritti di eguaglianza sono protetti quando entrano in un consorzio sociale; ed era chiaro, benché non detto esplicitamente, che gli schiavi non erano parte della società virginiana, che includeva solo gli europei bianchi. Conservatori settentrionali come Adams credevano inoltre nelle gerarchie sociali, e ritenevano che anche fra i bianchi solo i proprietari avessero davvero diritto di partecipare alla vita pubblica, e che solo le classi colte e proprietarie avessero davvero le virtù per governare. Non è chiaro che cosa i rivoluzionari intendessero esattamente quando, nella stessa Dichiarazione d'indipendenza, leggevano del diritto alla ricerca della felicità, che Jefferson aveva elencato nella triade dei diritti fondamentali, dopo quelli alla vita e alla libertà. Nel linguaggio del tempo questa formula era usata con significati diversi. Poteva indicare l'aspirazione al bene collettivo, alla felicità del popolo. Oppure poteva indicare l'aspirazione al libero godimento individuale dei diritti di origine lockiana, che erano vita e libertà ma anche proprietà; in alcuni documenti, proprietà e felicità erano elencate entrambe, esplicitamente accoppiate. Il fatto che Jefferson avesse corretto Locke e ignorato il diritto di proprietà sembrava suggerire una preferenza repubblicana per la dimensione collettiva e pubblica della felicità, a scapito di quella individuale e privata.

Altri repubblicani, appartenenti agli strati più popolari sia urbani che rurali, erano più egualitari e radicali. Essi sostenevano il diritto di ogni maschio adulto libero a partecipare alla vita pubblica, senza distinzioni di censo, e negavano la capacità dei ceti economici e sociali più elevati di parlare per tutti. Pensavano che la proprietà privata non fosse un requisito della cittadinanza politica né l'unica misura degli interessi generali. Per loro, come per i repubblicani d'élite, gli interessi della comunità prevalevano su quelli degli individui, e la ricchezza speculativa e commerciale era una minaccia per l'ordine sociale. Ritenevano che esistessero forme dovute di responsabilità collettiva, e che certi rapporti economici fossero regolati da un'etica comunitaria che metteva in secondo piano il mercato e il profitto individuale. Simili elementi di teoria politico-sociale apparvero solo raramente in testi a stampa, poiché erano diffusi fra persone che avevano poca confidenza con la scrittura. Emersero tuttavia dai comportamenti collettivi, da petizioni o pamphlet, dalle lotte politiche locali. Nel 1776, per esempio, essi plasmarono le discussioni sulla stesura della nuova Costituzione della Pennsylvania, di cui uno dei protagonisti fu Thomas Paine. E a Filadelfia, nel 1779, influenzarono un movimento popolare guidato dalle milizie contro l'aumento del costo della vita, che divenne rivolta di strada e scontro armato con le stesse autorità rivoluzionarie. I rivoltosi chiesero di controllare i prezzi, e in un loro documento chiarirono la loro filosofia: «Sono state formate delle combinazioni allo scopo di alzare i prezzi di merci e derrate alimentari, e quindi la comunità ha un diritto naturale a contrattaccare tali combinazioni, e a imporre dei limiti ai mali che a essa ne derivano».

4. *La nascita della repubblica*

Dal 1776 in poi i nuovi stati indipendenti cercarono di darsi istituzioni stabili ed efficienti e, nello stesso tempo, di coordinare gli sforzi per sopravvivere nella guerra con la Gran Bretagna. La Continental Army del generale Washington fu lo strumento militare del coordinamento, e promosse fra i patrioti delle varie regioni e dei vari stati un senso di comune appartenenza. Fu affiancato da milizie statali più localistiche, che proprio per questo godevano di alcuni vantaggi specifici: combattevano in casa loro, conoscevano l'ambiente, usavano le tecniche della guerra per bande, con attacchi improvvisi e imboscate. Gli inglesi portarono in Nord America un'armata di 13.000 marinai e 32.000 soldati, fra i quali migliaia di mercenari reclutati negli stati tedeschi di Assia e Brunswick. Pensavano di combattere un conflitto convenzionale nel quale, con un esercito professionale, avrebbero piegato un avversario inferiore per numero, esperienza ed equipaggiamento; avrebbero vinto battaglie, occupato territori, conquistato città. Ma quella fu una guerra di tipo diverso. Gli inglesi conquistarono le città, ma il 95% degli americani abitava in aree rurali vastissime. Gli inglesi cercarono di occupare molte di queste aree, ma non per questo ottennero l'obbedienza degli abitanti. Talvolta fu proprio la loro presenza, accompagnata da saccheggi, violenze e stupri, ad alienare anche gli abitanti più tiepidi e neutrali. Gli inglesi vinsero battaglie, ma la strategia del comando americano puntava altrove: resistere e ritirarsi, mantenere intatta la capacità di combattere, impegnare di continuo gli avversari, stancarli. Gli americani ebbero anche alcuni successi importanti. Soprattutto nell'ultima parte del conflitto, poterono contare sull'appoggio militare, economico e diplomatico della Francia, e questo fu un elemento decisivo.

4.1. *La guerra e l'organizzazione dei nuovi stati*

I comandi britannici passarono subito all'offensiva, attaccando le grandi città. Nell'estate 1776 le truppe del generale William Howe occuparono New York City, e cacciarono verso sud, in New Jersey e poi in Pennsylvania, i 17.000 uomini del generale Washington. L'anno successivo occuparono Filadelfia e cacciarono Washington anche da lì (settembre 1777), costringendo la Continental Army a sopportare un inverno di gelo a Valley Forge. Nelle regioni dell'interno, tuttavia, le cose andarono diversamente. Due colonne britanniche dovevano convergere dal Canada sull'entroterra newyorkese, con l'intento di separare i ribelli del New England da quelli del centro-sud, ma l'operazione fallì. I soldati inglesi e i guerrieri indiani provenienti da ovest, dal lago Ontario, furono fermati dai patrioti a Oriskany (6 agosto 1777). Quelli provenienti da nord, dal lago Champlain, al comando di John Burgoyne, furono sconfitti e fatti prigionieri dal generale americano Horatio Gates a Saratoga (17 ottobre). La vittoria di Saratoga fu una svolta per gli americani. Nell'inverno successivo Londra cercò una soluzione diplomatica della crisi, ma senza alcun costrutto. Nel frattempo, grazie ai buoni uffici di Franklin inviato a Parigi, la Francia riconobbe l'indipendenza dei nuovi stati e strinse con loro un'alleanza militare (febbraio 1778). Nel 1777 erano venuti a combattere per la causa alcuni volontari francesi come il marchese Lafayette. Ora arrivarono le truppe di re Luigi XVI, che cercava la rivincita della Guerra franco-indiana. La Francia attaccò l'Inghilterra anche nelle Indie occidentali, e a essa si unì nel 1779 la Spagna. Erano tutte buone notizie per i rivoluzionari. Non erano più soli, il teatro di guerra si allargava, Londra aveva più di un pensiero per la testa.

Nel 1778 gli inglesi spostarono l'azione nelle ex colonie meridionali. Fra il 1778 e il 1780 occuparono Savannah (Georgia) e poi Charleston (South Carolina). L'esercito americano del sud fu riorganizzato da Horatio Gates, il vincitore di Saratoga, ma nell'agosto 1780 fu sbaragliato a Camden (South Carolina) dai britannici comandati da Lord Cornwallis. La situazione sembrò precipitare. I lealisti ripresero vigore, l'economia subì un tracollo perché molti schiavi lasciarono le piantagioni per unirsi agli inglesi. Solo nelle montagne dell'ovest i guerriglieri patrioti ebbero qualche vittoria. A King's Mountain, in North

Carolina, massacrarono una colonna di americani lealisti, uccisero i prigionieri, mutilarono il cadavere del comandante, vi orinarono sopra (ottobre 1780). Ma fu nel 1781 che la guerra si volse con decisione a favore dei ribelli. Cornwallis marciò verso nord e occupò con 7.200 uomini la città costiera di Yorktown, in Virginia. Qui fu assediato da 7.000 soldati della Continental Army di Washington e dai francesi, che ebbero un ruolo cruciale: i loro soldati erano il doppio degli americani, la loro marina impedì l'intervento della flotta inglese e chiuse dal mare la città. Travolto da forze soverchianti, Cornwallis si arrese. La caduta di Yorktown (19 ottobre 1781) provocò una crisi politica in Gran Bretagna, le dimissioni del governo Tory di Lord North, e la fine delle operazioni militari regolari. Mentre continuava la guerra per bande fra patrioti, lealisti e indiani, il nuovo gabinetto di Lord Shelburne, esponente del partito Whig, avviò trattative di pace. Il trattato finale, firmato a Parigi il 3 settembre 1783, e negoziato per gli americani da Franklin, Adams e John Jay, riconobbe l'indipendenza degli Stati Uniti e la loro sovranità su una porzione del continente dai confini piuttosto generosi: il Canada a nord, il fiume Mississippi a ovest, la Florida a sud. La sovranità sulla Florida fu restituita alla Spagna, a cui era stata tolta dagli inglesi nel 1763.

Dal 1783 gli stati indipendenti si erano dati, ciascuno, delle nuove costituzioni e, collettivamente, una struttura di coordinamento politico di tipo confederale. La stesura delle costituzioni statali fu avviata nell'estate 1776 e si concluse entro quattro anni, mostrando alcuni caratteri comuni e altamente innovativi. Scontata l'opzione repubblicana, i rivoluzionari decisero di adottare costituzioni scritte e, più tardi, di farlo con procedure particolari. Essi immaginarono organizzazioni di governo che fossero il prodotto non della tradizione, dell'accumulo confuso di sedimentazioni storiche come accadeva in Inghilterra, bensì di volontà e intelligenza contemporanee; per questo dovevano essere minuziosamente descritte in documenti precisi e trasparenti, come si conveniva a contratti liberamente stipulati fra liberi soggetti, e come lo erano gli statuti coloniali da cui gli stati stessi erano nati. Le costituzioni scritte dovevano essere anche documenti speciali, come si conveniva a leggi fondamentali di nuove società politiche; per questo, gradualmente, cominciarono a essere preparati non da assemblee legislative ordinarie bensì da convenzioni elette allo scopo, e poi sottoposti a una qualche ratifica popolare. La logica di queste operazioni non era solo che i nuovi ordinamenti dovessero nascere con il passivo consenso dei governati. C'era qualcosa di più. Le assemblee costituenti erano istituzioni che consentivano ai cittadini di esercitare un'attiva sovranità, e quindi di tradurre in pratica il concetto teorico del popolo come potere costituente quale era stato pensato sia da Locke sia dai repubblicani britannici. Queste invenzioni (costituzioni scritte e assemblee costituenti) furono sperimentate a livello statale e poi trasferite, con qualche difficoltà, nel processo costituente sul piano interstatale.

Le prime costituzioni statali crearono forme di governo che miravano a limitare l'autorità dei governanti più che a dar loro strumenti efficaci di gestione. I rivoluzionari, memori dello strapotere dei governatori britannici, temevano un governatore forte; così lo fecero eleggere dalle assemblee legislative per mandati temporali limitati. Le assemblee erano il cuore del sistema; in genere erano due, una camera bassa e una alta, con membri scelti o eletti con criteri diversi. Contro ogni possibile abuso, i privilegi dei cittadini (il diritto a un processo equo, le libertà personali, di stampa e religione) furono consacrati in formali dichiarazioni dei diritti, di cui la prima e più famosa fu quella della Virginia (1776). Furono istituiti sistemi giudiziari indipendenti. Le costituzioni statali non erano tutte uguali fra loro, e le diversità dipendevano da chi fra i patrioti avesse avuto la meglio nei conflitti politici locali. Quando vincevano i repubblicani conservatori essi tendevano a limitare il diritto di voto ai proprietari benestanti, a ridurre le prerogative delle camere basse più popolari, ad aumentare quelle delle camere alte e dei governatori, a riservare questi due ultimi organi alle élite economico-sociali, grazie ai severi requisiti di censo che erano richiesti per esservi eletti. La Costituzione del Massachusetts del 1780 era un prodotto esemplare del pensiero conservatore, in questo caso autorevolmente rappresentato da Adams. L'opposto volevano i repubblicani radicali, e la Costituzione della Pennsylvania del 1776 ne fu l'esempio più compiuto. Non prevedeva né governatore né camera alta, e affidava tutto il potere a un'unica Camera dei rappresentanti eletta annualmente, affiancata da un Comitato esecutivo di 12 persone. Potevano votare ed essere eletti tutti i maschi adulti che fossero contribuenti.

L'elaborazione di una carta di cooperazione fra gli stati, nota con il nome di «Articoli di confederazione», non passò attraverso speciali procedure costituenti. Fu preparata da un comitato del Secondo congresso continentale e approvata il 15 novembre 1777, quando ancora le procedure costituenti a livello statale (riassunte nella sequenza: elezioni speciali, assemblea costituente, ratifica) non si erano perfezionate; ciò, infatti, accadde solo con l'adozione della Costituzione del Massachusetts. D'altra parte il documento così ottenuto non era e non intendeva essere espressione di una sovranità popolare unitaria. Istituiva piuttosto, come diceva il testo, «una salda lega di amicizia» e una «unione perpetua fra gli stati», ciascuno dei quali «conservava la sua sovranità, libertà e indipendenza». Gli Articoli di confederazione crearono un unico organo centrale, il Congresso confederale, nel quale sedevano le delegazioni degli stati membri in condizioni di parità, ciascuna con un voto. Il Congresso fungeva da corpo legislativo ed esecutivo; aveva competenza a dirimere le controversie fra gli stati, a regolare la politica monetaria e gli affari indiani, a gestire affari esteri, trattati e alleanze, guerra e pace. Non poteva riscuotere tasse, e quindi non aveva autonomia finanziaria; non poteva imporre le proprie decisioni ai governi statali, e quindi non aveva autorità politica. La ratifica degli Articoli, e di ogni eventuale futuro emendamento, aveva bisogno del consenso delle assemblee legislative di tutti gli stati membri. Quando gli Articoli entrarono in vigore, nel 1781, non era chiaro se i delegati nel nuovo Congresso fossero rappresentanti di un'unica entità oppure ambasciatori di 13 stati stranieri e alleati (sia pure, almeno nelle intenzioni dichiarate, per sempre). I simboli ufficiali del governo riflettevano questa incertezza. La bandiera adottata nel 1777, con le sue 13 strisce rosse e bianche, e le 13 stelle bianche su campo blu, a indicare le 13 ex colonie in rivolta, suggeriva la pluralità dei soggetti in campo. Il nuovo stemma, il Gran Sigillo degli Stati Uniti, ripeteva il magico numero della bandiera (13 stelle, 13 strisce, 13 frecce) accostato a una potente immagine unitaria, l'aquila americana ad ali e zampe spiegate; la fusione fra pluralità e unità era riassunta nel motto latino *E pluribus unum*, «Da molti uno». L'indipendenza aveva determinato che gli americani non erano parte del popolo della Gran Bretagna, ma non se essi fossero un unico popolo o molti popoli.

Per molti americani andava bene così. I principi che ispiravano gli Articoli di confederazione erano coerenti con la tradizione repubblicana che affermava che le repubbliche potevano sopravvivere incorrotte solo se fossero rimaste piccole. Il fatto che gli stati rimanessero separati e sovrani non era solo un retaggio della storia delle ex colonie, ma anche la condizione di un progetto di libertà. Durante e dopo la Rivoluzione, tuttavia, questi principi furono messi in discussione, in pratica e in teoria. Durante la guerra, molti lamentarono che la confederazione non avesse i poteri sufficienti per rispondere alla situazione d'emergenza, per reggere l'urto politico-militare con la Gran Bretagna. Il Congresso, per esempio, non fu in grado di elaborare una politica monetaria efficace, perché non aveva risorse per sostenere la carta moneta di sua emissione, che si svalutava rapidamente; né fu in grado di imporre agli stati una politica doganale comune. Dopo la pace del 1783 i problemi non scomparvero. Il Congresso ebbe difficoltà a gestire i territori dell'ovest fino al Mississippi, la cui sovranità era stata ceduta agli Stati Uniti dalla Gran Bretagna ma non dalle nazioni indiane, e sui quali rivendicavano diritti anche singoli stati. Non seppe condurre una politica estera continentale verso la Spagna, che divenne il vicino più importante e che, nel 1784, chiuse il fiume Mississippi alla navigazione degli americani. Non riuscì infine a far rispettare il trattato di pace, laddove prevedeva il rimborso dei crediti inglesi contratti prima della guerra e la restituzione dei beni sequestrati ai lealisti. Gli stati rifiutarono di applicare queste clausole, mostrando la debolezza del Congresso e, si disse, mettendo a repentaglio l'affidabilità internazionale della nuova formazione politica.

4.2. *La Costituzione del 1787*

La spinta alla riforma del sistema in senso unitario e centralizzato fu innescata dal riacutizzarsi della questione della politica commerciale della confederazione, o meglio dell'impossibilità di un'efficace politica commerciale confederale. Una convenzione interstatale fu convocata nel settembre 1786 ad Annapolis (Maryland), ma andò deserta. I pochi delegati presenti decisero di rivedersi a Filadelfia la primavera successiva, e di organizzarsi meglio. Nel frattempo, alle preoccupazioni commerciali se ne aggiunsero altre politico-sociali. Nell'inverno scoppiò in Massachusetts una rivolta di agricoltori che, di fronte a tasse troppo alte, e a giudici che incarceravano i cittadini insolventi o ne confiscavano le proprietà, impedirono ai tribunali di funzionare e attaccarono un arsenale per procurarsi armi. Costoro erano veterani della Rivoluzione, guidati dal capitano Daniel Shays; e ai principi rivoluzionari fecero appello per giustificare le loro azioni. Essi esercitavano, dissero, il diritto di disobbedire a un governo ingiusto. I governanti statali risposero che ciò era legittimo contro un tiranno, ma non in un regime repubblicano, e dispersero i rivoltosi con la milizia. La Ribellione di Shays, accompagnata da analoghe sebbene meno violente tensioni in altri stati, sembrò minacciare l'ordine in tutto il paese. Jefferson, da Parigi dove era ambasciatore, la giustificò: «Dio non voglia che passino vent'anni senza una simile ribellione. L'albero della libertà deve essere bagnato di quando in quando dal sangue dei patrioti e dei tiranni. È il suo concime naturale». Ma Jefferson era un'eccezione. Ad altri membri della sua classe la ribellione ricordò che un potere centrale più forte poteva servire a difendere la tranquillità sociale contro una nuova guerra civile. Lo spettro dell'anarchia, e la concreta possibilità che le forze così evocate si rivolgessero alla politica elettorale e ottenessero rappresentanza nelle assemblee statali, accelerò il processo di revisione costituzionale.

La nuova convenzione si aprì a Filadelfia nel maggio 1787. Erano presenti 55 delegati nominati dalle assemblee legislative di 12 stati su 13. Costoro formavano uno spaccato formidabile del ceto dirigente che aveva prestato servizio ai più alti livelli militari, diplomatici, amministrativi e politici durante e dopo la guerra rivoluzionaria, e aveva sviluppato una visione unitaria e continentale dei problemi e degli interessi americani. Washington, eletto a presiedere la convenzione, ne era l'esempio più illustre. Altri personaggi autorevoli erano James Madison della Virginia, Alexander Hamilton di New York, Benjamin Franklin, Gouverneur Morris, Robert Morris e James Wilson della Pennsylvania. Erano ricchi o benestanti, generali e avvocati, piantatori schiavisti, grandi mercanti e finanzieri. Erano quasi tutti nati in America, spesso da famiglie arrivate nel secolo precedente. Erano colti e formalmente istruiti; più della metà aveva frequentato il college. Erano mediamente più giovani, a parte l'ottantunenne Franklin, della generazione che aveva scatenato la Rivoluzione e che manteneva rapporti di diffidenza con ogni forma di potere centralizzato. Samuel Adams del Massachusetts e Richard Henry Lee della Virginia, che avevano guidato la battaglia in difesa degli interessi locali e della supremazia statale nel Congresso confederale, non furono delegati a Filadelfia. Il virginiano Patrick Henry lo fu, ma non partecipò mai ai lavori. I radicali del Rhode Island, contrari ai cambiamenti, non inviarono delegati. Le voci localiste che pure nella convenzione erano presenti riuscirono a correggere i progetti dei centralizzatori, a costringerli al compromesso, ma non ebbero mai l'iniziativa.

I delegati erano in maggioranza massoni, a cominciare da personalità come Washington, Madison, Franklin, Hamilton. La massoneria era arrivata in Nord America dall'Inghilterra poco dopo l'inizio del Settecento, e si era diffusa con rapidità, diventando una delle più importanti associazioni volontarie maschili delle colonie. Era un luogo di incontro in una società frammentata a causa di alti tassi di mobilità e di immigrazione; vi si tessevano reti personali di amicizia e interesse; creava, disse un affiliato, una «consanguineità artificiale» forte quanto le «relazioni naturali di sangue». Intorno al 1775 aveva un centinaio di logge che offrivano una vita sociale e intellettuale assai ricca e politicamente rilevante. La massoneria non prese posizione ufficiale sui tumultuosi eventi di quegli anni, perché era vietato dai suoi ordinamenti e perché era divisa al suo interno. Non pochi membri erano infatti lealisti filo-imperiali. E tuttavia i suoi ideali e le sue pratiche erano di fatto in sintonia con gli ideali e le pratiche della Rivoluzione. Era un'associazione illuminista con aspirazioni cosmopolite, universali, miranti al «perfezionamento dell'umanità». Era laica, tollerante in campo religioso, indifferente alle fedi e alle sette, offrendo essa stessa un'esperienza surrogata di riti iniziatici e simboli pseudo-religiosi. Era repubblicana e interclassista; predicava l'autogoverno fra eguali, la fratellanza di tutti, il valore del merito individuale; era nata fra le élite urbane, ma si era estesa alle élite rurali, agli artigiani, alla *middling sort* in generale. Non sorprende quindi che molti affiliati diventassero patrioti e dirigenti rivoluzionari, e che almeno una decina di essi fosse fra i 56 firmatari della Dichiarazione d'indipendenza. Essendo partecipi di un'associazione non localistica bensì continentale, si sentivano cittadini degli Stati Uniti e non solo dello stato in cui vivevano. Non sorprende che fossero così tanti a Filadelfia, con progetti centralizzatori.

La presenza intellettualmente dominante fu quella di Madison, che aveva fatto un approfondito lavoro teorico di preparazione. Ispirato dalla lettura del filosofo scozzese David Hume, rovesciò il discorso del repubblicanesimo classico e sostenne che una repubblica estesa e diversificata era migliore di una piccola e omogenea. Una grande repubblica poteva includere una varietà di interessi diversi e contrastanti, nessuno dei quali, fossero essi gli interessi della grande proprietà o quelli popolari, quelli dei debitori o quelli dei creditori, avrebbe preso il sopravvento sugli altri. Il conflitto e il compromesso fra gli interessi (e quindi tra le «fazioni» o partiti che li rappresentavano) avrebbero prodotto stabilità politica. Ispirato dal dibattito europeo sul costituzionalismo, Madison sostenne che il governo di questa grande repubblica unitaria doveva incorporare un sistema di separazione dei poteri (legislativo, esecutivo, giudiziario) e di freni e contrappesi fra i vari organi costituzionali, in modo da impedire l'emergere di un unico potere tirannico. Preoccupato di superare il primato degli stati, immaginò un governo centrale fondato non sull'autorità dei governi statali, come era quello della confederazione esistente, bensì sull'autorità del popolo americano nel suo complesso. Per superare la sovranità degli stati, Madison fece appello alla sovranità, fino ad allora mai esplicitamente riconosciuta, del popolo degli Stati Uniti. Timoroso di una democrazia troppo diretta e radicale, quale sembrava manifestarsi nelle assemblee statali, pensò tuttavia a forme di diluizione e di filtro della sovranità popolare tramite elezioni indirette. Con linguaggio alla Locke, affermò che compito principale del nuovo governo doveva essere quello di agire da arbitro al fine di garantire «la protezione dei diritti privati e l'equilibrata amministrazione della giustizia».

I delegati erano venuti a Filadelfia per riorganizzare la confederazione, e lo fecero con grande spregiudicatezza. Il Congresso li aveva incaricati di riunirsi «con il solo e specifico scopo di sottoporre a revisione gli Articoli di confederazione» secondo le procedure previste dagli Articoli stessi. Decisero invece di mettere da parte il mandato ricevuto, e di scrivere una nuova costituzione. Decisero anche di mantenere il segreto più stretto sui lavori, andando molto al di là della pratica comune nelle assemblee del tempo di riunirsi a porte chiuse. Ciò consentì loro di comporre le differenze presentando poi all'esterno un'immagine di unità, e di procedere con efficacia e speditezza. Madison concretizzò le sue elaborazioni teoriche in un progetto presentato dalla delegazione della Virginia. Il cosiddetto Piano della Virginia non fu accettato *in toto* dai delegati, perché considerato troppo centralizzatore. Alcuni gli contrapposero un Piano del New Jersey, che comportava solo modifiche e aggiustamenti degli Articoli di confederazione. Le discussioni di un'intera estate portarono infine a una soluzione di compromesso che del compromesso aveva tutti i segni, anche se rispecchiava a sufficienza le idee di fondo di Madison. Il testo finale faceva infatti appello, come fonte di legittimazione, a «Noi, popolo degli Stati Uniti», come recita il celebre incipit. In un altro punto cruciale, la cosiddetta clausola di supremazia proclamava la Costituzione e le leggi degli Stati Uniti «la legge suprema del paese», alla quale gli stati dovevano inchinarsi. E disegnava una complessa architettura di governo che attribuiva i tre poteri fondamentali a tre organi distinti e indipendenti, con forme di controllo reciproco (*checks and balances*). Nello spirito del compromesso, tuttavia, il testo finale cercava di bilanciare l'autorità del nuovo governo centrale con quella già esistente degli stati.

La nuova Costituzione affidava il potere legislativo, ritenuto il più importante, a un Congresso bicamerale formato dalla Camera dei rappresentanti e dal Senato. La Camera dava corpo all'idea di sovranità popolare. Era eletta dai cittadini ogni due anni, e i suoi membri erano distribuiti fra gli stati in proporzione alla popolazione; per contare le popolazioni statali, mutevoli e in movimento, il governo doveva condurre un censimento ogni dieci anni. La definizione dei requisiti per l'elettorato attivo era lasciata agli stati stessi. Il Senato era invece espressione diretta degli stati, ciascuno dei quali, grande o piccolo che fosse, vi era rappresentato in modo paritario da due membri; era questo uno dei compromessi a cui i centralizzatori erano stati costretti. I senatori erano scelti dalle assemblee legislative statali con mandati più lunghi e scaglionati; ognuno restava in carica sei anni, ma un terzo di loro era rinnovato ogni due anni. (Nel corso dell'Ottocento parecchi stati decisero che i loro due senatori fossero eletti dal popolo; nel 1913 un emendamento alla Costituzione stabilì che ciò fosse obbligatorio in tutti gli stati dell'Unione.) I due rami del Congresso avevano dunque basi elettorali e politiche diverse. Avevano anche eguali poteri, e quindi si controllavano a vicenda: ogni legge doveva essere approvata da entrambi nella stessa versione. Ciascuno aveva tuttavia alcune prerogative speciali. Solo la Camera poteva iniziare leggi tributarie (ma anche il Senato doveva approvarle) oppure mettere in stato d'accusa il presidente (ma poi era il Senato a giudicarlo). Solo il Senato approvava i trattati internazionali oppure le nomine presidenziali di alti funzionari e magistrati federali. Al congresso tutto erano riconosciute competenze estese nelle materie che avevano travagliato la confederazione. Esse includevano il potere di imporre tasse e dazi doganali, battere moneta, regolare il commercio, far rispettare i contratti, dichiarare guerra, gestire esercito e marina, sopprimere insurrezioni interne, istituire un sistema postale continentale. Queste competenze erano esclusive; agli stati era vietato legiferare in proposito. Erano tuttavia enumerate con precisione; quelle non enumerate, indefinite e quindi potenzialmente infinite per quantità e qualità, restavano agli stati.

La titolarità del potere esecutivo era affidata a un presidente, affiancato da un vicepresidente. Entrambi erano eletti per quattro anni da un ristretto collegio di grandi elettori, designati allo scopo dagli stati secondo procedure da loro stessi definite. Ogni stato aveva diritto a un numero di grandi elettori pari alla somma dei rappresentanti e dei senatori che esso mandava in Congresso; quindi gli stati più popolosi erano relativamente avvantaggiati. La scelta di questo sistema indiretto e farraginoso fu fatta negli ultimi giorni della convenzione di Filadelfia, con una certa fretta; erano state discusse altre opzioni più semplici, come l'elezione popolare diretta del presidente, o la sua elezione da parte del Congresso, ma alla fine furono scartate. (All'inizio i grandi elettori erano nominati dalle assemblee statali; nella prima metà dell'Ottocento quasi tutti gli stati decisero che i rispettivi grandi elettori fossero eletti direttamente dal popolo, dando così origine alle moderne campagne elettorali presidenziali.) Il presidente aveva il potere di firmare e rendere esecutive le leggi del Congresso, ma anche di respingerle con un veto e restituirle all'assemblea per un riesame, esercitando così un controllo sul potere legislativo.

Era comandante in capo delle forze armate, amministrava le finanze pubbliche, stipulava trattati internazionali, nominava ministri e ambasciatori, ma molte delle sue azioni dovevano avere il consenso del Senato o l'autorizzazione del Congresso tutto, che così esercitava un controllo sul potere esecutivo.

Il potere giudiziario, infine, era conferito a una Corte suprema e a un sistema inferiore di tribunali federali, con giurisdizione sulle controversie di cui fossero parte in causa gli Stati Uniti, gli stati membri dell'Unione o le potenze straniere. I giudici erano nominati dal presidente con il consenso del Senato; il potere esecutivo e quello legislativo concorrevano così a plasmare il potere giudiziario. Ma i giudici, una volta nominati, erano inamovibili e restavano in carica a vita, molto più a lungo di presidenti e senatori, e quindi potevano far valere la loro indipendenza. La Costituzione nel suo complesso poteva essere modificata con emendamenti, purché gli emendamenti fossero proposti dai due terzi dei membri di Camera e Senato e ratificati da tre quarti degli stati.

La convenzione licenziò questo progetto il 17 settembre 1787, e avviò la parte più delicata dell'impresa. Il processo costituente era iniziato in maniera anomala. Gli uomini di Filadelfia non avevano alcun mandato, tanto meno un mandato popolare, per fare quello che avevano fatto. La loro non era un'assemblea costituente, e vi sedevano come delegati degli stati. Se la Costituzione aspirava a essere espressione di una unitaria sovranità popolare, doveva almeno essere ratificata da tutto il popolo. Anche in questo caso il documento fece ricorso a un compromesso dal quale la questione della sovranità non uscì chiarita. Prevedeva infatti che la ratifica avvenisse stato per stato e in via indiretta, tramite apposite convenzioni elettive. Era sufficiente il consenso di nove stati perché, almeno per loro, la Carta entrasse in vigore. All'inizio la procedura funzionò speditamente, poi cominciarono i problemi. Parecchie convenzioni statali approvarono subito, all'unanimità o con grandi maggioranze; il Massachusetts e il New Hampshire approvarono più tardi e con difficoltà. Con la ratifica del New Hampshire (giugno 1788) scattò la clausola del nono stato. Ma restavano fuori, e profondamente divisi sul da farsi, due stati-chiave come Virginia e New York. Dopo scontri molto aspri, e di stretta misura, nell'estate 1788 anch'essi ratificarono. Fu solo a quel punto, benché mancassero all'appello la North

Carolina (che aderì nel 1789) e il Rhode Island (che aderì nel 1790), che la Costituzione divenne una realtà operativa. Per diventare realtà, tuttavia, aveva dovuto superare un'opposizione sempre più organizzata. Le convenzioni statali furono teatro di una battaglia politica di alto profilo, l'ultima della Rivoluzione e la prima dei nuovi Stati Uniti.

5. *Costituzione e Rivoluzione*

Gli oppositori della Costituzione, che avevano fra i propri dirigenti i virginiani Lee, Henry e Mason e il governatore di New York George Clinton, si presentarono come i veri eredi della Rivoluzione. Con classico linguaggio repubblicano, espressero il timore di molti ceti rurali e popolari che un governo potente, centralizzato e lontano dal controllo dei cittadini diventasse uno strumento di tirannia oligarchica, indifferente all'autogoverno e agli interessi locali, pericoloso per i diritti individuali. Denunciarono la mancanza di una dichiarazione che garantisse tali diritti, e lanciarono un'aggressiva campagna che costrinse i costituenti a difendere il loro operato. Nella difesa si distinsero Madison, Hamilton e il giurista John Jay che, riprendendo le discussioni di Filadelfia, spiegarono la logica della nuova Costituzione in una serie di brevi saggi di grande abilità tattica e intelligenza teorica, raccolti poi in due volumi con il titolo *Il federalista* (1788). In questi saggi, in gran parte pubblicati come articoli nei giornali di New York tra la fine del 1787 e la prima parte del 1788, essi esaltarono la capacità del sistema proposto di superare i particolarismi, preservare l'Unione e fondare una grande repubblica dedita al commercio e all'espansione. Ottennero il consenso degli interessi commerciali e proprietari, molti dei quali apprezzavano, come annotò Hamilton, la protezione che il nuovo governo sembrava offrire contro «le rapine che lo spirito democratico è propenso a perpetrare sulla proprietà». Ma ottennero il consenso anche degli strati artigianali urbani radicali, che del nuovo governo apprezzavano i caratteri repubblicani, e che da un vigoroso sviluppo economico avevano tutto da guadagnare. I sostenitori della Costituzione promisero che nell'immediato futuro avrebbero introdotto nel testo costituzionale una dichiarazione dei diritti, e prevalsero.

La Costituzione del 1787, considerata dai suoi nemici quasi un tradimento della Rivoluzione e dello spirito del 1776, ne era in effetti un prodotto genuino, benché non ne fosse l'unico possibile. Nacque da un conflitto sul significato della Rivoluzione, che fu combattuto fra i protagonisti del processo rivoluzionario, e che di questi protagonisti rispecchiava le diversità di interessi e prospettive. Era innanzitutto un documento che, in continuità con l'esperienza unificante della Rivoluzione, ma in contrasto con alcuni dei suoi principi ispiratori, riorganizzava i rapporti fra gli stati a favore di una più forte autorità centrale. Quale fosse l'esatta natura di questa autorità centrale rispetto ai poteri degli stati non era chiarissimo, e ciò consentiva interpretazioni diverse. Gli architetti del nuovo sistema di governo lo difesero pubblicamente affermando, come scrisse Madison, che esso era di «carattere misto» e presentava elementi sia «nazionali» che «federali» (anche se la Carta stessa non usava mai queste parole, vi si parlava solo di governo degli Stati Uniti o di Unione). Madison negò che si trattasse di un vero governo nazionale, ricordando che aveva competenze limitate ed elencate con precisione, e che lasciava «ai diversi stati una sovranità residua e inviolabile su tutte le altre materie». Hamilton sostenne che gli stati, ai quali restavano «porzioni esclusive» di «potere sovrano» nonché la rappresentanza diretta in Senato, erano «parti costituenti della sovranità nazionale». Sia Madison che Hamilton, tuttavia, erano propensi a evidenziare la nascita di una nuova sovranità centrale. Altri interpreti, invece, sottolinearono la sopravvivenza delle sovranità statali e valorizzarono i cosiddetti «diritti degli stati».

Queste discussioni non erano del tutto nuove nel mondo inglese, ma fecero emergere un nuovo e più preciso vocabolario politico. Gli americani erano eredi della tradizione dell'impero britannico, che aveva una lunga storia di forme stratificate di sovranità e di tensioni istituzionali fra i loro vari livelli. Non erano stati solo i residenti delle colonie del Nord America o, in generale, d'oltre Atlantico a vivere in un regime che, come si è visto, poteva essere definito di sovranità doppia. Ciò accadeva anche nella madrepatria. Inglesi, scozzesi e irlandesi appartennero per secoli a tre regni diversi, con fedeltà e identità culturali diverse, separati per territorio e per rappresentanze parlamentari, ma uniti dalla dipendenza e dalla fedeltà a una stessa corona. Anche la legge del 1707 che portò alla fusione dei regni e dei parlamenti di Scozia e Inghilterra e alla formazione del regno di Gran Bretagna (il cosiddetto Atto di unione), non cambiò molto le cose. L'impero continuò a essere una monarchia multipla. E multipla sembrò essere la repubblica americana, fondata insieme sulle sovranità separate degli stati, e dei rispettivi popoli, e su quella unitaria del nuovo sovrano, cioè l'intero popolo degli Stati Uniti. Fu allora che questo tipo di ordinamento cominciò a essere chiamato federazione e a essere distinto dalla confederazione, intesa invece come un patto fra stati che restavano pienamente sovrani. Fu allora che l'aggettivo «federale» cessò di essere sinonimo di «confederale», e anzi vi si contrappose con qualche effetto paradossale. Se ne appropriò infatti il partito dei centralizzatori, quello favorevole alla Costituzione e contrario alla vecchia confederazione, che uscì dai dibattiti del 1787-88 con il nome di partito federalista e con *Il federalista* come vangelo. Il partito avverso, quello del decentramento e della difesa della confederazione, finì col chiamarsi antifederalista.

La Costituzione era un documento repubblicano che, in continuità con i principi del 1776, creava un ordinamento fondato sul consenso dei governati. Anzi, trasferiva questi principi dal livello statale a quello del governo sovrastatale, che secondo gli Articoli di confederazione si fondava invece, come si è visto, sul consenso degli stati. Ma non era un documento democratico secondo i criteri del tempo, quali erano praticati in molti ordinamenti statali, e costituiva un'interpretazione restrittiva di quei principi. Per molti versi, si modellava sulle costituzioni statali più conservatrici, quelle di New York e Massachusetts. Consenso dei governati non equivaleva a partecipazione attiva, e la Costituzione mirava a scoraggiare quest'ultima. La separazione dei poteri, le elezioni indirette, i mandati scaglionati intendevano isolare le istituzioni dall'influenza dei cittadini. Scopo analogo avevano i collegi elettorali molto ampi (30.000 persone, quasi la popolazione del Delaware) che erano previsti per la Camera dei rappresentanti, l'unico organo che esprimesse direttamente la sovranità del popolo e che si volle di dimensioni ridotte (65 membri, un quarto della camera bassa del Massachusetts). Tutta la struttura era costruita per assicurare che il governo del paese fosse nelle mani non di maggioranze popolari, bensì di un'élite di uomini illuminati e virtuosi, come disse Madison, «superiori ai pregiudizi locali e ai disegni di ingiustizia». Un governo così concepito aveva estesi poteri nel campo della protezione di quei diritti di proprietà e di commercio ai quali erano interessati i ceti proprietari e mercantili, soprattutto quelli più dinamici e intraprendenti. Da questo punto di vista, la Costituzione era anche un documento sociale ed economico, che si contrapponeva alle aspettative di quegli americani che erano usciti dalla Rivoluzione con visioni più egualitarie della nuova repubblica.

La Costituzione rifletteva il processo rivoluzionario anche in un altro senso, come movimento razzialmente connotato. Il suo testo, in apparenza così neutrale e procedurale, suggeriva che in Nord America coesistevano tre popolazioni distinte, e che una sola aveva cittadinanza nel nuovo ordinamento. C'erano gli «indiani», esclusi perché assimilati a nazioni straniere. C'era il popolo dei cittadini formato da «persone libere». C'erano infine gli schiavi neri, mai nominati per non macchiare il sacro documento, indicati pudicamente con perifrasi tipo «altre persone», ma ben presenti nel corpo della macchina costituzionale. La permanenza della schiavitù negli stati era in effetti uno dei compromessi da cui la Costituzione era nata. I piantatori meridionali, che erano una componente decisiva dell'élite rivoluzionaria e costituente, la sottoscrissero solo quando vi furono riconosciuti i loro diritti di proprietà sugli schiavi fuggitivi, e vi fu garantita l'importazione di nuovi schiavi per almeno vent'anni, fino al 1808. Inoltre, per aumentare il loro peso nel governo federale, essi imposero che il conteggio della popolazione degli stati, in base al quale erano distribuiti i seggi della Camera, includesse anche gli schiavi (le «altre persone» appunto) calcolati per tre quinti del loro numero effettivo. Così gli schiavi, estranei alla comunità politica e al discorso della libertà e dell'eguaglianza, contribuirono a garantire il potere politico dei loro padroni del sud. Nel nord, dove non era così importante, la schiavitù fu gradualmente soppressa, grazie anche ai primi abolizionisti neri e bianchi che, durante la Rivoluzione, impararono a usare in chiave universale il lessico repubblicano dell'eguaglianza di tutti gli uomini. Nella comunità bianca restò tuttavia la convinzione che gli schiavi, nelle parole del virginiano Edmund Randolph, «non [fossero] membri costituenti della nostra società». E che anche i neri liberi non fossero desiderabili come concittadini.

La questione degli americani nativi era cruciale perché poneva, sia per loro che per gli Stati Uniti, la questione del territorio sul quale esercitare la sovranità. La vittoria della Rivoluzione e la sconfitta inglese furono catastrofiche per le nazioni indiane, che si ritrovarono da sole, senza neanche il velo della *Proclamation Line* imperiale, ad affrontare i nemici di sempre. Per molte di loro, l'indipendenza degli americani di origine europea segnò la fine di ogni indipendenza. Gli indiani alleati della Gran Bretagna furono abbandonati alla mercé dei vincitori. Anche gli Irochesi, che pure in parte avevano appoggiato i rivoluzionari, subirono nel 1784 un trattato di pace separato assai svantaggioso, che confermò la fine della loro confederazione. Proprio mentre si disgregavano i nuclei di unità indiana che erano esistiti fino ad allora, i coloni bianchi affrontarono il problema come formazione politica unitaria. Il Congresso affermò la propria sovranità indivisa, e per il momento del tutto teorica, sul continente fino al fiume Mississippi. Lo fece sia nei confronti della Gran Bretagna, il cui riconoscimento venne con la pace di Parigi del 1783, sia nei confronti dei singoli stati, dai quali acquisì qualunque pretesa autonoma avessero sulle aree oltre i monti Appalachi. Tutte le terre non occupate dai bianchi entrarono a far parte del demanio pubblico federale. Naturalmente, per passare dalla teoria alla pratica, il continente doveva essere conquistato e gestito, e gli Stati Uniti si accinsero a questa impresa con grande immaginazione, e da una posizione di forza. La «politica indiana» nei cosiddetti territori divenne uno dei fattori di coesione della confederazione, un'area nella quale fu elaborata una politica unitaria efficace prima ancora che entrasse in vigore la Costituzione federale.

Un passo decisivo in questa direzione fu l'Ordinanza del nordovest, approvata dal Congresso confederale nel luglio 1787, mentre a Filadelfia procedevano i lavori della convenzione costituente. L'Ordinanza riguardava l'amministrazione del territorio compreso tra il fiume Ohio, i Grandi Laghi e il Mississippi (corrispondente all'area poi occupata da Ohio, Michigan, Indiana, Illinois e Wisconsin). Il Congresso vi estese le libertà religiose e civili e vietò la schiavitù. Stabilì che vi si formassero nuovi stati che avevano il diritto, a certe condizioni, di entrare nella confederazione «su un piede di parità con gli stati originari». Le condizioni erano che gli stati avessero 60.000

«abitanti liberi» e che si dessero costituzioni repubblicane. L'Ordinanza ignorava gli americani nativi quali attivi partecipanti di questo processo (gli «abitanti liberi» erano i coloni bianchi), e l'autorità che essi esercitavano su gran parte della regione. Gli indiani vi erano nominati per garantire che non sarebbero stati privati delle terre senza il loro consenso; che sarebbero stati trattati con lealtà, giustizia e umanità; che non sarebbero stati invasi o disturbati se non «in giuste e legittime guerre autorizzate dal Congresso». La formula era protettiva contro le possibili prevaricazioni di avventurieri e dei singoli stati. Ma affermava il diritto degli Stati Uniti di condurre quelle guerre che poi furono necessarie per imporre la loro sovranità contro un'accanita resistenza armata. L'Ordinanza non era solo coeva alla stesura della nuova Costituzione; ne era anche di fatto un'integrazione, e quasi ne condivideva il carattere fondante. Inventava un sistema per estendere la repubblica dentro il continente creando non colonie dipendenti nel senso europeo del termine, bensì, in prospettiva, quello che Jefferson chiamò «un impero per la libertà, quale mai è stato visto dalla Creazione a oggi». Nessuna costituzione, aggiunse Jefferson, «fu mai così ben congegnata, come la nostra, per garantire contemporaneamente un impero esteso e l'autogoverno» (1809). Era evidente che libertà e autogoverno non riguardavano gli americani nativi.

Capitolo terzo

La nuova repubblica (1789-1828)

1. *Il radicalismo della Rivoluzione americana*

La Rivoluzione cambiò profondamente il Nord America. Creò una nuova entità politica, gli Stati Uniti, e una società diversa dalle precedenti. Per rappresentare con efficacia l'ampiezza e rapidità del cambiamento, lo scrittore newyorkese Washington Irving inventò più tardi l'eroe eponimo del suo racconto *Rip Van Winkle* (1820): un uomo che, ridotto alla disperazione dalla moglie tirannica, fugge nei boschi e si addormenta sotto un albero, svegliandosi vent'anni dopo. Nel frattempo c'è stata, a sua insaputa, la Rivoluzione. Rip ricorda un pigro villaggio coloniale, un'osteria con «il rubicondo ritratto di Sua Maestà Giorgio III», un gruppo di scansafatiche che vi si riuniva a leggere vecchi giornali e a deliberare sugli eventi pubblici «alcuni mesi dopo che erano avvenuti». Ora niente è più lo stesso. Nella piazza sventola una bandiera con un'«accozzaglia di stelle e di strisce»; al posto di re Giorgio c'è il ritratto di un altro Giorgio, il generale Washington. «Il carattere stesso delle persone sembrava cambiato. Invece dell'abituale flemma e sonnolenta tranquillità c'era un tono agitato, affaccendato, litigioso». Rip cerca invano i vecchi amici. «Al loro posto un tipo magro e nervoso, con le tasche piene di volantini, parlava con foga di diritti dei cittadini, elezioni, membri del Congresso, libertà, Bunker Hill, eroi del '76, e altre parole incomprensibili, una vera babele per lo stupito Van Winkle». Rip viene a sapere di non essere più un suddito inglese bensì un libero cittadino degli Stati Uniti; non essendo un politico, la cosa non lo impressiona molto. C'è tuttavia un dispotismo che ha patito davvero, il «governo delle sottane», e a questo si sottrae perché, durante il suo lungo sonno, è morta l'insopportabile moglie. Tutte le volte che qualcuno ne fa il nome, Rip scuote la testa, si stringe nelle spalle, volge gli occhi al cielo. Ciò «poteva passare per un'espressione sia di rassegnazione al fato che di gioia per la liberazione».

I protagonisti della Rivoluzione erano convinti di assistere all'alba di un'epoca di libertà, anzi di contribuire a creare un *Novus ordo seclorum*, un «nuovo ordine delle epoche», come recitava un motto della nuova repubblica. Ritennero, proprio come fecero più tardi i rivoluzionari francesi con la data di fondazione della loro repubblica, che il 4 luglio 1776 segnasse un nuovo inizio dal quale contare il tempo, e lo scrissero nel testo delle carte costituzionali. Gli Articoli di confederazione (1777) furono datati «anno secondo dell'indipendenza d'America»; la Costituzione di Filadelfia (1787), con maggiore precisione linguistica nel nominare la nuova realtà politica, fu datata «anno dodicesimo dell'indipendenza degli Stati Uniti d'America». Questa pratica continuò a lungo, sia nei documenti di governo e nei messaggi presidenziali, sia nelle petizioni dei club politici, nei calendari e negli almanacchi popolari, nelle testate dei giornali. Tom Paine, d'altra parte, era stato enfaticamente chiaro quando aveva scritto in *Senso comune*: «Abbiamo la possibilità di cominciare da capo a costruire il mondo. Una situazione simile all'attuale non si è verificata dai giorni di Noè». Gli sviluppi di quella «situazione» furono di ampia portata. Andarono al di là delle intenzioni, degli obiettivi e delle previsioni di molti di coloro che la scatenarono, e continuarono a dispiegare i loro effetti dopo che essa si era formalmente conclusa. I coloni prerivoluzionari erano sudditi di una monarchia imperiale; vivevano in comunità divise in caste e dominate dal rango, tenute insieme da relazioni paternalistiche di dipendenza personale e responsabilità reciproca, governate sulla base di principi gerarchici. Gli eventi rivoluzionari, cominciati come una difesa di privilegi, immunità e diritti «degli inglesi», travolsero quest'ordine anche se non lo distrussero completamente. E portarono al trionfo moderno di un'idea repubblicana di libertà che aveva una travagliata storia nell'Occidente europeo.

La Rivoluzione repubblicana permise l'elaborazione di un discorso di diritti individuali e di eguaglianza che coinvolse tutti i ceti, anche quelli popolari, e tutte le relazioni, anche quelle attinenti alla sfera privata. Comportò una crisi di autorità, e consentì nuovi comportamenti. Soggetti, gruppi e interessi diversi acquisirono il diritto alla parola; crearono una vita sociale conflittuale e irriverente, e una vita pubblica articolata e caratterizzata dalla libertà di stampa e di organizzazione. Il mutamento più visibile e immediato riguardò la società politica, dove si modificarono i rapporti fra i governanti e i governati, e le definizioni stesse di chi avesse legittimità a governare. La stragrande maggioranza degli uomini della *middling sort* e della *lower sort* di origine europea ebbe la cittadinanza politica, e affermò la propria indipendenza dai rapporti di tipo paternalistico. Alla vigilia della Rivoluzione, nelle varie colonie poteva votare fra il 50 e l'80% dei maschi bianchi adulti, e non tutti lo facevano. A Rivoluzione conclusa si arrivò al 90%, e anche la partecipazione effettiva aumentò, generando una vita elettorale tumultuosa. Molti rivendicarono anche il diritto di essere eletti, battendosi contro i requisiti di censo nell'elettorato passivo e, soprattutto, sfidando la pretesa dei *gentlemen* della *better sort* a presentarsi come i depositari naturali dell'arte di governo e gli interpreti del bene comune. Le camere basse di molti stati si popolarono di piccoli commercianti, agricoltori e artigiani, che promossero leggi sulla proprietà, sulla tassazione e sui debiti che andavano contro gli interessi dei grandi proprietari e mercanti. Si erose insomma l'autorità sociale delle classi superiori e, soprattutto, il nesso fra l'autorità sociale e l'autorità politica.

Si erose anche l'autorità patriarcale. Le affermazioni di indipendenza individuale erano connesse all'indebolimento dei legami gerarchici nelle famiglie, alla maggiore libertà dei figli e degli altri dipendenti maschi, come domestici, servi e apprendisti, rispetto ai *patres familias*. Queste tendenze, già presenti nel periodo prerivoluzionario, furono accelerate dalla Rivoluzione, che Paine evocò come una ribellione di «ragazzi» ormai cresciuti contro un re furfante che si atteggiava a «padre del suo popolo». Come era evidente da queste parole (e dalla lettera dell'affermazione rivoluzionaria «tutti gli uomini sono creati uguali») si trattava di un discorso interno all'universo maschile. Anche le donne acquisirono spazi di autonomia, in casa e fuori. Durante la guerra furono loro a gestire in prima persona gli affari economici domestici, sostituendosi ai mariti soldati. Organizzate in gruppi, le donne patriote ebbero un ruolo cruciale nel boicottare le merci inglesi e nel condurre campagne di sostegno alla causa. Molte seguirono gli uomini sui campi di battaglia fornendo loro i tradizionali servizi casalinghi (lavare, cucire, cucinare). In alcuni casi agirono anche da messaggere e spie; più sporadicamente, travestite da uomini, parteciparono ai combattimenti. Queste attività implicavano che le donne esercitassero responsabilità pubbliche, ma si fondavano sui loro ruoli di mogli e madri e sulla loro subordinazione dentro la famiglia; e non si tradussero in eguaglianza civile o politica. L'idea repubblicana era compatibile con tutto ciò, presupponeva che fossero gli uomini a rappresentare politicamente l'unità familiare. Non vi furono nell'America rivoluzionaria affermazioni esplicite dei diritti delle donne analoghe a quelle lanciate in Francia da Olympe de Gouges con la *Dichiarazione dei diritti della donna e della cittadina* (1791) e in Inghilterra da Mary Wollstonecraft con il suo pamphlet sulla *Rivendicazione dei diritti della donna* (1792). Il risultato, in verità, non fu diverso. Come in Europa, la cittadinanza politica rimase un attributo maschile anche nella nuova repubblica americana, e fu il linguaggio patriarcale a definirne i fondatori come «Padri».

L'idea di repubblica si incarnò in un documento che operava una radicale e scandalosa rottura con il passato e che, traboccante di principi altisonanti e di promesse, rimase al centro della cultura politica del paese. La Dichiarazione d'indipendenza fondò la sovranità dei nuovi stati e degli Stati Uniti sui diritti degli individui, e la legittimità dei loro governi sul consenso dei governati; affermò il diritto di un popolo a separarsi da altri popoli e a cambiare forma di governo, con le buone o con le cattive, quando questi principi non fossero rispettati. Per il suo messaggio rivoluzionario, ebbe anche una grande risonanza internazionale. Fu recepita, studiata e celebrata dai riformatori e dagli intellettuali illuministi in Europa e nelle Americhe. Fu tradotta in francese, tedesco, spagnolo, italiano; l'edizione italiana apparve con straordinaria rapidità nel settembre 1776 sulla «Gazzetta Universale di Firenze». Il suo linguaggio dei diritti influenzò direttamente i rivoluzionari francesi del 1789 che, almeno all'inizio della loro avventura, si pensavano eredi e continuatori delle gesta dei fratelli d'oltreoceano; se ne trovano echi evidenti nelle loro *Dichiarazioni dei diritti dell'uomo e del cittadino* (del 1789 e del 1793). Anche il suo linguaggio indipendentista affascinò e fece proseliti. Rivendicare la separazione politica di un territorio da una più vasta entità statuale e la sua trasformazione in stato sovrano, e farlo con una dichiarazione unilaterale sostenuta dalla forza delle armi, era di per sé un fatto inusuale e dirompente. Nel moderno mondo atlantico esistevano pochi esempi precedenti: quello, ormai lontano, della repubblica olandese contro la Spagna nel 1581, e l'altro, più vicino e familiare, della Corsica contro la Repubblica di Genova nel 1755 (il cui autore, Pasquale Paoli, era un eroe dei ribelli nordamericani). La Dichiarazione d'indipendenza degli Stati Uniti parve più rilevante ed eloquente. E divenne la matrice e il modello di un nuovo tipo di documento politico, adottato da molti movimenti indipendentisti successivi, in particolare da quelli che all'inizio dell'Ottocento, in gran parte delle Americhe, portarono alla dissoluzione dell'impero spagnolo.

Non si trattava solo di principi generali evocati con retorica calda ed emozionante, come nella Dichiarazione d'indipendenza. L'idea di repubblica si incarnò anche in istituzioni stabili, disegnate con freddezza e attenzione ai dettagli procedurali, che seppero sopravvivere alle tempeste del momento. Le nuove costituzioni statali scritte e riscritte, sperimentate, riformate e adattate, sembrarono indicare una strada eccitante ma anche sicura e ordinata tramite la quale i cittadini potessero cambiare le forme di governo e diventare a tutti gli effetti autorità costituenti. La Costituzione del 1787, per quanto elaborata in modo non sempre limpidissimo, sembrò portare a compimento questo processo; anch'essa si fondava, almeno in linea teorica, sulla sovranità popolare. E anch'essa ebbe risonanza internazionale. La pratica di stendere costituzioni scritte fu ripresa nel giro di pochi anni nell'Europa rivoluzionaria, in Polonia e Francia nel 1791 e poi dovunque. Certo, non dovunque le costituzioni scritte furono garanzia di stabilità repubblicana, come accadde per quasi un secolo negli Stati Uniti. In Francia, in particolare, i continui sussulti della Rivoluzione produssero violenti mutamenti di regime e un rapido susseguirsi di carte costituzionali che non fecero in tempo a mettere radici. Per un attimo parve che Napoleone Bonaparte potesse essere un giovane Washington francese in grado di consolidare la repubblica su basi repubblicane. Ma le cose non andarono così, e la Costituzione francese del 1804, la quinta (o sesta) dal 1789, istituì un impero e fece di Bonaparte un imperatore. «Io non potevo essere che un *Washington coronato*», scrisse più tardi

Bonaparte, ormai sconfitto e prigioniero nella remota isola atlantica di Sant'Elena. A suo parere, glielo avevano imposto le diverse condizioni storiche. Di altro parere era lo scrittore e politico conservatore François-René de Chateaubriand che, negli stessi anni, scrisse: «La Repubblica di Washington ancora esiste, l'Impero di Bonaparte è distrutto. Washington e Bonaparte uscirono dal seno della democrazia: nati ambedue dalla libertà, il primo le fu fedele, il secondo la tradì».

In effetti, le condizioni storiche sulle due sponde dell'Atlantico erano diverse. Gli insediamenti coloniali britannici avevano strutture sociali e politiche meno dense, gerarchiche e centralizzate di quelle francesi. Al momento dello scoppio delle rispettive rivoluzioni, i nordamericani erano pochi e dispersi in un vasto continente, appena 2 milioni e mezzo, di cui 2 milioni bianchi, laddove i francesi erano 28 milioni; Parigi da sola aveva 650.000 abitanti, quanto Virginia e Massachusetts messi assieme. I privilegi, gli interessi e le culture di ceto vi avevano una minore sedimentazione, e quindi i risentimenti e i conflitti che ne derivarono furono meno aspri e si incanalarono con relativa rapidità in forme di lotta politico-elettorale regolate, prevedibili, istituzionali. I luoghi del potere politico erano decentrati e i conflitti interni, che pure ci furono, si frantumarono in una molteplicità di scontri locali, con caratteri ed esiti non omogenei. Negli Stati Uniti confederati non c'era un unico palazzo di governo da conquistare con marce popolari o colpi di mano, come in Francia; non c'era neanche, in verità, una vera capitale. C'era tuttavia uno scopo immediato e unificante, la conquista dell'indipendenza; e ciò spinse tutti i patrioti, qualunque fossero le loro differenze, a non litigare troppo fra loro. La Rivoluzione americana, infine, avvenne in un'area periferica del mondo atlantico; una volta ottenuta l'indipendenza poté dichiararsi conclusa e vittoriosa, padrona in casa propria. La Rivoluzione francese, invece, scoppiò nel cuore europeo di quel mondo, e lo sconvolse, con enormi ripercussioni che sembrarono senza fine: ci furono altre rivoluzioni, crolli di stati e di regimi, lunghe guerre di aggressione controrivoluzionaria, di difesa patriottica, di espansione rivoluzionaria e imperiale. Di fronte alla drammaticità e alla portata degli sviluppi francesi, quelli americani parvero d'improvviso lontani, provinciali, meno radicali. E meno storicamente significativi. Di fronte alla gloriosa ascesa napoleonica, qualcuno a

Parigi commentò: «Gli Stati Uniti non possono più servire da esempio per una nazione [la Francia] i cui destini sono così elevati da sfuggire a ogni confronto».

La società nordamericana aveva al suo interno una questione sociale specifica e brutale, sconosciuta in Francia anche se non ai francesi (che la praticavano nelle loro colonie): la schiavitù a base razziale. I bianchi liberi, che costituivano l'80% degli abitanti, erano comunque in numero sufficiente da tenerla sotto controllo. Durante la Rivoluzione americana non accadde niente di simile all'insurrezione che dopo il 1791 insanguinò Santo Domingo, la porzione sotto dominio francese dell'isola caraibica di Hispaniola, e che ebbe come protagonisti i 450.000 schiavi africani impiegati nelle prospere piantagioni di zucchero e caffè. Costoro erano, in valori assoluti, poco meno degli schiavi nordamericani ma, a differenza di quelli, costituivano quasi il 90% della popolazione locale, la stragrande maggioranza; i residenti liberi, fra bianchi e mulatti, erano una ridotta minoranza. Infiammati dalle idee di libertà ed eguaglianza che provenivano dalla Francia rivoluzionaria, gli schiavi presero le armi e iniziarono una guerra di liberazione che divenne una feroce guerra civile. Sotto la guida del loro leader carismatico François-Dominique Toussaint L'Ouverture, ottennero l'emancipazione e la piena cittadinanza da parte del governo di Parigi. In un secondo tempo si batterono per l'indipendenza e fondarono nei primi anni dell'Ottocento la seconda repubblica del Nuovo mondo, una repubblica nera. Toussaint fu poi catturato e deportato dalle truppe di Napoleone (1802); e il paese, rimasto indipendente con il nome di Haiti e con un governo nero retto da un sedicente «imperatore», precipitò in una serie di conflitti intestini. Ma l'esperienza non fu facilmente dimenticata dai cittadini bianchi degli Stati Uniti, che si resero conto con orrore di vivere anch'essi seduti sopra un vulcano, che per il momento era rimasto quieto. Toussaint divenne per loro un incubo. Per i loro schiavi, invece, divenne una leggenda e una speranza.

La permanenza della schiavitù negli Stati Uniti mostrò che la nuova società era tutt'altro che compiutamente libera ed egualitaria. Ma anche la comunità bianca era attraversata da differenze e gerarchie. Come altre rivoluzioni, quella francese compresa, la Rivoluzione americana produsse trasformazioni in cui rotture e continuità si intrecciavano in una fitta trama.

Le relazioni sociali del vecchio regime non scomparvero. Molti *gentlemen* godettero ancora della deferenza dei ceti inferiori, che divenne sostegno elettorale alla loro gestione della cosa pubblica; soprattutto a livello federale, furono essi a costituire il nerbo della prima classe dirigente. I diritti di cittadinanza rimasero legati alla proprietà, benché i requisiti di censo si fossero abbassati, e in alcuni stati quasi annullati; i nullatenenti e i servi a contratto erano esclusi. Le diseguaglianze di reddito e di risorse economiche erano enormi. Anzi, si crearono stratificazioni sociali e forme di ricchezza e miseria che erano fino ad allora sconosciute. La crisi economica seguita alla fine della guerra provocò un aumento della povertà, che divenne un problema civico permanente. L'avvio di manifatture tessili con manodopera femminile e infantile segnalò la nascita di una classe di lavoratori proletarizzati. Gruppi di imprenditori accumularono capitali e riorganizzarono la vita economica parlando di interesse individuale, di aspettative di profitto, di opportunità offerte da un mercato privo di vincoli. Lo stesso linguaggio cominciò a essere usato da gruppi di agricoltori e artigiani. Non tutti gli americani lo capivano o lo condividevano. Ad alcuni sembrò antitetico allo spirito della Rivoluzione, all'idea di una repubblica di piccoli proprietari, all'etica repubblicana della responsabilità civica. Per altri ne era invece il prodotto più genuino e attraente.

2. *Federalisti e repubblicani*

Continuità e rotture, consenso e conflitti (vecchi e nuovi), segnarono l'inizio della vita repubblicana sotto la Costituzione federale. Questo inizio fu accompagnato dai riverberi della Rivoluzione francese e delle ostilità internazionali che ne derivarono. Soprattutto le guerre franco-inglesi, dopo il 1793, provocarono una frattura nell'opinione pubblica americana e portarono allo scoperto due visioni politico-sociali in contrasto fra loro. Per un decennio Francia e Inghilterra divennero simboli di due possibili futuri e destini degli Stati Uniti, e punti di riferimento di due forze politiche distinte, i federalisti filo-inglesi e i repubblicani filo-francesi. Al di là delle suggestioni europee, i loro scontri riguardarono questioni brucianti che avevano solide ragioni autoctone. I federalisti ritennero che la nuova repubblica dovesse fondarsi su una società ordinata e guidata dalle élite, su un'economia indirizzata dalle politiche fiscali e monetarie di un forte governo centrale, e su un governo costituzionale basato sull'equilibrio dei poteri. I repubblicani propugnarono una società di uomini liberi e liberati dai vincoli della tradizione e un governo decentrato e limitato nei suoi poteri, fondato sulla sovranità popolare e sulla partecipazione di tutti alla sua gestione. Il confronto tra queste posizioni fu aspro, ma avvenne in un sistema politico che imparò con qualche fatica ad accettare il confronto stesso come normale e fisiologico. I suoi risultati condizionarono gli sviluppi di un paese in crescita spettacolare. Nel corso di un quarantennio, fra il 1790 e il 1830, la popolazione si moltiplicò più di tre volte, passando da 4 a 13 milioni di abitanti. Nello stesso periodo gli americani occuparono più territorio di quanto avessero fatto nei 150 anni della loro storia precedente.

Il nuovo sistema di governo si avviò con passo incerto. Ci vollero mesi, fra l'autunno 1788 e l'estate 1789, perché in tutti gli stati si tenessero le elezioni popolari per la Camera dei rappresentanti e si procedesse alla scelta dei senatori. All'inizio del 1789 George Washington fu eletto all'unanimità presidente, ma dal collegio elettorale presidenziale mancavano gli elettori di New York, impediti da pasticci locali. North Carolina e Rhode Island non avevano ratificato la Costituzione e stettero a guardare. Nell'aprile 1789, comunque, sia Washington che le assemblee legislative si insediarono e cominciarono a lavorare. Le due sessioni del primo Congresso (1789-91) furono assai produttive, grazie anche alla loro composizione politica. Pochi antifederalisti parteciparono alle competizioni elettorali, e ancor meno le vinsero. I federalisti godettero quindi di maggioranze solide e furono loro, con l'appoggio di un presidente in sostanziale sintonia, a mettere in opera la macchina statuale che avevano disegnato a Filadelfia. Il compito era eccitante e creativo. Bisognava mantenere una promessa, senza la quale la Costituzione non sarebbe stata approvata: inserirvi una Dichiarazione dei diritti dei cittadini. Bisognava attuare le norme costituzionali che delegavano al Congresso la definizione di alcune questioni: i criteri di ammissione alla cittadinanza degli immigrati, l'organizzazione del potere giudiziario e degli uffici esecutivi. Bisognava sperimentare l'effettiva portata dei poteri federali. Bisognava infine ripagare l'enorme debito pubblico. Se volevano avere credibilità, gli Stati Uniti dovevano onorare i debiti contratti in patria e con gli investitori e i governi stranieri, la Francia soprattutto, che ne avevano finanziato la nascita.

2.1. *I federalisti e la costruzione del governo centrale*

Per prima cosa i federalisti cercarono di dare maggiore autonomia al titolare del potere esecutivo, che, in un sistema fondato sul primato del potere legislativo, era assai limitata. Il Congresso dispose che i capi o segretari dei dipartimenti esecutivi fossero responsabili solo nei confronti del presidente e rimuovibili a sua totale discrezione (mentre per la loro nomina, secondo la Costituzione, ci voleva anche il consenso del Senato). Così rafforzato nella sua autorità, Washington nominò segretario della Guerra un vecchio compagno d'arme, il generale Henry Knox; segretario degli Affari esteri, ora ribattezzato segretario di Stato, Thomas Jefferson; e segretario del Tesoro Alexander Hamilton. L'ambizioso e brillante Hamilton divenne il principale architetto della politica federale, economica e non solo. Agì animato da una passione unitaria e centralizzatrice che aveva poca pazienza con le autonomie locali. Propose di consolidare i debiti interni ed esteri degli Stati Uniti e dei singoli stati in un unico debito nazionale coperto dall'emissione di obbligazioni federali. Propose inoltre che gli affari finanziari federali fossero gestiti da una banca centrale modellata sulla Banca d'Inghilterra; come quella inglese, la Banca degli Stati Uniti doveva essere a capitale misto, pubblico e privato, e battere moneta per il paese. Entrambe le proposte furono approvate (nel 1790 e 1791), ma provocarono i primi conflitti in Congresso e nell'amministrazione. James Madison alla Camera e lo stesso Jefferson negarono la legittimità della Banca, dato che la Carta costituzionale non dava esplicitamente al governo il potere di istituirla; si trattava, dissero, di una prevaricazione a danno dei diritti degli stati. Hamilton rispose che la Carta si limitava a tacere in proposito, e che il governo poteva fare tutto ciò che non fosse esplicitamente vietato. Si scontrarono così due letture divergenti della Costituzione, quella restrittiva e «statalista» di Jefferson (a favore dei poteri degli stati) e quella estensiva e «federalista» di Hamilton (a favore dei poteri del governo federale), che erano destinate ad avere una lunga storia.

La roccaforte della lettura estensiva dei poteri federali fu a lungo la Corte suprema. La Corte fu organizzata con il *Judiciary Act* del 1789, che ne definì le dimensioni: un presidente o Chief Justice e 5 giudici aggiunti, 6 membri in tutto (in seguito il loro numero fu più volte modificato, oggi sono 9). I primi giudici furono tutti federalisti, e la loro influenza si estese ben dentro l'Ottocento, tramite la leadership prestigiosa di John Marshall, Chief Justice dal 1801 al 1835. In armonia con il loro credo, i giudici federalisti si impegnarono subito per affermare l'autorità del governo federale e, nell'ambito di questa, la propria. Con una serie di storiche sentenze, la Corte stabilì in maniera non equivoca ciò che era solo adombrato nella Costituzione, e cioè che essa aveva competenza a giudicare della costituzionalità delle leggi statali e federali. Nel caso *Marbury v. Madison* (1803) Marshall dichiarò che un atto del Congresso in conflitto con «la legge suprema del paese», come la Costituzione proclamava se stessa, era nullo e che era compito della Corte stessa determinare se un tale conflitto esistesse. La Corte stabilì inoltre che le assemblee federali avevano maggiori poteri di quelli enumerati con precisione nel testo costituzionale. Nel caso *McCulloch v. Maryland* (1819) Marshall sostenne che, come previsto dalla lettera della Costituzione, il Congresso poteva adottare «tutte le leggi necessarie e opportune per l'esercizio dei poteri» elencati, e che queste leggi potevano riguardare questioni nuove e non previste, purché i fini fossero legittimi e i mezzi appropriati, e non espressamente proibiti. La Corte suprema, insomma, accettava la dottrina hamiltoniana dei cosiddetti «poteri impliciti» ed estesi del governo federale. Operava una forzatura della Costituzione, e la sua interpretazione continuò a essere oggetto di controversia.

Fra l'altro, uno dei primi emendamenti costituzionali riaffermò proprio il primato degli stati, riservando loro i poteri non demandati al governo degli Stati Uniti (Emendamento X). Questo emendamento era l'ultimo di un pacchetto di dieci che entrò in vigore nel 1791 e che divenne noto come *Bill of Rights* o Dichiarazione dei diritti. Nelle intenzioni di Madison, che ne fu il promotore, la Dichiarazione avrebbe dovuto includere delle modifiche al corpo della Costituzione federale e un preambolo di principi simile a quelli che esistevano in molte costituzioni statali. Il preambolo doveva aprirsi con l'affermazione che tutto il potere appartiene al popolo, e dunque ne deriva; che il governo è istituito per il bene del popolo, e cioè per garantire il «godimento della vita e della libertà, con il diritto di acquisire e usare la proprietà, e in genere di perseguire e raggiungere la felicità e la sicurezza»; e che il popolo ha il diritto di «riformare o cambiare» il governo qualora esso si dimostri inadeguato o contrario a tale scopo. Il linguaggio richiamava con ogni evidenza quello della Dichiarazione d'indipendenza, benché fosse più blando. Tralasciava infatti qualsiasi accenno ai concetti più radicali contenuti in quel documento, e cioè l'eguaglianza originaria di tutti gli uomini e il diritto del popolo di abolire una forma di governo, e non solo di riformarla o cambiarla. In ogni caso, il Congresso mutò il progetto di Madison. Rinunciò all'idea di un preambolo, solenne e di carattere generale, ed elaborò invece un elenco di restrizioni al potere del governo federale da aggiungere in coda alla Carta costituzionale. L'elenco proposto comprendeva dodici emendamenti. Di questi solo dieci furono ratificati dagli stati e divennero effettivi.

I dieci emendamenti specificavano le libertà e garanzie procedurali di cui i cittadini non potevano essere privati dal governo federale, e ciò sembrava tanto più essenziale quanto più il nuovo governo era potente. Dicevano che cosa il Congresso, il potere esecutivo e i tribunali non potevano fare. Definivano dunque una sfera di libertà personali sottratta alle interferenze governative. Fra le altre cose, essi proteggevano la libertà di parola, di stampa, di riunione e di petizione e la libertà di religione, che includeva la separazione fra stato e chiesa (Emendamento I). Affermavano il diritto dei cittadini a «detenere e portare armi», un diritto e un dovere civico al fine di partecipare a una «ben regolata milizia [...] necessaria alla sicurezza di uno stato libero» (Emendamento II). Vietavano ai soldati di «acquartierarsi» nelle case dei privati senza il loro consenso (Emendamento III). Proteggevano la sicurezza della persona, della casa, della proprietà contro i sequestri e le perquisizioni arbitrarie, senza mandato (Emendamento IV). Proibivano i processi plurimi per lo stesso reato e l'obbligo di deporre contro se stessi; stabilivano inoltre che nessuno «potrà essere privato della vita, della libertà o dei beni se non in seguito a regolare procedimento legale» (Emendamento V). Affermavano il diritto degli accusati ad avere processi penali rapidi e trasparenti, a essere informati pienamente della natura dell'accusa, e a godere dell'assistenza di un avvocato (Emendamento VI). Garantivano un giudizio di fronte a una giuria imparziale sia nei procedimenti penali che in quelli civili più importanti (Emendamenti VI e VII). Vietavano cauzioni e ammende eccessive, e pene «crudeli e inconsuete» (Emendamento VIII). Specificavano infine che l'elenco dei diritti protetti dalla Costituzione con il *Bill of Rights* non intendeva negare l'esistenza di altri diritti, non elencati ma altrettanto validi (Emendamento IX). Queste norme finirono con il costituire il fondamento storico delle libertà civili nel paese. All'inizio, tuttavia, esse vincolarono solo i comportamenti del governo federale, non quelli degli stati che potevano avere o non avere vincoli analoghi nelle loro costituzioni.

C'era infine da applicare la clausola costituzionale che incaricava il Congresso di «fissare norme uniformi per la naturalizzazione» dei nuovi arrivati. La questione aveva un duplice aspetto. Da una parte, la naturalizzazione come modo per acquisire la cittadinanza (l'altro modo era per *ius soli*, cioè per diritto di nascita nel territorio, che definiva il *natural-born citizen)* era di grande rilievo in un paese il cui popolamento dipendeva dall'immigrazione. Dall'altra, la Costituzione ne affidava la gestione al governo federale, un compito che esaltava il suo ruolo ma lo metteva in conflitto con il potere degli stati di determinare in concreto i caratteri della cittadinanza. Erano le gioie e le pene del federalismo, che implicavano situazioni potenzialmente paradossali. Tutti i cittadini degli stati erano anche cittadini degli Stati Uniti, ma era possibile che un *naturalized citizen* degli Stati Uniti non fosse accettato come cittadino da alcuno stato. Simili problemi non impedirono al Congresso di agire con rapidità. Una legge del 1790 stabilì che si potesse ottenere la naturalizzazione dopo una residenza di due anni, dopo aver dimostrato buon carattere e giurato fedeltà alla Costituzione. Si trattava di requisiti generosi di cui ci si pentì subito. Gli emigranti che giunsero dopo lo scoppio della Rivoluzione francese comprendevano rifugiati politici di ogni tipo, dagli aristocratici ai democratici radicali. Il timore che costoro si intromettessero negli affari della repubblica senza condividerne i valori portò al *Naturalization Act* del 1795, che allungò il periodo di residenza a cinque anni e impose la rinuncia formale a ogni titolo nobiliare. Non tutti gli stranieri erano in verità ammissibili, bensì solo le «persone bianche libere». Questi requisiti, con una breve parentesi di cui si dirà, rimasero inalterati per l'intero Ottocento.

La costruzione delle istituzioni federali fu un successo dei federalisti in Congresso e dei loro presidenti, Washington (1789-97) e John Adams (1797-1801). Si dovette invece ai loro avversari se nel cuore dell'ordine costituzionale si innestò una novità sconcertante: un sistema politico conflittuale e competitivo che la Costituzione non aveva previsto, e che ne mandò in crisi alcune procedure. I federalisti non videro di buon occhio tali cambiamenti, ma non riuscirono a impedire la crescita di una vigorosa contestazione al loro predominio che si trasformò in una vera opposizione. Questa opposizione intendeva contrastare il governo ma anche candidarsi alla sua gestione; fece accettare la legittimità del conflitto e, alla fine, dell'alternanza di forze diverse alla guida della repubblica per via elettorale. Tutto ciò passò attraverso una serie di crisi. Come si è visto, fu la politica finanziaria di Hamilton a provocare le prime voci dissenzienti, quelle di Jefferson e Madison. Fu sempre la sua politica a scatenare un dissenso sociale diffuso, soprattutto con l'imposta sugli alcolici del 1791. L'imposta colpì gli agricoltori dell'interno che, date le cattive comunicazioni, distillavano in whiskey le eccedenze di grano difficili da trasportare sulla costa. Nell'estate 1794, in Pennsylvania occidentale, il malcontento si trasformò in rivolta aperta, la cosiddetta «Ribellione del Whiskey». Washington reagì con una dimostrazione di moderata fermezza. Aspettò che le acque si calmassero e poi marciò nella regione a capo di una milizia di 12.000 uomini. Non ci furono scontri né spargimenti di sangue, tuttavia il governo chiarì che non avrebbe tollerato alcuna resistenza extralegale alle sue decisioni. Ma quali erano, allora, le forme di resistenza legittime?

2.2. *I repubblicani e l'organizzazione del conflitto politico*

Nel 1794 esistevano già delle organizzazioni antigovernative che agivano nelle regole della politica elettorale. Ma se fossero davvero legittime non era chiaro. I loro dirigenti erano

Jefferson e, ormai distaccatosi dai vecchi compagni federalisti, Madison. Essi si definivano repubblicani, si richiamavano ai principi della Rivoluzione e della Dichiarazione d'indipendenza e accusavano i federalisti di un dispotismo centralizzatore di tipo monarchico. I loro sostenitori militavano in associazioni che si definivano democratiche, un aggettivo mutuato dalla Rivoluzione francese, che in Nord America manteneva una connotazione poco rispettabile, sovversiva, di governo disordinato della folla. Dopo la proclamazione della repubblica in Francia (1792), la decapitazione di Luigi XVI e lo scoppio della guerra con la Gran Bretagna (gennaio-febbraio 1793), essi presero come modello i club rivoluzionari parigini e ne assunsero il vocabolario; cominciarono anche a chiamarsi l'un l'altro «cittadino». In quegli stessi eventi francesi i federalisti videro una svolta inquietante e pericolosa, una perversione dei principi repubblicani. La guerra franco-inglese complicò la faccenda. Alla Francia gli Stati Uniti erano legati dal trattato di amicizia perpetua del 1778, che era stato cruciale per il successo della loro Rivoluzione. La Gran Bretagna era l'antico oppressore, ma anche il paese con cui esistevano intensi rapporti personali, culturali e, non ultimi, commerciali; per i federalisti era un legame irrinunciabile. L'arrivo negli Stati Uniti del nuovo ambasciatore di Francia, l'impulsivo ventinovenne Edmond Genet, fu accompagnato da manifestazioni popolari di entusiasmo filo-francese e filo-rivoluzionario, e da molti sospetti. I sospetti riguardavano anche le associazioni democratiche, che sembravano da lui ispirate.

Sulla guerra franco-inglese in Europa l'amministrazione fu cauta e concorde. D'accordo con Hamilton e Jefferson, Washington ricevette Genet (maggio 1793) e riconobbe il governo rivoluzionario francese, ma proclamò la neutralità americana fra i belligeranti. La lotta politica interna si fece invece più cattiva. I federalisti accusarono i repubblicani di essere cospiratori al soldo della Francia e fomentatori di rivolte, compresa la Ribellione del Whiskey del 1794. Quando nel 1795 fu reso pubblico un trattato stipulato dal governo con la Gran Bretagna per risolvere alcune questioni pendenti, furono i repubblicani ad accusare i federalisti di intesa con una potenza straniera monarchica e controrivoluzionaria; la loro opposizione fu dura, e il trattato (noto come trattato di Jay, perché negoziato dal Chief Justice della Corte suprema, John

Jay) fu approvato dalla Camera a stretta maggioranza e con rigidi allineamenti di fazione. Le elezioni presidenziali del 1796 furono le prime combattute fra due contendenti contrapposti. Ritiratosi Washington, i federalisti candidarono John Adams; i repubblicani, noti in alcuni stati come democratico-repubblicani, candidarono Jefferson. Adams vinse, ma la vicenda ebbe risvolti imprevisti. Secondo la Costituzione, i grandi elettori presidenziali votavano ciascuno per due persone. Il candidato che riceveva più voti era eletto presidente, il secondo arrivato era vicepresidente. Poiché gli elettori dispersero i loro voti per il vicepresidente, fu Jefferson ad arrivare secondo e a diventare vice del suo avversario. Le procedure costituzionali non contemplavano il conflitto fra schieramenti e visioni politiche diverse, e ciò poteva avere effetti paradossali.

Sotto la presidenza Adams le cose precipitarono. Ancora una volta l'occasione venne dall'Europa. Il trattato di Jay migliorò i rapporti con l'Inghilterra ma li peggiorò con la Francia, che reagì sequestrando le navi americane neutrali che trasportavano merci britanniche. Un tentativo di negoziato si arenò quando i francesi chiesero agli inviati americani, per avviare la trattativa, il pagamento di una tangente. Negli Stati Uniti ci fu un'ondata d'opinione antifrancese a cui seguì l'abrogazione del trattato del 1778 e l'inizio di una guerriglia corsara nei mari caraibici. I repubblicani erano contrari alla rottura con la Francia, ma dovettero subirla. I federalisti colsero l'occasione per farla finita con i repubblicani, per bloccarne la crescita e ridurli al ruolo di agenti di una potenza ostile. Nel 1798 approvarono una legislazione d'emergenza, gli *Alien and Sedition Acts*, che limitò molte libertà. Gli immigrati ritenuti pericolosi per la sicurezza del paese, o provenienti da paesi con cui gli Stati Uniti fossero in guerra, potevano essere imprigionati o deportati; per tutti si estese da 5 a 14 anni il periodo di residenza richiesto per la naturalizzazione. Per i cittadini divenne un crimine ostacolare l'applicazione delle leggi e criticare in maniera «falsa, scandalosa e maliziosa» il governo. Il vicepresidente Jefferson rispose facendo appello ai diritti degli stati contro un potere tirannico. Kentucky e Virginia votarono risoluzioni che dicevano che la Costituzione era un patto fra stati, e che ogni stato poteva giudicare la costituzionalità degli atti federali; dichiararono quindi nulle le leggi d'emergenza in quanto incostituzionali. La crisi, pericolosissima, si risolse senza tragedie anche perché la guerra alla Francia non fu mai formalmente dichiarata (si parlò di una «quasi-guerra»). Poi, nel 1800, Jefferson fu eletto presidente e gli *Alien and Sedition Acts* decaddero.

Repubblicani e federalisti spiegarono le ragioni del loro scontro in termini piuttosto semplici. Per i repubblicani si trattava di un conflitto fra il «popolo» (loro stessi) e l'«aristocrazia» (i federalisti), una prosecuzione delle battaglie di libertà della Rivoluzione; Jefferson immaginò una repubblica agraria decentrata che si batteva contro gli interessi mercantili, metropolitani, corrotti. Per i federalisti si trattava di un conflitto fra i «veri patrioti» (loro stessi) e la «canaglia» (repubblicana), in difesa delle conquiste costituzionali; Hamilton parlò di una nazione vigorosa e progressista che si batteva contro resistenze localiste, anticommerciali, conservatrici. La cosa era tuttavia più complicata. Erano federalisti i mercanti urbani settentrionali, impegnati negli scambi atlantici e detentori di obbligazioni del debito federale (il mondo di Hamilton); costoro volevano un governo forte che garantisse un'economia solida e buoni rapporti con il partner privilegiato, la Gran Bretagna. Ma erano federalisti anche gli agricoltori del New England, contenti che il governo federale avesse alleggerito i loro stati di debiti insopportabili e loro stessi di tasse onerose. Erano invece repubblicani i piantatori della Virginia (il mondo di Jefferson), difensori dell'autonomia degli stati e dell'espansione a ovest di una repubblica che riproducesse nello spazio la loro società, rurale e schiavista; così come lo erano gli artigiani delle città, eredi del repubblicanesimo rivoluzionario americano, localista e comunitario, e simpatizzanti del radicalismo francese. Erano repubblicani, infine, quei negozianti, artigiani e agricoltori che operavano in un'economia di mercato, producevano per vendere e realizzare guadagni monetari, erano dinamici e orientati al cambiamento, indipendenti ed egualitari. Costoro temevano che, sotto l'egida del governo centrale e della gestione dell'ingente debito pubblico, si consolidasse un'alleanza monopolistica fra grandi interessi commerciali e finanziari capace di stroncare la loro indipendenza e il loro dinamismo. Proprio come, a loro parere, accadeva in Inghilterra.

Anche le elezioni del 1800 ebbero un andamento bizzarro. Questa volta furono i due candidati repubblicani a presidente e vicepresidente, Jefferson e Aaron Burr, a ottenere lo stesso numero di voti dai grandi elettori, e quindi ad arrivare a pari merito; per sbloccare la situazione e scegliere il presidente, che fu Jefferson, si rese necessario l'intervento della Camera dei rappresentanti. La causa dell'*impasse* era la stessa del pasticcio del 1796, e finalmente si decise di rimuoverla cambiando la Costituzione stessa; con l'Emendamento XII (1804) si dispose che i voti per presidente e vicepresidente fossero espressi e computati secondo liste distinte. Jefferson definì la sua vittoria la «Rivoluzione del 1800», importante come quella del 1776. Un aspetto cruciale di questa «Rivoluzione» fu il fatto stesso della sua elezione: il capo dell'opposizione era ora diventato presidente. Un simile passaggio non era scontato, anzi suscitò sorpresa e preoccupazione; e infatti la campagna elettorale del 1800 fu una delle più aspre e cattive della storia nazionale. Per i fondatori della repubblica, con la possibile eccezione di Madison, l'antagonismo politico fra partiti era impensabile. Per loro il paese doveva essere guidato su base consensuale da persone scelte per capacità, carattere, educazione; i partiti erano dannosi. Washington mise in guardia contro i loro «effetti perniciosi». Jefferson disse: «Se non potessi andare in paradiso tranne che con un partito, preferirei non andarvi affatto». A lungo, federalisti e repubblicani si considerarono reciprocamente non come attori politici legittimi, bensì come fazioni sovversive. Lo sviluppo della lotta politica creò una situazione nuova che la cultura del tempo digerì con fatica. Furono i repubblicani jeffersoniani, esclusi dal potere, i primi a trasformarsi in un partito per mobilitare gli elettori e vincere le elezioni, e a difendere la loro scelta. I federalisti furono più lenti a mettersi su questo terreno; credevano nel «governo dei migliori», disdegnavano le campagne elettorali, non intendevano abbassarsi a discutere nelle piazze le loro qualità, tanto meno a pregare per un voto. Ma anch'essi, alla fine, furono costretti a farlo.

Così, mentre in Francia si susseguivano insurrezioni e colpi di stato, negli Stati Uniti si giunse a un ricambio pacifico e ordinato dei gruppi dirigenti. Un ricambio di partito che, in verità, non si ripeté più per un'intera generazione. Dopo il 1800 i repubblicani godettero di ampie maggioranze in Congresso e del controllo della presidenza per un quarto di secolo. A Jefferson (1801-9) succedettero Madison (1809-17) e James Monroe (1817-25), tutti jeffersoniani e per di più virginiani. Questo predominio fu dovuto tanto alla debolezza dell'opposizione, che non riuscì mai a costruire vere macchine elettorali, quanto all'abilità dei vincitori. Jefferson si comportò da perfetto uomo di partito. Da una parte occupò la macchina statuale, rimuovendo i funzionari di nomina federalista e sostituendoli con suoi fedeli; solo la Corte suprema resistette alle sue incursioni. Dall'altra, dopo aver vinto, invocò l'armonia *super partes* proclamando: «Siamo tutti repubblicani, siamo tutti federalisti». Jefferson fu anche più specifico nella sua ecumenicità. Promise un esercizio minimo, «saggio e frugale», del potere federale e il rispetto delle prerogative locali, come era nella tradizione repubblicana; ma promise anche, con lessico federalista, la difesa del governo centrale «in tutto il suo vigore costituzionale». Per qualche tempo sembrò che si trattasse di pura retorica, perché ci fu in effetti un riequilibrio di autorità a favore degli stati. Ma alla lunga, sotto la presidenza Monroe, i jeffersoniani finirono con l'adottare politiche di tipo hamiltoniano, rubate di sana pianta ai loro avversari. Anche per questo i federalisti si dissolsero fino a scomparire. All'inizio degli anni venti gli americani vivevano in un regime monopartitico, animato solo da scontri personali e di corrente fra i repubblicani. Fu un breve periodo, che un giornalista del tempo definì l'«era dei buoni sentimenti».

3. *Governi, territori, mercati*

La prima parte della storia degli Stati Uniti fu scandita dall'andamento delle guerre altrui in Europa, e di quelle casalinghe sul fronte occidentale dell'espansione continentale. Dai conflitti tra la Francia di Napoleone Bonaparte e la Gran Bretagna il governo federale cercò di tenersi fuori. «Pace, commercio e onesta amicizia con tutte le nazioni, alleanze permanenti con nessuna», annunciò il presidente Jefferson nel 1801, riconfermando la vecchia politica di neutralità del presidente Washington. Ma fu proprio la politica del libero commercio neutrale con tutti i contendenti a risucchiare il paese in quei conflitti. Quando i francesi e gli inglesi, per affamarsi a vicenda, decisero il blocco reciproco dei porti, iniziarono entrambi a fermare e sequestrare le navi americane dirette in Europa. La tensione crebbe in particolare con la Gran Bretagna, che era in grado di controllare l'oceano Atlantico e di chiuderlo ai traffici. La flotta inglese, fra l'altro, cominciò a sequestrare anche i marinai americani di origine britannica, molti dei quali erano, o almeno erano accusati di essere, dei disertori. Con l'*Embargo Act* (1807) il Congresso votò la sospensione totale degli scambi con le potenze che violavano i diritti del naviglio statunitense; e qualche anno dopo (1812) entrò in guerra con la Gran Bretagna. La guerra si rivelò un disastro per gli Stati Uniti. L'esercito era impreparato, la flotta era minuscola. Gli scontri di terra lungo i confini del Canada, che gli americani cercarono di invadere, si trascinarono senza costrutto. Sulle coste la marina britannica fece il bello e il cattivo tempo; con un raid, occupò persino la capitale, Washington, e la mise a fuoco (1814). Gli inglesi non presero New Orleans solo grazie alla strenua resistenza del generale Andrew Jackson. Nel frattempo le guerre napoleoniche in Europa stavano avviandosi a conclusione, e ciò consentì di arrivare alla pace anche in Nord America. Il trattato anglo-americano firmato a Gand, oggi in Belgio (dicembre 1814), stabilì il ritorno allo *status quo* prebellico.

Il presidente Madison aveva iniziato le ostilità con la Gran Bretagna per difendere i diritti e gli interessi marittimi degli Stati Uniti, ma anche per estenderne la sovranità sulle ultime colonie inglesi in Nord America, e cioè per conquistare e annettere le colonie canadesi. Ciò creò forti contrasti politici e regionali all'interno del paese. La dichiarazione di guerra fu votata in Congresso dagli esponenti degli stati del sud e dell'ovest, desiderosi di nuove terre. Costoro erano guidati dai cosiddetti *War Hawks* della Camera dei rappresentanti, i «falchi di guerra» repubblicani di Henry Clay (del Kentucky) e John C. Calhoun (South Carolina). Furono essi che vollero come principale azione militare la fallita invasione del Canada. I rappresentanti degli stati atlantici del nordest si schierarono invece contro l'avventura bellica, che consideravano un pericolo per i loro commerci e la loro sicurezza; si sentivano alla facile portata della Royal Navy. Questi stati temevano inoltre che l'espansione continentale della repubblica vi riducesse la loro influenza. Il New England, in particolare, rischiava di diventare marginale. I federalisti del Massachusetts ricorsero a tattiche estreme di opposizione. Promossero una convenzione interstatale a Hartford, in Connecticut (dicembre 1814-gennaio 1815); qui chiesero modifiche della Costituzione che limitassero i poteri del presidente e del Congresso, e discussero la possibilità di uscire dall'Unione. Intanto la guerra era finita, e con essa le ragioni della protesta; ma simili proposte e minacce di secessione non furono dimenticate. Nel farle, i federalisti avevano tradito le loro stesse tradizioni centraliste e nazionaliste; si screditarono e persero ogni residua autorità. Ne beneficiarono i repubblicani, dimentichi per il momento di aver usato minacce analoghe durante la crisi del 1798. Essi divennero gli interpreti di un nuovo patriottismo ottimista e fiducioso di sé che si diffuse nel dopoguerra, e che ebbe il governo federale come vigoroso alfiere.

3.1. *Guerre e conquiste territoriali*

L'espansione territoriale ebbe maggiore successo in altre direzioni. Intorno alla metà del secolo lo scrittore e saggista Henry David Thoreau fece l'elogio del governo minimo («il migliore dei governi è quello che governa meno») e ridicolizzò l'inutilità del governo esistente. «Non è *lui* a mantenere libero il paese», scrisse. «Non è *lui* a colonizzare l'ovest. Non è *lui* a dare un'istruzione. Tutto quello che è stato ottenuto è frutto del carattere innato del popolo americano, che avrebbe fatto anche di più, se il governo non si fosse talvolta messo di mezzo». Nel caso della colonizzazione dell'ovest ma anche negli altri casi, Thoreau non poteva avere più torto. Il governo federale ebbe una funzione decisiva nella cosiddetta «conquista del West»: acquistò in denaro contante nuovi territori, gestì la politica fondiaria, impiegò l'esercito per cacciare i residenti nativi e proteggere i nuovi coloni, promosse la costruzione di vie di comunicazione. Come si è visto, dalla fine della Rivoluzione la sovranità formale degli Stati Uniti giungeva alla riva orientale del fiume Mississippi, e i modi dell'organizzazione di quest'area erano stati predisposti con l'Ordinanza del nordovest (1787). Nell'ultimo decennio del Settecento nuove migrazioni portarono alla formazione dei primi stati oltre i monti Appalachi, Kentucky e Tennessee. Essi costituivano allora la punta avanzata di un cuneo di penetrazione bianca che partiva a nord dallo stato di New York e rientrava a sud verso la Georgia. Nel giro di un quarto di secolo gli insediamenti raggiunsero il Mississippi. Entro il 1821 nacquero così gli stati dell'Ohio, dell'Indiana e dell'Illinois, che si trovavano a nord del fiume Ohio, nel vecchio Territorio del nordovest, e che entrarono nell'Unione come stati liberi. Alabama, Mississippi e Louisiana, lungo le coste del golfo del Messico, e poi Missouri entrarono invece come stati schiavisti.

Gli stati della Louisiana e del Missouri erano oltre il Mississippi, a occidente del grande fiume, e ciò era dovuto a una importante novità. Nel 1803 il governo aveva acquistato dalla Francia la provincia della Louisiana, un immenso triangolo che dal fiume si allargava fino alle Montagne Rocciose e al confine canadese, e di cui lo stato omonimo avrebbe costituito solo la piccola punta meridionale. Il controllo di entrambe le rive del Mississippi e dell'importante città alla foce, New Orleans, era vitale ai commerci del mezzo milione di americani che risiedeva nella grande valle. Finché la Louisiana fu sotto sovranità spagnola, i diritti di navigazione furono negoziati facilmente; quando invece venne ceduta alla Francia napoleonica, nel 1800, risuonò l'allarme. Il ritorno dei francesi nei loro antichi possedimenti in Nord America, dai quali erano stati espulsi nel 1763, fu percepito come una seria minaccia agli Stati Uniti. Il presidente Jefferson risolse la questione approfittando del riacutizzarsi della crisi europea (Napoleone si avviava all'ennesima guerra con la Gran Bretagna e non voleva altre gatte da pelare) e concluse un affare. Pagò 15 milioni di dollari per più di 2 milioni di chilometri quadrati di territorio, raddoppiando all'istante le dimensioni del paese. L'acquisto era legalmente discutibile, poiché la Costituzione non attribuiva tale autorità al presidente, ed era in contraddizione con l'idea jeffersoniana di un governo centrale dai poteri limitati. Ma Jefferson non si fece ostacolare dalle sue convinzioni. Giustificò l'impresa in nome di un desiderabile e necessario allargamento dell'Unione, che avrebbe consentito di ringiovanire i principi repubblicani, se mai essi si fossero affievoliti nelle porzioni di vecchio insediamento. E aggirò i problemi costituzionali facendo approvare la cosa dal Senato sotto forma di trattato internazionale.

I territori dell'Acquisto della Louisiana furono esplorati da Meriwether Lewis e William Clark fra il 1804 e il 1806 e inglobati nel demanio pubblico occidentale, che era sotto la completa autorità federale. Il governo doveva fare i rilevamenti topografici delle nuove terre, lottizzarle e stabilirne i criteri di vendita ai privati e di cessione gratuita agli stati per scopi di interesse pubblico (per finanziare strade, scuole, seminari, università). Il ricavato delle vendite era destinato a ripianare il debito federale. Gli stati erano esclusi da queste attività, e impararono a stare al loro posto. Ogni stato nuovo che entrasse nell'Unione doveva includere nella sua costituzione una clausola irrevocabile: le terre pubbliche «erano e rimarranno a esclusiva e totale disposizione degli Stati Uniti». Agli stati fu inoltre vietato di stipulare atti di compravendita con gli americani nativi residenti nei loro confini. Le popolazioni indiane ponevano al governo federale un problema spinosissimo, che riguardava non solo la proprietà privata ma anche la sovranità politica. Per alcuni versi queste popolazioni erano considerate nazioni indipendenti, e gli accordi con loro erano approvati come se fossero trattati internazionali; alcuni trattati riconoscevano l'esistenza di confini politici, persino di stati separati. Per altri versi la loro completa indipendenza era negata, e la Corte suprema fu costretta, in una serie di sentenze dell'inizio dell'Ottocento, a parlare confusamente di «nazioni dipendenti» subordinate ma titolari di diritti in casa propria. La Corte non riconobbe dunque la piena sovranità delle nazioni indiane ma neanche applicò senza reticenze il diritto di conquista (se ne dibatte ancora oggi nei tribunali americani). Il nodo dottrinale fu comunque sciolto con la forza della decisione politica e con l'intervento dell'esercito degli Stati Uniti.

L'avanzata dei coloni verso ovest fu accompagnata dalle truppe federali e dalle guerre. In Kentucky e Tennessee la penetrazione fu rapida perché i nativi erano stati sconfitti durante la Rivoluzione. Nel nordovest fu più lenta perché incontrò una feroce opposizione, e gli eserciti del presidente Washington furono più volte fermati. Solo con il trattato di Greenville (1795) il governo riuscì a imporre la presenza di insediamenti stabili in Ohio. Nell'Indiana un capo Shawnee, Tecumseh, formò una lega di resistenza che fu seriamente indebolita quando il governatore del territorio, il generale William H. Harrison, ne distrusse il quartier generale a Tippecanoe (1811). Tecumseh portò allora la lega a schierarsi con gli inglesi nella guerra anglo-americana del 1812-14, ma le sue speranze e lui stesso perirono in battaglia. All'inizio degli anni venti si delineò il progetto di ripulire completamente le regioni a est del fiume Mississippi, trasferendo le potenti nazioni indiane che ancora risiedevano fra Georgia, Alabama e Mississippi. Cherokee e Creek, Choctaw e Chickasaw dovevano «scambiare» le loro terre con altre a ovest del grande fiume, in un territorio indiano separato e indipendente (l'odierno Oklahoma, «popolo rosso» in lingua Choctaw), che peraltro apparteneva alle nazioni Comanche e Kiowa. Di fatto furono brutalmente rimossi con la forza. Il progetto giunse a compimento nel decennio successivo. Ultimi ad andarsene furono 13.000 Cherokee nel 1838, chiusi in campi di concentramento e poi deportati dall'esercito lungo il Trail of Tears, il Sentiero delle lacrime, sul quale morirono in 4.000 per fame e malattie. Seguirono la stessa sorte i Seminole della Florida, una provincia che gli Stati Uniti avevano strappato alla Spagna nel 1819, con alcune fortunate operazioni militari e con l'aiuto di qualche milione di dollari.

Per unire fra loro questi vasti territori era necessario costruire vie di comunicazione capaci, in particolare, di superare la barriera dei monti Appalachi. Anche in questo compito l'intervento pubblico, sia federale che statale, fu decisivo. Il segretario al Tesoro di Jefferson, Albert Gallatin, lo teorizzò nel suo *Rapporto sulle strade pubbliche e sui canali* (1808). Dopo la guerra anglo-americana del 1812, la teoria divenne operativa. Nel 1817 il «falco» Calhoun, divenuto segretario della Guerra di Monroe, affermò l'obbligo impellente per il governo di «amalgamare la repubblica con un perfetto sistema di strade e canali». «Dobbiamo conquistare lo spazio», disse. Le prime strade pavimentate, tracciate a fine Settecento, erano private e a pedaggio. Dopo il 1800 cominciarono a sorgere società stradali a capitale misto, privato e pubblico-statale. Furono gli investimenti federali a promuovere la più importante arteria del periodo, la National Road, che dalla regione del fiume Potomac si spinse fino in Ohio. Lo stesso accadde per l'edificazione dei canali artificiali che collegarono le vie d'acqua naturali di cui il paese era ricco e che cominciavano a essere percorse dai battelli a vapore disegnati da Robert Fulton. Nel complesso il denaro pubblico coprì il 70% del capitale investito nell'impresa. L'escavazione dell'Erie Canal (1817-25) tra il fiume Hudson e il lago Erie, e quindi i Grandi Laghi, fu totalmente finanziata dallo stato di New York, che riuscì così a valorizzare New York City come principale porto di accesso all'interno del continente. Intorno al 1830 gli Stati Uniti avevano una rete di 19.000 chilometri di strade e di 3.500

chilometri di canali. Questi ultimi erano il cuore nevralgico del più esteso, efficiente e rapido sistema di trasporti disponibile all'inizio dell'Ottocento, prima all'avvento delle ferrovie.

3.2. *Politiche mercantili e mercati*

Interventi governativi e conflitti europei dettarono anche i tempi e i modi della crescita economica della giovane repubblica. Durante la Rivoluzione l'economia aveva sofferto, punita dal blocco navale inglese che interruppe i traffici atlantici. Ciò provocò alcuni assestamenti di breve periodo. Le risorse prima investite nel commercio si trasferirono nella produzione domestica di merci non più importabili o destinate all'esercito: armi e munizioni, abiti e calzature, generi alimentari. Ci fu un aumento temporaneo dell'autosufficienza, che tuttavia scomparve alla fine delle ostilità, quando si ritornò a un'economia di tipo coloniale, dominata dalle esportazioni e dalla tratta degli schiavi (fino a che non venne abolita nel 1808). Con la guerra parecchi mercanti e operatori, aiutati dal Congresso e dagli stati con prestiti, concessioni di privilegi monopolistici e donazioni di terre, fecero affari d'oro e si arricchirono. Ma il reddito del paese e quello degli individui, soprattutto fra i più poveri e nel sud, diminuì drasticamente; i livelli prebellici furono raggiunti di nuovo solo all'inizio dell'Ottocento. I dividendi economici dell'indipendenza tardarono a materializzarsi. In più, c'era l'enorme debito pubblico da ripagare, interessi e capitale. Nel periodo rivoluzionario l'indebitamento fu coperto con l'emissione di moneta cartacea sempre più inflazionata. Il suo costante deprezzamento si configurò come un salasso a carico dei cittadini e, sempre di più, una volta raggiunta la pace, come un ostacolo alla ripresa dei commerci. Questi problemi influenzarono il passaggio alla nuova Costituzione federale e alcuni aspetti della politica economica di Hamilton di cui già si è detto: il consolidamento del debito pubblico e la creazione di una banca centrale (Banca degli Stati Uniti) che imponesse una moneta stabile.

Queste scelte facevano parte di un pacchetto più generale che Hamilton aveva delineato nel *Federalista* e che espose con precisione nel suo *Rapporto sulle manifatture* (1791) al Congresso. Il segretario del Tesoro immaginava un grande mercato continentale unificato, con un'industria protetta da dazi sulle importazioni e da misure di sostegno al commercio estero; gli strumenti di questa politica dovevano essere il Dipartimento del Tesoro stesso, la Banca degli Stati Uniti e una potente flotta. Il progetto fu respinto dalle assemblee legislative ma molte singole proposte furono applicate e influenzarono gli sviluppi del paese fino alla prima parte dell'Ottocento, malgrado il cambiamento dei partiti al governo. Gli americani costruirono un sistema mercantile relativamente chiuso, simile a quello britannico che, in epoca prerivoluzionaria, aveva suscitato la loro indignazione. Nel 1789 fu avviata una politica doganale che aveva come scopo dichiarato quello di provvedere entrate alle casse federali, ma come scopo implicito quello di proteggere il mercato interno. Dopo il 1816 i dazi sulle importazioni furono ulteriormente innalzati dalle amministrazioni repubblicane, e portarono all'esplicito protezionismo degli anni venti (con le tariffe del 1824 e 1828). La Banca degli Stati Uniti visse una ventina d'anni (1791-1811) finché non fu affossata dai jeffersoniani che temevano diventasse portavoce del capitale urbano e distruggesse le banche locali agrarie. Ma nel 1816 fu riorganizzata sul medesimo modello dai jeffersoniani stessi; e nel decennio successivo la cosiddetta seconda Banca degli Stati Uniti fu molto aggressiva nel convogliare finanziamenti a favore del settore industriale e commerciale.

Dagli anni novanta in poi, le oscillazioni sia della politica economica che dell'economia reale dipesero dallo stato delle questioni europee. Nel periodo della neutralità tra Francia e Gran Bretagna (1793-1807) i commerci degli Stati Uniti fiorirono. Il naviglio americano divenne il principale, se non l'unico, mezzo di trasporto sulle rotte transatlantiche. Le città portuali furono attivissimi centri di scambio. Gli operatori privati lucrarono sull'aumentato volume delle esportazioni agricole, destinate a sfamare tutti i contendenti in Europa, nonché sull'incremento dei traffici da e per i Caraibi, e sui noli. Il governo riscosse dazi su tutte le merci in transito. Nel successivo periodo dell'embargo (1807-15) ci fu il blocco dei commerci e la cuccagna finì. L'economia americana fu praticamente isolata, e interi settori andarono in rovina con effetti devastanti: fortune spazzate via, carceri piene di debitori, porti abbandonati, flotte in disarmo, marinai senza lavoro. Ci furono anche alcuni cambiamenti positivi. Come già era successo durante la guerra rivoluzionaria, la fine delle importazioni inglesi fece aumentare così rapidamente i prezzi dei manufatti da stimolare gli investimenti in quella direzione. Le attività manifatturiere in patria attrassero i capitali che non trovavano più impiego nelle imprese commerciali di import-export. Le produzioni tessili, in cuoio, legno, ferro, vetro e carta, ebbero una crescita che molti pensarono irreversibile. Ma si trattò di un'illusione. Dopo il 1815, con il pieno ritorno delle potenze europee sui mercati mondiali, le manifatture degli Stati Uniti furono annichilite. I commerci ristagnarono, e cominciò un decennio di crisi strisciante. Fu allora che salì l'ondata protezionistica che coinvolse persino ideologi liberisti come Jefferson.

Un avvio di sviluppo manifatturiero ci fu comunque. Gli americani erano indietro di mezzo secolo rispetto alla rivoluzione industriale inglese e recuperare il ritardo era difficile; importarono dall'Inghilterra immigrati con adeguate conoscenze organizzative e tecnologiche, e cercarono proprie strade. Queste strade furono molteplici, disordinate e casuali, senza un gran disegno alle spalle. Il sud fu il più lento a muoversi, e tuttavia si mosse sfruttando nell'attività manifatturiera la forza lavoro degli schiavi. Nelle aree urbane del nord come Filadelfia e New York c'era un pulviscolo di minuscole unità operative a conduzione familiare, diversificate e specializzate, con lavoro a domicilio, poco capitale e poche macchine. Nelle aree rurali della Pennsylvania e del New England dominavano le attività tessili; in decine di piccole comunità vicine ai corsi d'acqua, per sfruttarne l'energia, sorsero centinaia di impianti che avevano a salario famiglie intere, erano finanziate da imprenditori locali, e contavano sulle innovazioni tecniche. Nel New England si affermò un modo di operare che contava su un paio di importanti novità. La prima riguardava la produzione. A Waltham, nei pressi di Boston, Francis Cabot Lowell costruì nel 1813 una fabbrica tessile integrata: comprendeva tutte le fasi di lavorazione, filatura, tintura, tessitura e stampa; faceva uso di telai meccanici a forza motrice idrica centralizzata; e impiegava giovani donne nubili. La seconda novità era finanziaria. Lowell ebbe l'appoggio di una società per azioni, la Boston Manufacturing Company, che raccolse in una formidabile unità le risorse di molti mercanti che avevano fatto quattrini durante il periodo felice del commercio neutrale; ora, con l'embargo, cercavano investimenti proficui per il capitale accumulato. L'esperimento di Waltham ebbe successo e fu ripetuto in altri villaggi della regione.

Negli Stati Uniti, come in Inghilterra, le relazioni di mercato si affermarono prima in campagna che in città. La commercializzazione cominciò nell'agricoltura, che aveva un ruolo cruciale nel paese; nel 1810 assorbiva l'80% della manodopera. Gli agricoltori del nordest, alla fine della Rivoluzione, avevano scarsa confidenza con il mercato; il 75% della loro produzione serviva all'autoconsumo, il surplus era esiguo. Nell'ultimo decennio del Settecento le cose cambiarono. Aumentarono le comunicazioni, arrivarono empori e mercanti, le colture furono finalizzate alla realizzazione di guadagni monetari, si creò un mercato del lavoro a livello regionale e un mercato dei capitali con tassi d'interesse abbastanza uniformi. Si svilupparono coltivazioni razionali e intensive del terreno, con rotazioni, allevamento di bestiame, produzione di latte e formaggi. Nel 1820 il New England aveva quasi abbandonato le colture di mais e frumento, che si stavano trasferendo nel nordovest in via di colonizzazione e già si erano trasferite nelle aree occidentali di New York e Pennsylvania. Questi due stati divennero i principali produttori commerciali di granaglie. Nel sud la situazione era più complicata. Nella sua espansione verso ovest, l'agricoltura meridionale stava passando dal regno del tabacco a quello del cotone, aiutata sia dalla solidità del sistema della schiavitù, sia da forze analoghe a quelle all'opera nel settentrione. Facilitarono infatti questo passaggio sia le innovazioni tecnologiche (la sgranatrice meccanica o *cotton gin*, perfezionata da Ely Whitney nel 1793) che l'alto prezzo del cotone dovuto alle richieste degli industriali tessili d'Inghilterra. Con l'inizio dell'Ottocento l'agricoltura schiavista meridionale divenne la fornitrice della materia prima della rivoluzione industriale inglese.

Il tasso di crescita dell'economia nei primi decenni fu modesto, molto inferiore a quello della Gran Bretagna. Il reddito lordo pro capite crebbe meno dell'1% annuo. Ma i dati qualitativi erano più importanti di quelli quantitativi. Negli anni venti dell'Ottocento la società americana bianca divenne la più commercializzata e acquisitiva del mondo. Le centinaia di migliaia di persone che erano intente a vendere e comprare, e a migliorare le loro condizioni, operarono una rivoluzione dei consumi di grande rilevanza economica, sociale e politica. Merci fino ad allora ritenute di lusso, appropriate solo per le élite e a loro destinate, cominciarono a essere alla portata di molti. Il lavoro cessò di avere uno stigma di classe, di essere considerato la maledizione dei poveri; fu accettato invece come uno strumento di ascesa sociale. L'accesso ai consumi di lusso fu lo stimolo potente e insieme il simbolo dell'ascesa; fu anche il simbolo di un'apertura sociale che non poneva limiti di casta a ciò che gli individui potevano fare. I protagonisti di questi cambiamenti legavano le loro fortune, e quelle del paese, all'espansione di un mercato altrettanto accessibile ed egualitario, capace di autoregolarsi e libero dalle interferenze governative. Hamilton giudicò tale idea «un paradosso sconclusionato», ma essa attrasse i giovani ambiziosi che fondavano i club jeffersoniani del paese, malgrado la retorica anticommerciale di Jefferson stesso. Il fatto è che in molti gruppi sociali rurali e urbani (non in tutti come si vedrà nel prossimo capitolo) le tradizioni anticommerciali del repubblicanesimo rivoluzionario si erano dissolte. Ma anche le tradizioni mercantili e mercantiliste dei federalisti avevano difficoltà a rappresentare la *market society* che stava emergendo.

4. *Una repubblica anglo-americana*

Gli Stati Uniti si pensarono come una repubblica nuova, euro-americana e protestante, e come una società politica maschile. Hector St. John de Crèvecoeur, un francese trapiantato a New York, si chiese nel 1782 *Che cos'è un americano?* e rispose che «è un europeo o il discendente di un europeo» inglese, scozzese, irlandese, francese, olandese, tedesco o svedese che, a contatto con la società americana (una «società moderna», «la società più perfetta oggi esistente al mondo»), si trasforma in qualcosa d'altro. Qui «comincia a sentire gli effetti di una sorta di resurrezione», e diventa «un uomo nuovo, che agisce in base a nuovi principi». Si trattava di una mutazione antropologica che finiva con il trasferire agli euro-americani quei caratteri di radicale diversità che erano stati da sempre attribuiti agli indiani: ultima rapina a danno di quei popoli nativi che gli euro-americani avevano escluso dalla loro comunità. Altrettanto esclusi erano gli africani, schiavi ma anche liberi. Nel 1801 Jefferson vide un futuro in cui «la nostra rapida moltiplicazione» avrebbe coperto il continente «con un popolo che parla la stessa lingua, si governa in modo simile e con leggi simili; non possiamo contemplare con soddisfazione né macchie né mescolanze su quella superficie». Per questo, a suo parere, i popoli di colore (le «macchie») dovevano essere affrancati dalla schiavitù ma rispediti in Africa, o comunque fuori dal Nord America. Come si è visto, le leggi federali sulla naturalizzazione consentivano l'acquisizione della cittadinanza solo alle persone bianche libere. I fondatori della repubblica, infine, si ritenevano parte della diaspora anglosassone e protestante verso occidente; condividevano una sorta di nazionalismo razziale-religioso intriso di convinzioni sulla propria superiorità. Avrebbero avuto orrore, se mai ci avessero pensato, non solo di una comunità multirazziale, ma anche di una comunità multireligiosa inquinata di cattolicesimo.

4.1. *Uomini e donne della repubblica*

La cittadinanza politica, il diritto di partecipare alla conduzione degli affari pubblici sia come elettori che come eletti, era una prerogativa non di tutte le persone, bensì di quelle di sesso maschile. Le donne avevano una cittadinanza derivata, di seconda classe. Non erano considerate soggetti capaci di esercitare liberamente il diritto politico, cioè il voto, in quanto entravano nel contratto sociale già subordinate a relazioni di dipendenza patriarcale; avevano trasferito la loro identità civica al marito tramite il matrimonio. La donna, scrisse un avvocato nel 1805, «non ha alcuna relazione *politica* con lo *stato*, né più né meno di uno straniero». Paradossalmente, finché ci furono requisiti di censo, il suffragio non fu chiaramente basato sul sesso. Gli uomini indigenti non potevano votare, alcune donne non sposate invece sì: per esempio le vedove e nubili proprietarie nel New Jersey postrivoluzionario fino al 1807. Con l'abolizione progressiva dei requisiti di censo, negli anni venti dell'Ottocento, i confini si fecero più netti e la politica si trasformò in un'indiscussa fortezza maschile. Il diritto politico divenne un importante fattore nella definizione della maschilità di tutti gli uomini, senza distinzione di ceto, e un fattore di esclusione delle donne; le attività che ne precedevano e accompagnavano l'esercizio, come riunioni elettorali e di partito, erano luoghi di formazione di questa comune identità maschile. Se, da una parte, solo gli uomini potevano diventare elettori, dall'altra, solo diventando elettori si diventava veri uomini. Questi atteggiamenti contribuirono a produrre sia la straordinaria mobilitazione politica degli uomini per il resto del secolo, sia la resistenza alle incursioni femminili nel loro regno riservato. Il valore della cittadinanza politica e del voto derivava anche dalla loro non universalità, dalla loro negazione ad altri.

La dimensione maschile della cittadinanza politica non fu messa in discussione dalla Rivoluzione. Nella tradizione inglese il voto era legato alla proprietà e al pagamento delle imposte, e le donne, soprattutto quelle sposate, non potevano essere proprietarie né erano contribuenti. Nella tradizione repubblicana classica la cittadinanza era legata anche al diritto-dovere di difendere la patria in armi, e le donne non combatterono nella guerra d'indipendenza. Alcune straordinarie lettere di Abigail Smith Adams, nella primavera dell'anno fatale 1776, sembrarono annunciare un ripensamento radicale di queste nozioni acquisite, ma tale ripensamento non venne mai. Abigail ammonì il marito John Adams, impegnato nel Congresso continentale di Filadelfia a valutare la possibilità di una dichiarazione d'indipendenza, a «ricordarsi delle signore» nelle nuove leggi che sarebbero state emanate. «Non riponete nelle mani dei mariti troppo ampi poteri», scrisse.

> Ricordate che tutti gli uomini sarebbero dei tiranni, se fosse loro consentito. Siamo decise a fomentare una ribellione se non si presteranno alle signore cure e attenzioni particolari, e non ci sentiremo vincolate a rispettare nessuna legge in cui non ci sia data voce, o rappresentanza.

In una lettera inviata qualche settimana dopo all'amica Mercy Otis Warren, autrice di pamphlet politici e come lei appartenente a un'importante famiglia di dirigenti rivoluzionari, Abigail spiegò:

> Pensavo che molto probabilmente i nostri saggi uomini di stato avrebbero costituito un nuovo governo ed elaborato un nuovo codice di leggi. Ho osato dire una parola a favore del nostro sesso, che è quasi ignorato dalle leggi d'Inghilterra che concedono al marito un potere illimitato di maltrattare la moglie.

E aggiunse: «Credo che vi chiederò di unirvi a me in una petizione al Congresso».

L'audacia di Abigail era solo retorica, ed esprimeva lo stato d'animo di alcune donne d'élite. Le sue considerazioni suggerivano comunque che la questione della subordinazione delle donne era presente nel discorso pubblico e nei discorsi privati, e che esistevano le parole per enunciarla. Che tale subordinazione fosse essenziale al mantenimento dell'ordine sociale e politico durante la transizione rivoluzionaria, e che le istituzioni pubbliche avessero chiari caratteri sessuati, ritenuti intangibili, fu oggetto delle riflessioni del marito John. Egli ne discusse proprio in quelle settimane con un corrispondente; si chiese fino a che punto fosse opportuno estendere il suffragio e consigliò cautela nell'aprire un simile dibattito, perché pericoloso e dalle conseguenze imprevedibili. «Sorgeranno nuove pretese», affermò; «le donne chiederanno il voto; i giovanotti dai dodici ai ventun anni penseranno che non ci si prende abbastanza cura dei loro diritti; e ogni uomo senza un soldo domanderà di avere voce eguale agli altri in tutti gli affari di stato. Ciò tende a sconvolgere e distruggere tutte le distinzioni, e ad abbassare tutti i ranghi a un unico livello comune». Nella risposta alla moglie, Adams ripeté gli stessi temi ma con un tono più caustico. «Quanto al vostro straordinario codice di leggi, non posso che riderne», le scrisse.

> Ci è stato detto che la nostra lotta ha allentato ovunque le redini del governo. Che i bambini e gli apprendisti sono disobbedienti, che le scuole e i collegi sono diventati turbolenti, che gli indiani disprezzano i loro difensori e i negri diventano insolenti verso i padroni. Ma la vostra lettera è il primo segnale che il malcontento è cresciuto anche in un'altra tribù più numerosa e potente di tutte le altre.

«Siate certa», concluse, «che sapremo far di meglio che abrogare i nostri ordinamenti maschili».

John Adams irradiava la tranquilla sicurezza maschile degli esponenti dei ceti dirigenti coloniali e poi repubblicani. Costoro fondavano il loro essere uomini su basi molto solide: il controllo della proprietà terriera e del commercio, un benevolo patriarcato in famiglia che si traduceva in benevolo paternalismo nella società, la dedizione al servizio pubblico, un'idea di «carattere» personale che implicava coraggio, lealtà, senso dell'onore, indipendenza, padronanza di sé e capacità di comando. Altrettanta sicurezza maschile mostravano altri protagonisti del tempo, artigiani, commercianti e agricoltori. Proprietari di officine e negozi, fattorie e mestieri, impegnati essi stessi nel lavoro quotidiano, si consideravano sia sostegni economici e capi indiscussi dell'aggregato domestico, sia cittadini indipendenti e virtuosi, il nerbo della repubblica; e l'una cosa dipendeva dall'altra. Erano i figli dei Sons of Liberty che ora affollavano i club politici ed elettorali, i circoli artigiani e le società di mutuo soccorso, le compagnie volontarie dei vigili del fuoco e le milizie di comunità egualitarie e altamente partecipate. I cambiamenti economico-sociali dell'inizio dell'Ottocento disgregarono questo mondo, e sempre di più gli uomini dovettero pensare la loro maschilità in rapporto non all'indipendenza derivante dalla proprietà, grande o piccola che fosse, bensì al successo individuale in un mercato instabile e spietato. Emerse il nuovo tipo del *self-made man* (un termine che divenne corrente negli anni trenta) aggressivo, ansioso e insicuro fin dalla nascita. Ora la maschilità non sembrava un dato scontato ma qualcosa da acquisire, da dimostrare continuamente; e l'onere della prova ricadeva sugli uomini stessi. Anche per questo si attaccarono ferocemente a quel simbolo pubblico dell'identità e dell'autorità maschile che era il diritto di voto.

Nella società postrivoluzionaria le donne ebbero comunque un ruolo centrale, benché subordinato, e cioè quello di «madri repubblicane». La sopravvivenza della giovane repubblica, si disse, dipendeva dalla creazione di buoni cittadini, e ciò spettava all'azione congiunta di famiglia e scuola. Nella famiglia le madri avevano importanza strategica. Dovevano fondere le abituali capacità di cura e affetto con la nuova competenza di inculcare nei figli le virtù civiche; per questo, si disse, si dovevano insegnare anche alle donne i principi della libertà e del governo nonché i doveri del patriottismo. L'istruzione doveva quindi essere fornita dai governi repubblicani, ed essere accessibile anche alle ragazze; a cominciare dagli anni novanta, molti stati istituirono sistemi scolastici elementari pubblici, gratuiti e aperti a entrambi i sessi. Le donne acquistarono così un peso politico che, almeno a livello simbolico, era enorme; divennero le garanti morali del futuro della repubblica, un compito che svolgevano non solo singolarmente entro le mura domestiche ma anche collettivamente fuori di esse, promuovendo associazioni femminili culturali, filantropiche, riformatrici. Per molti versi, continuarono a muoversi nell'ambito delle loro tradizionali funzioni private; per altri, politicizzarono queste funzioni e diedero loro rilevanza pubblica. Si definì allora la separazione dello spazio sociale in due aree distinte per sesso. Secondo questa concezione, rientravano nella «sfera della donna» le attività di ordine affettivo, educativo, etico, spirituale e i valori familiari e comunitari del disinteresse e del sacrificio di sé. Rientravano nella «sfera dell'uomo» le attività di ordine politico, istituzionale, affaristico, e i valori dell'interesse economico individuale e della competizione nel mercato. L'ideologia e la pratica delle sfere separate, che caratterizzò tutto l'Ottocento, consentì di far convivere valori così contrastanti e di risolverne in qualche modo il conflitto.

Questa divisione di ruoli e attività (che gli storici preferiscono definire di «genere» e non di sesso, per sottolinearne il carattere non naturale bensì storico, mutevole e socialmente costruito) aiuta a capire altre cose. Aiuta a capire perché alcuni americani di inizio Ottocento si angustiassero per la mancanza di una cultura letteraria, artistica, filosofica diffusa e autoctona, che fosse all'altezza delle ambizioni politiche del paese. Nel saggio *Lo studioso americano* (1837) lo scrittore Ralph Waldo Emerson lamentò «la pigra intelligenza di questo continente» e invocò la fine della «nostra dipendenza», del «nostro lungo apprendistato presso il sapere d'altre genti». Sembrava che la società fosse attraversata da una frattura. Da una parte vi era un popolo democratico rozzo e distratto, dedito all'appagamento materiale, senza un'aristocrazia che sostenesse l'eccellenza del gusto e ne assorbisse i prodotti; dall'altra, pochi intelletti raffinati e isolati. Nel mezzo, niente. In realtà questa era una frattura, appunto, di genere. Una ricca produzione intellettuale diretta al largo pubblico esisteva infatti, e riguardava sia l'espressione artistica e dei sentimenti che la riflessione spirituale e religiosa. Ma ciò apparteneva per convenzione alla sfera della donna, ed era invisibile o irrilevante agli occhi maschili. Erano donne sia le autrici più conosciute di narrativa e poesia, sia l'enorme massa dei lettori. I romanzi best seller del periodo erano esplorazioni femminili dell'universo familiare borghese che arrivavano ad affrontare le grandi tragedie del paese, come accadde per la schiavitù con il testo in assoluto più popolare di tutti, e cioè *La capanna dello zio Tom* (1852) di Harriet Beecher Stowe. Ed erano donne le più avide consumatrici di scritti religiosi anche se, in questo caso, gli autori erano di norma ministri protestanti maschi; ma il mondo ecclesiale nel quale si muovevano era quasi esclusivamente femminile. Fra l'altro, le donne furono le protagoniste del movimento culturale forse più importante del tempo, e cioè il diffuso fermento religioso noto come secondo Grande Risveglio.

4.2. *La religione della repubblica*

Il secondo Grande Risveglio in senso specifico fu un fenomeno dell'ovest. Investì le nuove comunità del Kentucky e del Tennessee intorno al 1805 e si protrasse fino agli anni venti. Movimenti della stessa natura esplosero tuttavia anche nelle altre regioni, e attraversarono a ondate tutta la società americana dagli anni novanta in poi. Essi mutarono profondamente il panorama religioso del paese e lo ricristianizzarono secondo linee che avevano poco a che fare con le più vecchie tradizioni puritane o anglicane. Le chiese che avevano dominato il mondo coloniale furono soppiantate dalle dinamiche denominazioni evangeliche che si erano affermate dopo il primo Grande Risveglio, e cioè una parte dei presbiteriani e soprattutto battisti e metodisti. Queste denominazioni, in sé, non erano affatto nuove; avevano le loro radici nella storia del protestantesimo europeo e una portata transatlantica. I battisti, che credevano nel battesimo degli adulti, erano sorti in Inghilterra e Olanda all'inizio del Seicento e si erano subito insediati anche in Rhode Island; la loro rivitalizzazione di fine Settecento riguardò tutte le isole britanniche e le colonie inglesi nei Caraibi. I metodisti, formatisi su suolo inglese all'inizio del Settecento, erano giunti in Nord America poco prima della Rivoluzione ed erano stati organizzati da missionari inviati dalla madrepatria. Persino gruppi minori come gli Shaker avevano origini inglesi: la fondatrice Ann Lee era venuta a New York nel 1772. Gli Shaker acquistarono rapidamente un sapore americano perché vedevano nel nuovo continente il luogo della seconda venuta di Cristo sulla terra. Ma anche le altre più importanti denominazioni ebbero sviluppi peculiari negli Stati Uniti e vi lasciarono un'impronta indelebile.

Le varie denominazioni avevano alcuni tratti comuni. Avevano corpi teologici molto semplificati, e spesso nutrivano un disprezzo anti-intellettualistico per le sottigliezze dottrinali. Sostenevano che la salvezza era aperta a tutti, accantonando la dottrina della predestinazione del protestantesimo ortodosso. Esaltavano la natura personale, diretta, non-razionale ed emotiva dell'esperienza e della conversione religiosa. Davano valore a visioni, sogni, apparizioni e manifestazioni fisiche dell'intervento divino nel mondo. Le loro organizzazioni erano decentrate, poco gerarchiche e tolleranti; si affidavano all'autogoverno locale e all'opera di ministri che si muovevano di luogo in luogo esortando i fedeli a pentirsi dei loro peccati e a diventare veri cristiani. I grandi raduni all'aperto di inizio Ottocento, promossi dai predicatori itineranti metodisti nelle regioni di frontiera oltre gli Appalachi, mostravano lo zelo missionario di cui erano capaci e il seguito popolare di cui godevano. Tutto ciò contribuì a democratizzare la religione, ma anche a sacralizzare la democrazia. La dimensione religiosa della vita pubblica era rimasta in ombra durante la Rivoluzione, benché fosse tutt'altro che scomparsa; ora riprese vigore e cercò una spiegazione divina anche degli eventi rivoluzionari, espellendone i caratteri laici o indifferenti. La Dichiarazione d'indipendenza nominava Dio, ma era il Dio della natura più che della rivelazione cristiana. Il suo autore, Jefferson, era in odore di ateismo e fu attaccato dai pulpiti durante le elezioni del 1800. Molti esponenti religiosi, pur approvando senza esitazioni la separazione fra stato e chiesa (che era ormai un dato acquisito), si proposero di infondere i loro valori nella vita della repubblica e di giustificarne l'esistenza nell'ordine cristiano delle cose.

La religiosità protestante contribuì in maniera decisiva a plasmare il discorso pubblico sull'identità della nuova repubblica e sulla sua presunta peculiarità rispetto al resto del mondo. L'idea della diversità dell'America dall'Europa era un'elaborazione culturale europea di vecchia data e aveva investito, fin dal Cinquecento, l'intero continente appena «scoperto». Nel caso dell'America inglese, il tema della contrapposizione fra un Nuovo mondo e uno Vecchio fu formulato nelle denominazioni religiose riformate, in particolare fra i puritani del Seicento. Essi, con linguaggio ripreso dall'Antico Testamento e in particolare dal libro dell'Esodo, immaginarono se stessi come un Nuovo Israele che, come l'antico popolo biblico, era intrappolato nella «schiavitù egizia» del Medioevo europeo e, come quello, era destinato a trovare liberazione nell'emigrazione collettiva verso una nuova Terra promessa. Per loro l'esodo, da narrazione suggestiva e simbolica, divenne viaggio reale attraverso l'oceano Atlantico, e portarono con sé la visione della storia basata sulla metafora dei due mondi in quella Terra promessa che fu la Nuova Inghilterra. Nel Settecento questo linguaggio si secolarizzò e si estese a comprendere non solo il New England ma tutte le colonie inglesi, tutti i protestanti e infine, con il 1776, tutta la comunità politica rivoluzionaria. L'idea dell'America come Terra promessa, teatro di straordinarie manifestazioni della provvidenza, rifugio dalle catastrofi incombenti sulla peccaminosa Europa, «città sulla collina» e «sacro esperimento», si incarnò così negli Stati Uniti. La conclusione vittoriosa della Rivoluzione, proprio mentre l'Europa precipitava nel bagno di sangue della catastrofe annunciata, contribuì a convincere molti americani del loro speciale destino.

Fu da questa matrice che emersero gli elementi di un nuovo nazionalismo per quanto, nei primi anni della repubblica, il concetto stesso di «nazione americana» fosse problematico. Nei documenti generati dalla Rivoluzione (la Dichiarazione d'indipendenza, la Costituzione, il *Bill of Rights*) gli Stati Uniti non erano mai designati come nazione; si preferiva far ricorso al termine Unione, che suggeriva la struttura federale del governo e la compresenza di una pluralità di soggetti (gli stati). Il lessico nazionale era tuttavia usato sia dalle élite che dai ceti popolari, anche se non era chiaro se l'esistenza di una nazione unitaria fosse assunta come un dato di fatto, o non piuttosto come un progetto *in fieri*, incerto e non definito nei suoi contorni. Si parlava quindi di «rappresentanti della nazione» e di «governo nazionale» (ma altrettanto spesso di «governo federale»), di «volontà nazionale», «felicità nazionale» e «indipendenza nazionale»; per alcuni la nazione era «una persona morale e politica» con un «carattere nazionale» distinto e riconoscibile. Ma si diceva anche che il paese era giovane, che il carattere nazionale non era ancora formato, che le identità statali e regionali erano forti e non integrate. Inoltre, c'erano diversi modi di immaginare la nazione in costruzione, e le diversità erano politiche e partitiche. Il partito federalista e quello repubblicano erano così divisi che per un quarto di secolo tennero celebrazioni separate della festa «nazionale» del Quattro di luglio, ciascuno avendo una propria idea su quale tipo di nazione festeggiare. In queste cerimonie persino la Dichiarazione d'indipendenza acquisì un significato di parte. Era letta ed esaltata dai repubblicani come la carta fondante di una repubblica rivoluzionaria ed egualitaria; era ignorata e aborrita dai federalisti come troppo «francese» nelle sue implicazioni politiche e (come negarlo?) troppo anti-inglese.

Il significato della nazione era dunque un terreno di conflitto ideologico. Ma proprio questo conflitto, enfatizzato ogni giorno in pamphlet, giornali, orazioni, manifestazioni di strada e comizi elettorali, contribuì a diffondere una coscienza nazionale in tutte le pieghe della società e gli angoli del paese. Si sviluppò la convinzione che individui, ceti e gruppi regionali diversi, per quanto divisi da interessi e visioni politiche, formassero una comunità permanente con un territorio unito, un unico governo e una stessa lingua (la quale lingua, secondo il *Dizionario americano della lingua inglese*, pubblicato nel 1828 dal lessicografo Noah Webster, non era più l'inglese britannico bensì qualcosa di nuovo e distinto); che fossero insomma un unico popolo con un avvenire comune. E questo avvenire non poteva che essere radioso e pieno di promesse. Gli americani, federalisti o repubblicani che fossero, articolarono la loro fiducia nel futuro intrecciando il vocabolario religioso e cristiano a quello storico e mondano. Dal punto di vista cristiano, la loro impresa collettiva appariva come una manifestazione del disegno provvidenziale di un Dio protestante e anglosassone, che avrebbe assicurato una crescita senza drammi. Dal punto di vista mondano, le istituzioni repubblicane sembravano fornire strumenti efficaci per evitare le contraddizioni che avevano distrutto le repubbliche del passato. Rispetto a quelle, rispetto soprattutto al fantasma ben presente dell'antica repubblica di Roma, precipitata nelle lotte intestine e nella tirannia, gli Stati Uniti sembravano qualcosa di diverso. Erano più grandi e più equilibrati nella struttura politica e sociale; erano geograficamente più lontani da minacce esterne e dall'anarchia delle competizioni fra stati. La loro crescita, si diceva, sarebbe stata infinita; la repubblica non sarebbe mai diventata vecchia. Sia nella prospettiva provvidenziale che in quella repubblicana l'espansione territoriale era vista come benefica, inevitabile e preordinata; si trattava di una missione divina e di una missione democratica.

La creazione di un nazionalismo americano di tal fatta non era un'operazione stravagante né divergeva da quelle dei contemporanei nazionalismi europei. Ogni stato-nazione d'Europa esaltava le sue virtù irripetibili, il suo carattere esemplare e deviante rispetto alla somma delle esperienze altrui, la sua vocazione a mettere un'ipoteca sul futuro dell'umanità. C'erano parecchie «città sulla collina» nel mondo transatlantico di inizio Ottocento, e ciascuna cercava di irradiare la sua luce, e di renderla più accecante delle altre, con un elaborato corredo di miti delle origini che suggerisse un'idea di speciale missione. Negli Stati Uniti, come in Europa, questi miti furono coltivati con attenzione e formarono il cuore di una «religione civile» che dalla religione mutuò linguaggi e riti. Le istituzioni repubblicane e la Costituzione furono offerte al culto popolare come idoli politici, con la costante presenza benedicente della bandiera, la «singolare accozzaglia di stelle e strisce» osservata da Rip Van Winkle. (Una legge di inizio Ottocento stabilì che il numero delle stelle dovesse crescere insieme al numero degli stati dell'Unione, a simboleggiare l'espansione territoriale in corso.) Dopo il 1820, il Quattro di luglio cominciò a essere celebrato in modo unitario, e la Dichiarazione d'indipendenza perse le connotazioni di parte e divenne un «testo sacro» per tutti. In cerimonie e libri di scuola, importanti episodi della storia coloniale e della guerra anti-inglese furono idealizzati come eventi sacri. I dirigenti della Rivoluzione furono trasformati in padri della patria, i Mosè di un popolo redento, ed entrarono a far parte di un pantheon nazionale. L'unico escluso fu Paine, perché era troppo controverso, troppo militante e plebeo e, alla fine dei suoi giorni, troppo blasfemo (per gli attacchi alla religione organizzata contenuti nel suo libro del 1794, *L'età della ragione*). Tutto ciò mirava a consolidare la memoria storica della fondazione del paese, a raccordare lo slancio verso il futuro con il ricordo di un eroico passato, a creare una comune cittadinanza fondata sui sentimenti, a superare o far dimenticare fratture sociali e geografiche.

5. *La capitale federale, Washington City*

Il pantheon nazionale fu subito dominato dalla figura di Washington, un uomo che era il primo a nutrire un culto monumentale di sé. Si riteneva una persona straordinaria, e assecondava con umiltà il suo destino; era ossessionato dalla sua reputazione, e valutava le sue azioni in funzione di ciò che gli altri ne avrebbero pensato. Curò la sua immagine di condottiero militare e poi di Cincinnato. Come l'antico eroe romano, alla fine della guerra d'indipendenza si dimise da comandante supremo dell'esercito, consegnò la spada al Congresso e promise che mai più avrebbe preso parte agli affari pubblici. Questo atto ebbe grande risonanza in patria e all'estero: ecco un uomo, si disse, che poteva essere re o dittatore e che invece si ritirava a vita privata. Washington tornò tuttavia nell'arena pubblica come presidente della convenzione costituzionale di Filadelfia e poi, chiamato a gran voce, come primo presidente degli Stati Uniti; e da presidente si offerse come simbolo dell'unità del paese e della politica al di sopra delle parti, incarnazione repubblicana di monarca costituzionale e patriottico. Il fatto che non avesse eredi rassicurò molti sul pericolo che fondasse una dinastia. Alla sua morte (1799) era pronto per essere deificato. Anche gli avversari politici come Jefferson ne rivendicarono l'eredità morale. Persino Napoleone Bonaparte, che non aveva l'animo del Cincinnato, lo celebrò in Francia con dieci giorni di lutto nazionale durante i quali suggerì un parallelismo fra se stesso e il liberatore d'America. Nel 1800 la sua vita, compresa la fanciullezza, diventò leggenda in un libro popolarissimo, *Vita di Washington*, un testo che intendeva, nelle parole dell'autore Mason Locke Weems, «offrire le Sue grandi Virtù all'imitazione della Nostra Gioventù». Ancora prima che morisse, era deciso che il suo nome sarebbe stato dato alla nuova capitale federale.

Se il mito di Washington come padre della patria ebbe un successo quasi istantaneo, la storia della fondazione di una capitale federale (Federal City, nella denominazione originaria) fu invece emblematica non solo dei successi ma anche delle difficoltà e dei fallimenti del tentativo di costruire un'idea nazionale e di ancorarla a una macchina statuale visibile, autorevole e repubblicana. Per tutti gli anni ottanta del Settecento il paese ebbe un governo itinerante, raffigurato nelle caricature come un cavallo di Troia in perenne e disperato movimento, che nascondeva nel ventre funzionari e impiegati pubblici, registri e scartoffie. Il Congresso confederale si riunì a Filadelfia, Princeton, Annapolis, Trenton e infine New York. Dovunque si trovasse, era e si sentiva ospite e dipendeva dalle risorse locali. Condivise le stanze con le assemblee statali, come a Filadelfia, o con il corpo docente di un college, come a Princeton. Spesso era accolto con ostilità, come un intruso, visto di malocchio, qualche volta persino minacciato dalle milizie locali. Per questo la Costituzione del 1787 stabilì che il governo dovesse aver sede in un distretto autonomo (poi chiamato District of Columbia), il cui territorio fosse ceduto dagli stati, e che fosse sotto l'autorità esclusiva del nuovo Congresso federale. Il governo doveva rendersi indipendente dagli stati, libero da interferenze. Dopo molte discussioni, il Congresso approvò nel 1790 una legge in proposito. La capitale federale doveva sorgere in un'area lungo il fiume Potomac, fra Virginia e Maryland, al centro geografico del paese così come era allora, in un'area disabitata che comprendeva nei propri confini due villaggi, Georgetown e Alexandria. La città doveva essere del tutto nuova, ed essere pronta entro dieci anni. Nell'attesa, il governo si stabilì in via provvisoria a Filadelfia.

Il simbolismo di queste scelte era trasparente. Come il governo appena creato, anche la sua sede doveva essere concepita *ex novo*. Inoltre il piano urbanistico della nuova città, sia nella sua concezione originaria che nella sua realizzazione effettiva, evocava la struttura governativa disegnata dalla Costituzione: la formale divisione dei tre poteri e il loro sostanziale squilibrio a favore del potere legislativo. Il piano non prevedeva un vero centro focale, bensì una griglia policentrica segnata da tre punti significativi. Uno era occupato dal Campidoglio, edificio maestoso e in posizione dominante su una collina, che ospitava il Congresso. A un paio di chilometri di distanza c'era il secondo punto, la Executive Mansion, che serviva da abitazione e ufficio del presidente; nelle intenzioni doveva essere un palazzo imponente, invece fu un edificio assai più modesto. Da ciascuno di questi due punti nevralgici si irradiavano a stella larghi viali che penetravano nell'hinterland. Ciascuno godeva dunque di sistemi di comunicazione eguali e indipendenti con l'esterno; l'interazione reciproca era ridotta, consentita da un unico viale, Pennsylvania Avenue. Il terzo punto era la sede della Corte suprema, equidistante dagli altri due ma piuttosto appartato, senza comunicazioni viarie dirette né con loro né con il resto della città; questa sede tuttavia non fu mai costruita e la Corte fu accolta (fino al 1935) nelle sale del Campidoglio. Il piano non destinava spazi ad attività economiche e commerciali, né ad attività militari o opere di difesa. Immaginava dunque la capitale come una città non produttiva e non autosufficiente, tutta politico-civile, senza un'autorità militare, vulnerabile alle pressioni esterne (amichevoli o meno che fossero), aperta e accessibile. Proprio come il governo federale repubblicano immaginava se stesso.

Ma era anche un città chiusa e isolata, almeno per il momento, e tutt'altro che repubblicana nella sua concezione. Le sue vie di comunicazione non erano integrate in quelle già esistenti nel paese, si fermavano ai margini della comunità, i grandi viali terminavano nei boschi. Il piano urbanistico elaborato dal maggiore Pierre Charles L'Enfant, un architetto francese che era venuto a combattere per la causa rivoluzionaria, ricalcava quello di Versailles, la perfetta città barocca voluta un secolo prima da Luigi XIV. Per fare Versailles c'era voluto un monarca assoluto, addirittura il Re Sole, così come per fare l'altra grande capitale barocca settecentesca inventata dal niente, San Pietroburgo, c'era voluto lo zar di Russia Pietro il Grande. L'assolutismo era l'essenza stessa della pianta urbana barocca, tutta volta a esaltare i simboli monumentali di un'autorità statica, immutabile e coercitiva, e a ignorare o nascondere gli spazi comunitari, commerciali, lavorativi, di incontro e conversazione fra pari. E Federal City ovvero Washington City fu pensata così: monumentale e autoritaria. Il maggiore L'Enfant e i dirigenti americani del tempo avevano salde convinzioni repubblicane, e tuttavia continuarono a immaginare i luoghi del potere, e forse anche il potere *tout court*, secondo i parametri del dispotismo. Fra l'altro, il modello di Versailles era davvero di pessimo auspicio in quegli anni di fine Settecento, quando la vera Versailles fu travolta da una rivoluzione e si avviò a diventare un museo dell'*ancien régime*. Anche il grandioso piano di Washington City, in un paese che la rivoluzione l'aveva appena fatta, fu travolto dagli eventi: dal tumultuoso carattere commerciale e democratico della repubblica, dal disinteresse generale, dalla relativa debolezza dell'autorità federale.

Le prime vicende di Washington City fecero infatti da ironico contrappunto simbolico alle fantasie dei Padri fondatori. L'idea iniziale era che la città, a differenza di Versailles e San Pietroburgo, dovesse essere sviluppata non con denaro pubblico, bensì dal mercato. Una volta lottizzato il terreno e scelte le aree per gli edifici pubblici, il resto doveva essere venduto a privati e i profitti reinvestiti *in loco*. Si supponeva che i cittadini, ovvero gli speculatori edilizi, sarebbero stati così attratti dalla loro futura capitale da accorrervi a frotte, con capitali adeguati. Invece non venne nessuno. Le aste andarono deserte una dopo l'altra, e la presenza del presidente non aggiunse loro alcun *appeal*. Il maggiore L'Enfant fu licenziato in tronco e le operazioni cedute a una società privata, ma con altrettanto insuccesso; i suoi gestori finirono in carcere per debiti. Per evitare la bancarotta, il governo federale si rivolse non più al popolo sovrano e al mercato ma a quegli stati da cui affettava indipendenza. Furono Maryland e Virginia a fornire i prestiti che consentirono l'avvio dei lavori. Lavori che procedettero a rilento; anche la manodopera, come gli investitori, scarseggiò. Si assunsero allora schiavi dalle vicine piantagioni e fu il lavoro servile, come nella zarista San Pietroburgo, a costruire i primi edifici della capitale della libera repubblica. Quando nel 1800 il presidente Adams vi si trasferì ufficialmente da Filadelfia, le uniche strutture pubbliche a essere state almeno iniziate erano la Executive Mansion (completata nel 1829), un'ala del Campidoglio (completato nel 1830) e il Dipartimento del Tesoro. Solo un decimo dei lotti era stato venduto a privati, che vi avevano costruito un centinaio di abitazioni, insufficienti a ospitare tutti i funzionari. C'erano anche molte catapecchie.

Per tutta la prima parte dell'Ottocento Washington City rimase un villaggio di poche migliaia di abitanti (5.000 nel 1800, meno di 10.000 nel 1820, 40.000 nel 1850) in un'area spopolata, costellato da edifici in perenne costruzione, dominato dagli affittacamere. Ad aggiungere desolazione alla desolazione, nel 1814 la città fu bruciata dagli inglesi. La Executive Mansion fu in parte rimodellata e, per coprirne gli esterni anneriti dal fumo, fu dipinta di bianco. Ciò rese popolare il nome di Casa Bianca, che divenne ufficiale solo molto più tardi, nel 1902. Soprattutto, Washington rimase un avamposto isolato dove i governanti dell'Unione avevano come unica compagnia se stessi, lontano dalla presenza e dall'influenza dei governati e da ogni forma di interazione con il resto della società. Vivevano, disse qualcuno, come «monaci in un convento». E il convento era piccolissimo. Nel 1802 la comunità ufficiale della capitale era formata di 291 individui, di cui 138 erano membri del Congresso (32 senatori e 106 rappresentanti): i legislatori erano dunque altrettanto numerosi dei burocrati. Nel 1829 il numero era salito a 625 individui, di cui 275 legislatori (48 senatori e 225 rappresentanti). In quest'ultimo anno la burocrazia più consistente era quella del Tesoro e del General Post Office (226 persone). Il governo federale aveva l'apparenza almeno di un'istituzione leggera, quasi invisibile. I centri dell'azione sembravano altrove, negli stati, nelle città della costa, nell'ovest in espansione. È probabile, come ha scritto uno storico, che il «relativo decoro» della politica nazionale prima del 1828 testimoniasse non tanto delle virtù e delle capacità dell'oligarchia repubblicana quanto dell'indifferenza generalizzata dei cittadini nei confronti di quel governo.

Alla luce dell'ideologia agraria e antimetropolitana di Jefferson che, come segretario di Stato del presidente Washington, si occupò da vicino della nuova capitale, sembrava importante e significativo che essa sorgesse in campagna, lontano dalle influenze corruttrici della vita urbana. In gran parte, tuttavia, questa decisione fu il risultato di patteggiamenti e compromessi, non di una grande visione. Federal City doveva essere nuova e remota per superare l'accanita competizione per accaparrarsi la capitale che si scatenò fra le città esistenti, New York e Filadelfia soprattutto. Inoltre, lungi dal pensare Federal City come un'austera isola rurale, i promotori la pensarono come il centro propulsivo della vita della repubblica. Ritenevano che avrebbe attratto cultura, ricchezze, commerci e popolazione sufficienti a farne una vera capitale di tipo europeo, una nuova Parigi o una nuova Roma (un fiumiciattolo locale dal rustico nome di Rio delle oche fu ribattezzato Tiber, Tevere). Ciò non si verificò loro malgrado, perché non riuscirono nell'intento. Cultura, ricchezze, commerci e popolazione non si materializzarono; e il Tevere divenne una fogna a cielo aperto. La speranza di fondarvi una prestigiosa università affondò perché il Congresso rifiutò i finanziamenti e una raccolta di fondi privati tramite una lotteria si concluse con l'ennesima incarcerazione dei responsabili. L'iniziale progetto di una città di «160.000 abitanti in pochi anni» si rivelò un sogno irraggiungibile fino alla fine dell'Ottocento. Fu all'alba del Novecento, sotto la presidenza di Theodore Roosevelt (1901-9), che il piano di L'Enfant fu ripreso e attuato. Al momento giusto: da allora il governo federale aveva acquisito nuova autorità, e Washington era diventata una capitale imperiale.

Capitolo quarto

Democrazia e schiavitù (1828-1860)

1. *La democrazia in America*

Nel marzo 1829, in occasione dei festeggiamenti per l'insediamento del presidente Andrew Jackson, la remota capitale federale vide scene alle quali non era assuefatta. Una folla entusiasta e disordinata, plebea per abiti e modi, irruppe nella Casa Bianca e si mescolò ai compassati dignitari e diplomatici che erano soliti frequentare quelle sale. Il contrasto era stridente. I cronisti notarono come i nuovi venuti appoggiassero gli stivali fangosi sulle sedie rivestite di damasco. Quando furono serviti i rinfreschi ci fu un parapiglia, vasellami, tazze e bicchieri furono fatti a pezzi, mani sgarbate intercettarono tutto il ghiaccio, così che non rimase nulla per le signore. Qualcuno osservò che un nuovo padrone era arrivato in città: la gente comune, il popolo. Dietro questo assalto descritto come una versione parodistica della presa della Bastiglia, c'erano importanti cambiamenti. Negli anni precedenti gli stati, ai quali la Costituzione federale lasciava la competenza a regolare la materia, avevano democratizzato il sistema politico sia con leggi ordinarie che con modifiche alle loro costituzioni. Nella stragrande maggioranza dei casi fu abolito ogni requisito di censo per l'esercizio del diritto di voto, mentre la scelta dei grandi elettori presidenziali fu sottratta ai parlamenti statali e affidata, stato per stato, ai cittadini. Con la separazione formale fra proprietà e diritti politici, la repubblica si fondava ora sul suffragio di tutti i maschi bianchi adulti; secondo gli standard del tempo, si trattava di suffragio universale. Le elezioni presidenziali divennero inoltre vere competizioni popolari, l'evento centrale e molto partecipato della vita politica dell'Unione. Alle elezioni del novembre 1828, che sancirono la vittoria di Jackson, si recò alle urne il 57% degli aventi diritto, rispetto al 27% del 1824.

L'elezione di Jackson concluse una fase politica piuttosto caotica. La scomparsa dei federalisti sotto le presidenze di James Monroe (1817-25) aveva lasciato i repubblicani padroni del campo ma divisi. Alle elezioni del 1824 si contesero l'eredità di Monroe cinque candidati, tutti repubblicani. Tre erano membri del governo, il segretario di Stato John Quincy Adams del Massachusetts (figlio del secondo presidente John Adams), il segretario alla Guerra John C. Calhoun (del South Carolina) e il segretario al Tesoro William H. Crawford (Georgia). C'erano inoltre il presidente della Camera dei rappresentanti Henry Clay (Kentucky) e il generale Andrew Jackson (Tennessee). Dopo un'accanita campagna, fu Jackson a conquistare il maggior numero di voti elettorali, ma non la maggioranza assoluta. Secondo il dettato costituzionale, la decisione fu rimessa ai membri della Camera, che dopo complicate trattative, scelsero come presidente Adams: Jackson decise che la prossima volta sarebbe stata quella buona, e passò quattro anni a prepararsi per sfidare il presidente in carica. La sfida avvenne anche sul piano terminologico, delle etichette di parte, e ciò contribuì a chiarire i termini dello scontro. Mentre i seguaci di Jackson crearono una coalizione di organizzazioni repubblicane statali che, riesumando una denominazione di trent'anni prima, si chiamarono democratico-repubblicane, i seguaci di Adams si chiamarono repubblicani nazionali. Nel 1828 i jacksoniani vincitori erano ormai noti come «Democrazia» o partito democratico, un nome che fu poi adottato ufficialmente nel 1844 (e che è rimasto fino a oggi). Entro pochi anni i repubblicani nazionali, che si schierarono all'opposizione, formarono il partito Whig. Di nuovo gli Stati Uniti avevano un sistema basato sulla competizione fra due partiti.

I nuovi partiti erano diversi da quelli di inizio secolo. I vecchi federalisti e i repubblicani jeffersoniani, malgrado i tentativi di questi ultimi di creare macchine elettorali di base, erano associazioni di élite politiche il cui cuore batteva nelle assemblee legislative degli stati e in Congresso. Erano i gruppi parlamentari di partito (i *caucuses*) a nominare i candidati alle cariche pubbliche; e l'elettorato al quale facevano appello era piuttosto ristretto e frantumato localmente. I democratici jacksoniani e i Whig erano invece il prodotto di radicali innovazioni. Si rivolgevano a un elettorato esteso, che abbracciava l'intera società bianca; per mobilitarlo e organizzarlo costruirono reti permanenti di club popolari e complessi apparati extraparlamentari statali e federali. Gli apparati di partito assunsero il compito di scegliere i candidati, proporre dei programmi coerenti, gestire le campagne elettorali. I loro dirigenti erano politici di professione provenienti dagli strati sociali intermedi e inferiori, non gentiluomini benestanti come quelli che li avevano preceduti. A differenza di questi ultimi, essi rifiutarono la visione antipartito dei Padri fondatori della repubblica non solo in pratica, come i Padri stessi già avevano fatto, ma anche in teoria. Martin Van Buren, che fu l'architetto dell'organizzazione democratica di New York e poi di quella nazionale, sostenne che i partiti e il loro conflitto sistematico erano l'essenza stessa del governo popolare. Senza conflitto, disse, c'era il rischio dell'abuso di potere, del dispotismo; senza partiti, c'era la sicurezza del governo oligarchico. Secondo Van Buren, era tramite lo strumento collettivo dei partiti che i cittadini di umili origini potevano associare le loro risorse e competere con successo con i signori dai nomi importanti.

I mutamenti politici erano associati a sviluppi economico-sociali di lungo periodo che, proprio alla fine degli anni venti, sembrarono giungere a compimento. Fu allora che le relazioni commerciali basate sul mercato e sullo scambio monetario che, come si è visto, avevano preso forma nei decenni precedenti, penetrarono ovunque, nelle città e nelle campagne. Coloro che più ne beneficiarono (imprenditori, proprietari e speculatori terrieri, mercanti e professionisti) esaltarono le virtù di una società fluida e dedita al perseguimento della ricchezza, nella quale il denaro stesso era fonte di eguaglianza contro i privilegi di nascita e parentela, e dove ciascun individuo poteva essere padrone di se stesso, purché lo volesse e ne avesse le capacità. Si trattava di una società nuova, e occorrevano parole nuove per definirla. Fu allora che entrò nel discorso pubblico il termine *middle class* per indicare un ceto intermedio industrioso e benestante che sembrava comprendere, con l'eccezione di pochi ricchissimi oziosi e pochi poverissimi, tutti gli americani. Costoro erano, si disse con un neologismo, *businessmen* e cioè uomini intraprendenti e molto occupati (*busy*) negli affari (*business*). Erano inoltre *self-made men*, annunciò Henry Clay nel 1832 coniando la locuzione se non il concetto, e cioè «uomini che si sono fatti da sé», che «qualunque ricchezza possiedano la devono al lavoro paziente e diligente» e ne sono orgogliosi. Questa retorica catturò la fantasia anche di agricoltori commerciali, impiegati, negozianti e artigiani urbani che vi trovarono una celebrazione delle loro fatiche e delle loro aspirazioni all'ascesa sociale. I jacksoniani tradussero tutto ciò nel linguaggio della politica e parlarono di una società di «uomini comuni», di cittadini-elettori eguali, indipendenti e partecipi: una società repubblicana fondata sul lavoro.

Cittadinanza, partecipazione, indipendenza, egualitarismo furono bandiere anche di coloro che vissero il trionfo del mercato con angoscia e smarrimento, e conobbero le sue capacità di generare altre gerarchie sociali. La nuova società era tutt'altro che egualitaria dal punto di vista economico-sociale, né era tutta *middle-class*. Anzi, si produsse proprio allora un drastico aumento nelle diseguaglianze che rese gli Stati Uniti omogenei ai principali paesi europei. La quota di ricchezza nazionale posseduta dal 10% più favorito della popolazione salì dal 50 (1800) al 73% (1860); la quota posseduta dall'1% più favorito balzò dal 13 al 29%. Da una parte si formò una plutocrazia di proprietari terrieri e imprenditori, spesso chiamata «nuova aristocrazia», che per risorse, consumi e stile di vita rivaleggiava con la sfarzosa nobiltà britannica; e non si trattava di *self-made men* bensì, quasi sempre, di discendenti di famiglie eminenti. Dall'altra parte, nelle città e nelle aree manifatturiere si formò una classe operaia la cui sopravvivenza era legata alla disciplina di fabbrica, al salario e alle fluttuazioni dell'economia. L'economia di mercato acquistò un andamento ciclico, legato a fattori interni e internazionali; anni di prosperità si alternarono ad anni di depressione (1837-43 e 1857-59). Questo andamento ebbe effetti destabilizzanti anche sui ceti intermedi. Le fortune degli agricoltori commerciali, per esempio, dipendevano dalla vendita dei raccolti e dai prestiti bancari. Nei periodi di crisi, la diminuzione dei prezzi agricoli o l'incremento dei tassi d'interesse potevano significare la rovina. Anche i lavoratori salariati e gli agricoltori in difficoltà usarono l'arma della politica per cercare di indirizzare a proprio vantaggio la crescita economica; senza deferenza alcuna si gettarono nei conflitti partitici e nell'arena elettorale.

Molti storici hanno descritto il breve passaggio fra gli anni venti e gli anni trenta come un punto di svolta storico, segnato dall'intreccio indissolubile e fecondo fra una «rivoluzione del mercato» e una «rivoluzione democratica». Senza dubbio l'intreccio ci fu; e a renderlo fecondo fu il fatto che non sempre fosse armonioso. Le due rivoluzioni si rafforzarono a vicenda, e tuttavia si condizionarono in un rapporto spesso antagonistico. La democratizzazione fu attivata dagli interessi commerciali che travolsero le ultime vestigia del vecchio regime prerivoluzionario e dei legami comunitari che implicava; ma anche dalle azioni dei ceti operai e popolari che si batterono per resistere a queste trasformazioni, per indirizzarle a proprio vantaggio, per affermare nuovi diritti e creare nuovi legami sociali. Si consolidò così un regime economico-sociale che di lì a qualche anno i suoi critici, soprattutto i socialisti europei, cominciarono a chiamare «capitalismo» e «sistema capitalistico». Si consolidò anche un regime politico-sociale che gli americani cominciarono a chiamare, ormai senza alcuna residua connotazione negativa, «democrazia». Non fu un passaggio facile o scontato. A differenza della repubblica, che era intesa come il governo dei migliori per il bene comune, la democrazia era il governo della maggioranza, ovvero di tutti su tutti; almeno in linea di principio, non c'era una distinzione qualitativa e permanente fra governanti e governati. Ciò comportò il ribaltamento finale, iniziato con la Rivoluzione del 1776, di radicate convinzioni su chi avesse davvero legittimità a governare. Comportò l'accettazione intellettuale e psicologica del conflitto politico, perché, come ha scritto uno studioso, «la democrazia in America era lo spettacolo degli americani che discutevano e litigavano su che cosa volesse dire democrazia». Comportò la lenta, faticosa e mai definitiva acquisizione di istinti egualitari non solo nella vita pubblica ma anche nei costumi sociali e nei sentimenti privati – nelle «abitudini del cuore», come scrisse poeticamente un osservatore straniero.

L'osservatore straniero era Alexis de Tocqueville, un giovane aristocratico francese che visitò il paese nell'inverno 1831-32. Il titolo del libro che pubblicò a Parigi fra il 1835 e il 1840, *La democrazia in America*, fece conoscere la straordinaria novità in tutta Europa. In pagine memorabili per intelligenza, eleganza e tempestività, egli fornì il quadro delle istituzioni e dei valori di una cultura commerciale, democratica, egualitaria, mobile e dinamica, che gli sembrava prefigurare il futuro dell'intero mondo occidentale. A proposito di questa cultura parlò anche di trionfo dell'*individualisme*, un termine francese che era sconosciuto alla lingua inglese, ma che nell'inglese americano avrebbe avuto grande fortuna – con una valenza opposta a quella originale. Per i francesi, Tocqueville compreso, *individualisme* aveva un significato peggiorativo. Per i pensatori conservatori di inizio secolo ai quali si doveva l'invenzione linguistica, indicava la degenerazione ultima dell'Illuminismo e della Rivoluzione francese: la pretesa a una libertà individuale di comportamenti, opinioni e giudizi che avrebbe distrutto ogni forma di ordine, autorità, gerarchia, vera religione. Per il cattolico reazionario Joseph de Maistre l'individualismo era, massimo insulto, «protestantesimo politico». Ma anche per i primi socialisti non era una bella cosa, segnalava i pericoli di atomizzazione sociale insiti nel mercato capitalistico; e fu tramite la loro influenza che *individualisme* mantenne in Francia una cattiva fama per tutto l'Ottocento. Negli Stati Uniti invece, tradotto con facile calco in *individualism*, divenne già negli anni trenta e quaranta, e proprio discutendo di Tocqueville, una parola-chiave positiva di enorme portata ideologica. Cominciò a essere usata per celebrare, di volta in volta, la democrazia e i diritti naturali, la libera impresa e il governo minimo, l'indipendenza e la dignità personale, l'eguaglianza di opportunità e i desideri di successo in una società che si sarebbe auto-ordinata spontaneamente.

La giovane democrazia americana aveva caratteri e confini precisi, e nessuno meglio di Jackson li incarnò nella sua storia personale. Il nuovo inquilino della Casa Bianca era di origini popolari, i suoi genitori erano immigrati scoto-irlandesi. Non apparteneva all'élite terriera e mercantile della costa atlantica che fino ad allora avevano fornito la classe dirigente della repubblica. Doveva la sua notorietà soprattutto alla carriera militare. La sua difesa di New Orleans contro gli inglesi nel 1814-15 ne aveva fatto un eroe di tutti; le sue dure repressioni prima degli indiani Creek e poi dei Seminole della Florida ne avevano fatto un eroe degli abitanti della frontiera (un'immagine che egli coltivò con cura). Era dunque figlio genuino di una società democratica che, nel contempo, era affamata di terre altrui, spietata nella marcia di conquista verso ovest, sprezzante dei popoli diversi da sé. Di questa società Jackson aveva sfruttato le opportunità, arricchendosi come uomo d'affari e speculatore terriero; parenti facoltosi e un matrimonio fortunato l'avevano introdotto nei circoli più influenti di Nashville, in Tennessee, dove si era trasferito dalla natìa South Carolina.

Era quindi un *self-made man*; ma come molti *self-made men* del tempo aveva acquistato autorevolezza pubblica stabilendo legami familiari con gli eredi delle vecchie élite. A coronamento della sua ascesa, in Tennessee, Jackson divenne proprietario di schiavi. In questo era diventato simile ai presidenti che l'avevano preceduto e che erano tutti, con l'eccezione dei due Adams del Massachusetts, piantatori schiavisti meridionali. La democrazia dell'uomo comune conviveva con la schiavitù della popolazione di origine africana. Tocqueville, fra gli altri, indicò proprio in questo «il più formidabile di tutti i mali che minacciano il futuro dell'Unione».

2. *Mercato e partiti politici*

I conflitti che plasmarono visioni e identità politiche dei due partiti emergenti riguardarono i modi dello sviluppo, e cioè se l'economia di mercato dovesse essere indirizzata e protetta dal governo federale oppure no. I conflitti investirono anche i rapporti costituzionali fra governo federale e stati. Sotto l'amministrazione Adams (1825-29) la politica economica che aveva caratterizzato il primo periodo della repubblica trovò eloquenti sostenitori ma anche nuovi nemici. Alte tariffe doganali, aiuti federali alla costruzione di strade e canali, un'autorevole banca centrale (la seconda Banca degli Stati Uniti), erano parte di un progetto di ispirazione hamiltoniana che Clay, segretario di Stato di Adams, chiamò «un genuino sistema americano». Durante le presidenze di Jackson (1829-37) ciascuno di questi punti fu messo in discussione. Il sistema americano divenne il nucleo del programma dei repubblicani nazionali, che dava voce agli interessi di gruppi imprenditoriali, mercantili e operai delle regioni manifatturiere del nordest e degli agricoltori che producevano per il mercato interno. Costoro erano protezionisti perché temevano la concorrenza dei prodotti inglesi, e credevano in un governo federale forte e interventista e nell'unità organica del paese. Il loro motto, nelle parole del senatore del Massachusetts Daniel Webster, era «Libertà e Unione, ora e per sempre, una e inseparabile». Dopo il 1834 Clay e Webster organizzarono il partito Whig che, nelle idee, si richiamava ai federalisti e nel nome alla tradizione britannica settecentesca di opposizione al re e alla corte. I Whig nacquero infatti come formazione di minoranza, per contrastare quella che chiamavano la tirannia demagogica di «Re Andrew» Jackson e del suo partito democratico, che per tutti gli anni trenta controllò sia la presidenza che il Congresso.

I democratici avevano idee opposte. Riaffermarono la diffidenza jeffersoniana verso il governo federale, e l'abbinarono a una fiducia incondizionata in un mercato capace di autoregolarsi. Si presentarono come il partito del popolo, benché la loro fosse una coalizione composita. C'erano grandi proprietari terrieri, soprattutto piantatori meridionali di cotone, che esportavano in Europa e quindi erano antiprotezionisti e favorevoli a una politica di libero scambio. C'erano banchieri e mercanti che temevano l'intrusione e la concorrenza della Banca degli Stati Uniti e ne denunciavano l'insensibilità agli interessi locali. C'erano agricoltori, negozianti e artigiani che della Banca denunciavano invece la politica monetaria restrittiva e volevano denaro abbondante e a buon mercato per le loro imprese. C'erano infine lavoratori urbani e rurali esclusi dalla prosperità e pieni di risentimento. A tali interessi e risentimenti fece appello Jackson per realizzare il suo programma e condurre alcune importanti battaglie. La più clamorosa fu la guerra contro la Banca (1832-33) che egli, alla maniera di Jefferson, descrisse come un mostro centralizzatore, anticostituzionale, antidemocratico, dominato dalla grande finanza metropolitana e dai politici Whig. La Banca aveva compiti sia pubblici che privati. Fungeva da agente fiscale del governo federale e ne gestiva i fondi, batteva moneta e determinava la quantità del denaro circolante, controllava le operazioni delle altre banche; svolgeva inoltre normali attività commerciali di deposito e prestito, e aveva una rete di filiali nelle principali città. Jackson attaccò le sue funzioni pubbliche. Ritirò dalle sue casse i depositi federali e li trasferì a varie banche statali che, dissero gli avversari Whig, erano vicine ai democratici. Rifiutò di rinnovarne l'atto costitutivo, e di fatto la uccise.

Nelle loro proteste contro le tariffe doganali degli anni venti, che imponevano dazi elevati su prodotti industriali e merci di largo consumo (sale, tè, caffè, cacao), i democratici meridionali fecero riemergere la dottrina jeffersoniana dei diritti degli stati. Secondo il loro campione John C. Calhoun, misure protezioniste così punitive erano atti di dispotismo del Congresso, e i singoli stati potevano non rispettarle. Anzi, a suo parere, ogni volta che ci fosse stato disaccordo con il governo federale, i singoli stati avevano l'autorità di convocare un'assemblea di delegati, simile a quelle che avevano a suo tempo ratificato la Costituzione, e dichiarare nulle le leggi invise. Di fronte alla legge doganale del 1832, che pure era più moderata delle precedenti, la South Carolina mise in pratica quello che il suo figlio prediletto Calhoun aveva predicato. I suoi dirigenti ritennero che i loro diritti fossero stati sacrificati agli interessi degli industriali del nord, indissero una convenzione straordinaria, proclamarono la non validità delle nuove tariffe entro i confini dello stato, organizzarono una milizia volontaria per impedire che venissero riscosse, e minacciarono la secessione. Jackson minacciò a sua volta l'intervento militare contro i secessionisti. Ma poi, con prudenza, cercò in Congresso una soluzione di compromesso che portò a una prima riduzione tariffaria (1833). Entrambe le parti erano convinte di difendere dei principi costituzionali, e nessuna ottenne una chiara vittoria. Comunque, la crisi avviò a conclusione il periodo più caldo, fino a quel momento, del protezionismo americano. Ciò avvenne proprio mentre i democratici stavano interrompendo ogni relazione fra il governo federale e il sistema bancario e monetario. Più tardi abolirono anche i contributi a favore delle strade e dei canali.

2.1. *Il trionfo del mercato*

Nel giro di pochi anni, insomma, il governo federale adottò una politica di *laissez faire*; in nome del principio «meno governo è meglio», ridusse il suo attivismo, si ritirò dalla vita economica e lasciò libero gioco alle forze del mercato. A definire un quadro normativo e istituzionale favorevole al dispiegarsi di queste forze, restarono i singoli stati. Gli stati adottarono leggi che liberalizzarono le attività bancarie, che quindi si svilupparono in totale autonomia, in maniera dinamica, creativa e spesso selvaggiamente speculativa. Il cosiddetto *free banking*, privo di un'autorità centrale di controllo, stimolò l'espansione economica ma ne accentuò anche l'andamento disordinato, con crisi finanziarie e produttive che ebbero un impatto e una durata superiori a quanto accadeva in Europa. Gli stati innovarono inoltre la legislazione sulle *corporations*, le società per azioni a responsabilità limitata. Fino all'inizio dell'Ottocento le *corporations* erano state delle imprese con scopi e caratteri misti, pubblici e privati, e ciascuna di esse aveva bisogno di un riconoscimento specifico da parte dello stato; dopo il 1830 si stabilirono norme generali per la loro formazione, e divennero il principale strumento per raccogliere capitali privati a fini privati di profitto. Furono sempre gli stati, infine, a convogliare i fondi pubblici per la costruzione delle infrastrutture che accelerarono le comunicazioni e i trasporti fra le regioni; con il loro contributo si completò la rete dei canali e poi si avviò quella delle ferrovie. Fino al 1860 gli investimenti statali rappresentarono un quarto degli investimenti totali nelle società ferroviarie, e furono decisivi soprattutto nel sud. Talvolta intervenne anche il governo federale, cedendo terre demaniali agli stati che poi le passarono a titolo gratuito alle ferrovie; nel 1850 la Illinois Centrai Railroad ottenne con questo sistema un milione di ettari lungo le sue linee.

Le ferrovie erano la nuova meraviglia, e si svilupparono con ritmi vertiginosi. Dapprima si affiancarono alle vie fluviali, arrivando là dove i fiumi e i canali non esistevano; poi, gradualmente, li sostituirono. Nel 1830, all'alba della nuova epoca, quando esisteva solo un tratto della Baltimore & Ohio Railroad in Maryland, c'erano binari per una trentina di chilometri; nel 1840 ce n'erano per 4.800 chilometri, nel 1860 per quasi 50.000. Da allora il sistema ferroviario copriva con una trama fittissima tutte le regioni più attive e popolate del centro-nord, collegava le principali città lungo le direttrici nord-sud, e si affacciava sui territori di frontiera oltre il fiume Mississippi, fino all'estremo ovest del Missouri. Si trattò di un'impresa che, per estensione e rapidità di esecuzione, non ebbe paragoni altrove. Grazie anche alle tecniche di costruzione primitive e insicure ma veloci ed economiche, nel 1840 gli Stati Uniti avevano il doppio del chilometraggio di tutta l'Europa. A differenza che in Europa, le ferrovie non si limitarono a facilitare la comunicazione fra i centri esistenti, ma crearono la comunicazione con aree non colonizzate indirizzandovi i flussi migratori; in alcuni luoghi giunsero prima delle strade, delle mulattiere, degli abitanti. Esse ebbero un carattere propulsivo nell'occupazione del continente e contribuirono allo sviluppo della regione interna dei Grandi Laghi consentendo il facile trasporto dei suoi prodotti. Esse stimolarono le manifatture di locomotive, carrozze e rotaie anche se, prima del 1860, più della metà delle rotaie impiegate fu importata. Le società ferroviarie infine mobilitarono e concentrarono ingenti quantità di capitale, compreso quello straniero, inglese e tedesco soprattutto. Divennero le prime grandi *corporations* private, con migliaia di azionisti e un potere straordinario, fino ad allora sconosciuto.

La rivoluzione ferroviaria fu parte di una crescita generale segnata dalla dinamicità dell'iniziativa privata. Secondo alcuni storici avvenne allora, negli anni 1830-60, il vero decollo della moderna economia degli Stati Uniti. Il numero di abitanti esplose da 13 milioni a più di 31 milioni, e il reddito lordo pro capite crebbe dell'1,3)% l'anno, un tasso analogo a quello della Gran Bretagna. L'agricoltura restò il settore dominante in termini di addetti, che raddoppiarono (da 3 a 6 milioni) benché la loro percentuale sul totale della forza lavoro impiegata diminuisse (dal 71 al 53%). Le attività agricole erano in espansione verso l'interno del continente. Nel solo decennio 1850-60 i terreni messi a coltura passarono da 120 a 160 milioni di ettari, e il numero di fattorie da 1,5 a 2 milioni. Nel sud ci fu un'impennata nella coltivazione del cotone, che era destinato all'esportazione e che nel 1860 rappresentava i tre quarti della produzione mondiale. Il nord e l'ovest divennero le principali aree produttrici di grano e mais del pianeta, grazie anche a nuovi sistemi scientifici di coltivazione, a nuovi fertilizzanti, e a macchine come le mietitrici meccaniche inventate da Cyrus McCormick e gli aratri d'acciaio di John Deere. In queste aree, l'avvento della meccanizzazione ebbe altri importanti effetti. Aumentò la produttività e la prosperità delle imprese ma anche i loro costi di gestione, e ciò rese indispensabile il ricorso sistematico all'indebitamento bancario. Diminuì inoltre il fabbisogno di manodopera, e ciò cambiò la vita della maggior parte delle famiglie che gestivano e lavoravano in proprio le fattorie. I figli numerosi non erano più una risorsa da inserire nell'economia domestica; divennero piuttosto un costo aggiuntivo da pianificare con attenzione. Avere meno figli voleva dire offrire loro migliori opportunità nel mercato del lavoro.

Fu nelle campagne, infatti, che si innescò una rivoluzione demografica di portata secolare che investì l'intero paese, e che comportò il declino della fertilità delle donne bianche e la riduzione del numero dei figli per famiglia (che scesero da poco più di 6 nel 1800 a meno di 3 nel 1880). Il fenomeno era visibile nel New England all'inizio del secolo; dal 1860 aveva raggiunto i Grandi Laghi e, infine, le città. Questo declino non rallentò l'aumento della popolazione perché i tassi di natalità rimasero comunque elevati, intorno a 40 o 45 nascite per mille abitanti per anno, nettamente superiori a quelli inglesi e di altri paesi europei. All'incremento naturale si aggiunse poi quello artificiale costituito dall'immigrazione transatlantica. I flussi migratori, che fino al 1830 erano rimasti modesti, non superiori alle 10.000 unità annue, si impennarono. Nel trentennio successivo entrarono negli Stati Uniti 8 milioni di persone, quasi tutte provenienti dall'Europa nord-occidentale, in particolare dall'Irlanda (quasi 2 milioni), dagli stati tedeschi (1,5 milioni) e dalla Gran Bretagna (800.000). Il risultato fu che nel 1860 il 15% degli americani bianchi era nato all'estero. I nuovi arrivati erano agricoltori impoveriti e, in misura minore, artigiani e professionisti. Erano in fuga dalle crisi agrarie nei paesi d'origine, da carestie come quella tremenda che colpì gli irlandesi nel 1845, e da sconvolgimenti politici come le fallite rivoluzioni tedesche del 1848. Erano attratti da un'esistenza più tranquilla e meno precaria nel Nuovo mondo, e dalla pubblicità che ne facevano gli agenti reclutatori americani. Alcuni acquistarono fattorie dell'ovest, ma la maggior parte non aveva le risorse necessarie per farlo. Gravitarono quindi verso le regioni nord-orientali, dove trovarono occupazione nei servizi urbani, nelle costruzioni e nelle manifatture.

Nel 1860 un processo di industrializzazione era visibile in almeno sei stati (Massachusetts, Rhode Island, Connecticut, New York, Pennsylvania, Ohio). Gli addetti al settore manifatturiero crebbero da poche centinaia di migliaia a 1,5 milioni. Parecchi artigiani assunsero dipendenti e divennero piccoli imprenditori. Gruppi di capitalisti formarono *corporations* e impiantarono imprese di maggiori dimensioni. Il capitale non era abbondante, ma era assai mobile e integrato dall'afflusso di denaro europeo. Malgrado la crescita demografica e l'immigrazione, anche la manodopera era scarsa e quindi costosa; i salari erano del 30% più alti di quelli inglesi. Questi che potevano apparire dei limiti favorirono invece l'introduzione di sistemi produttivi che risparmiassero lavoro e aumentassero la redditività degli investimenti. Le fabbriche a ciclo integrato,

Carte

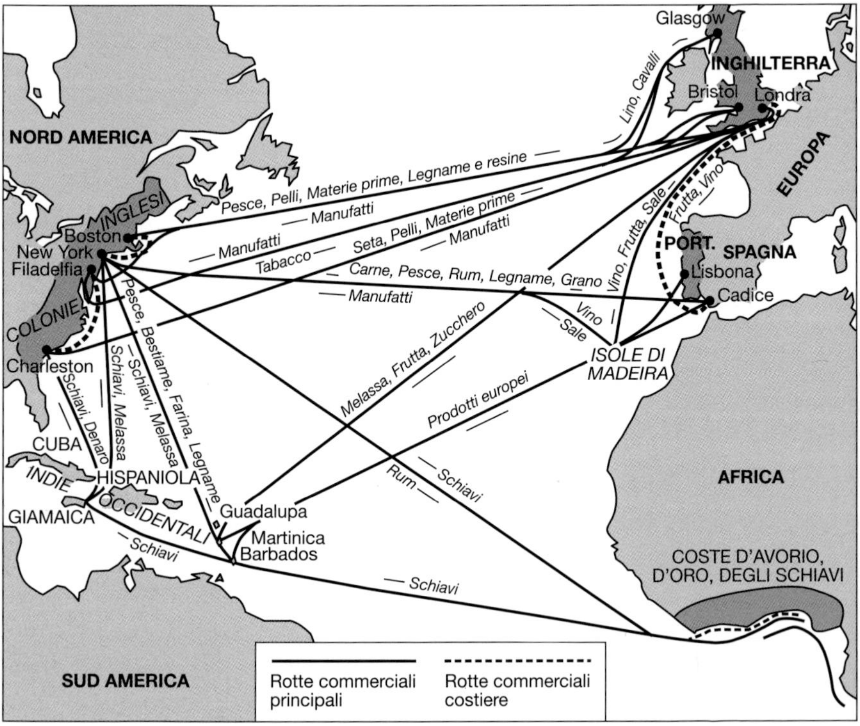

CARTA 1. Le rotte commerciali atlantiche nel XVIII secolo.

Fonte: B. Bailyn e G.S. Wood, *Le origini degli Stati Uniti*, Bologna, Il Mulino, 1987, carta 6.

CARTA 2. Concentrazione della popolazione nelle colonie, 1760.

Fonte: Bailyn e Wood, *Le origini degli Stati Uniti*, cit., carta 7.

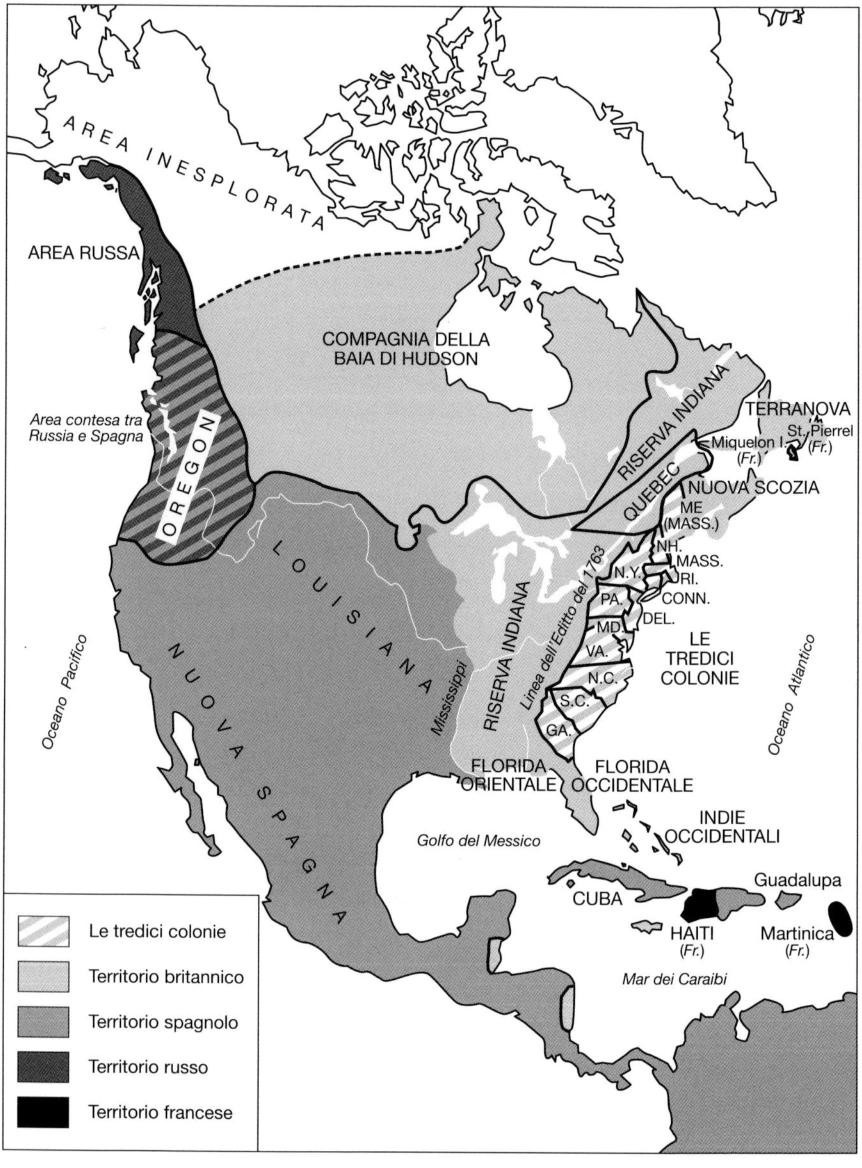

CARTA 3. Il Nord America nel 1763.

Fonte. Bailyn e Wood, *Le origini degli Stati Uniti*, cit., carta 8.

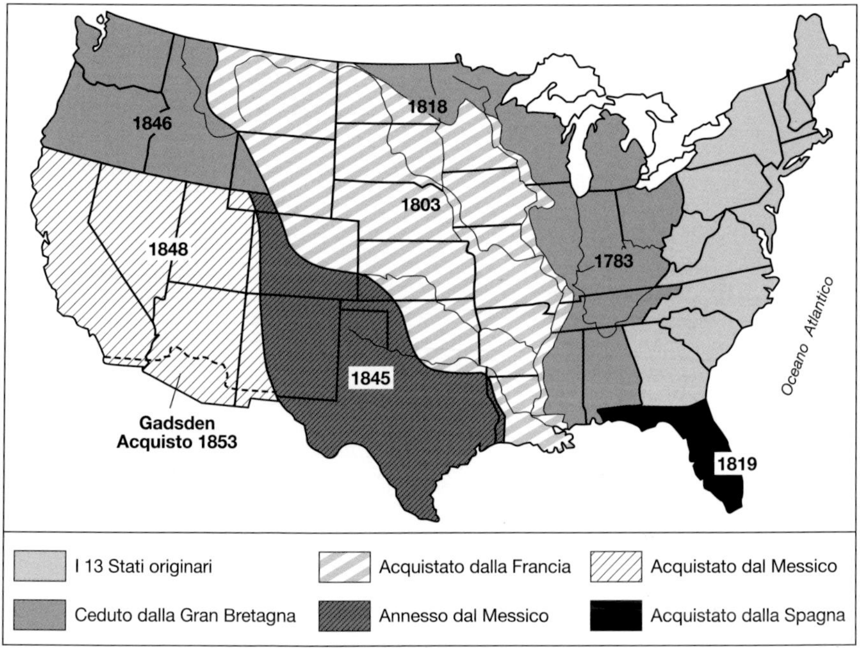

CARTA 4. L'espansione coloniale degli Stati Uniti.

Fonte: P.A. Toninelli, *Nascita di una nazione*, Bologna, Il Mulino, 1993, p. 59.

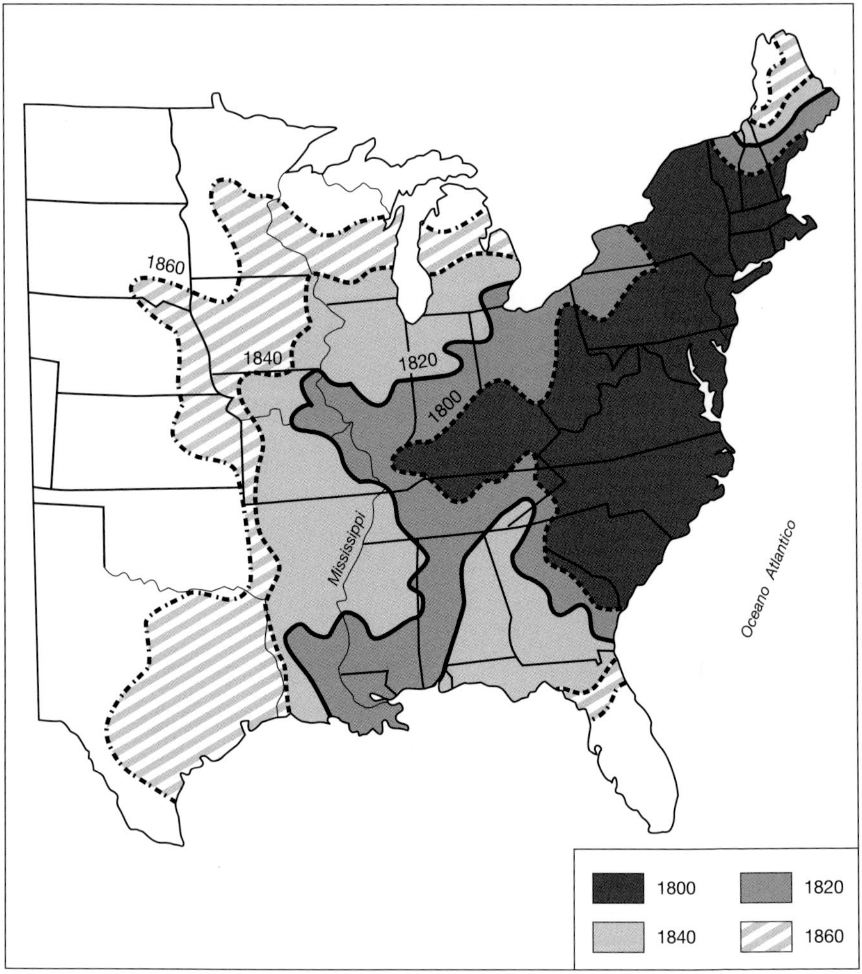

CARTA 5. L'avanzata della frontiera americana, 1800-1860.

Fonte: Toninelli, *Nascita di una nazione*, cit., p. 60.

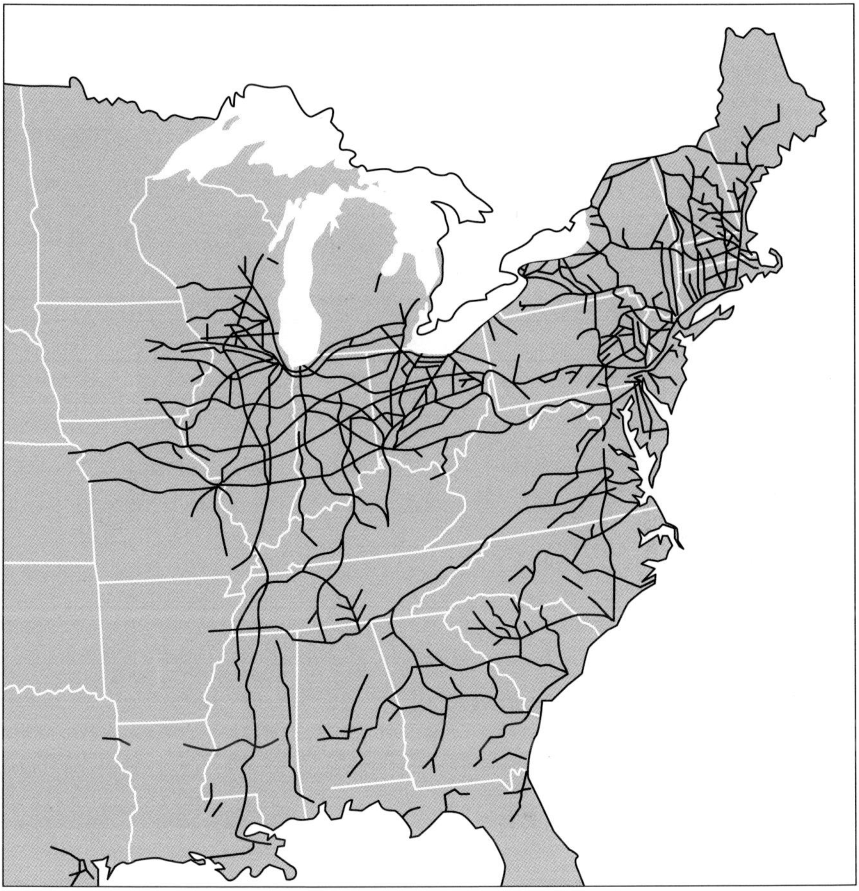

CARTA 6. Principali ferrovie, 1860.

Fonte: D.B. Davis e D.H. Donald, *Espansione e conflitto*, Bologna, Il Mulino, 1987, carta 5.

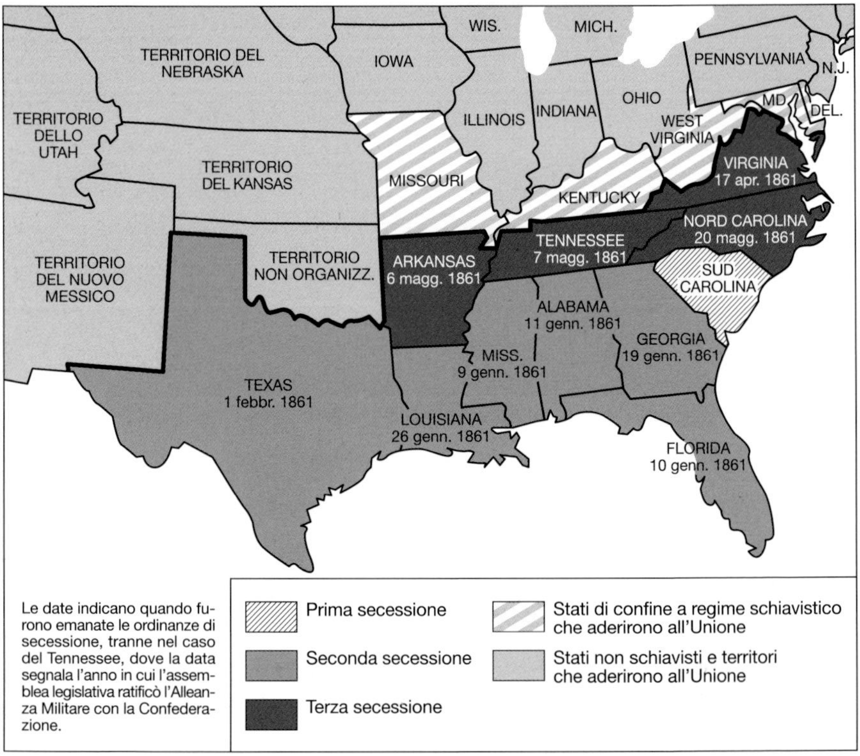

CARTA 7. La secessione.

Fonte: Davis e Donald, *Espansione e conflitto*, cit., carta 9.

già presenti nel settore tessile, si estesero a quello calzaturiero, dell'abbigliamento e ai grandi macelli di Cincinnati, in Ohio, che lavoravano la carne suina con metodi da catena di montaggio. Nelle officine meccaniche si svilupparono tecniche di precisione per la produzione in serie di parti standardizzate e intercambiabili, che poi erano assemblate a formare le macchine finite (come i revolver di Samuel Colt). Le innovazioni tecnologiche sembrarono diventare una specialità yankee, e gli inglesi ne parlarono con ammirazione come di un *American System of Manufacturing* (1851). Le merci divennero meno care e di migliore qualità di quelle europee; e i generi di consumo di massa, resi disponibili da una rete capillare di distribuzione, modificarono le abitudini collettive. Sempre di più le famiglie dipesero dal mercato per soddisfare i bisogni primari (cibo, vestiti, strumenti di lavoro) che fino ad allora erano stati soddisfatti dal lavoro domestico.

Questi cambiamenti spinsero gli americani a pensare se stessi come individui isolati in un mercato impersonale, per un verso artefici delle loro fortune, per l'altro costretti a fare i conti con forze più grandi di loro; ma non ruppero del tutto i legami di solidarietà comunitaria, che continuarono a operare. Furono questi legami, in particolare, a ispirare le prime forme di resistenza e protesta collettiva fra i lavoratori delle manifatture. Gruppi di operai insorsero contro il cosiddetto sistema di fabbrica, un sistema che implicava l'esistenza di manodopera poco qualificata e con bassi salari, concentrata in grandi stabilimenti dominati dalle macchine, da rigide gerarchie di comando, dai tempi precisi di orologi, campane, sirene. Coloro che possedevano un mestiere completo e autonomo, ben pagato e frutto di un lungo apprendistato, percepirono simili innovazioni come una minaccia al loro status economico e sociale. Considerarono inoltre il potere dei capitalisti, lontani ed estranei, e la disciplina di fabbrica, dura e degradante, come una sfida alla loro indipendenza repubblicana e ai diritti della comunità. Per difendere le prerogative del mestiere e opporsi a ciò che chiamarono la «schiavitù del salario», essi condussero scioperi e organizzarono sindacati. Scioperi sporadici scoppiarono ovunque, contro le riduzioni di salario, gli aumenti dei ritmi produttivi e le pesanti giornate di lavoro (nel 1860 la durata normale era di 10 ore, e si trattava di una recente conquista). Sindacati di categoria e società di mutuo soccorso nacquero tra i tipografi, i falegnami, i sarti, i calzaturieri. Queste associazioni ebbero vita breve e, malgrado l'apparizione di una National Trades Union (1834), ebbero in genere portata locale. Riuscirono se non altro a farsi riconoscere il diritto di scioperare senza essere considerate dai tribunali alla stregua di cospirazioni criminali.

2.2. *La democrazia dei partiti*

Lo spirito comunitario e lo spirito individualista convivevano nella repubblica, e a entrambi fecero appello i partiti politici che assicurarono il governo del paese. Nella *Democrazia in America* Tocqueville sottovalutò il ruolo dei partiti; li descrisse come istituzioni di poca importanza impegnate in controversie irrilevanti, pallidi specchi di un'opinione pubblica mobile e frastagliata, divisa su mille questioni che egli riteneva marginali. Ma le cose non stavano proprio così. Fu allora che la democrazia americana acquisì caratteri che erano in netto contrasto con quelli sottolineati da Tocqueville, e si configurò come una democrazia dei partiti, una realtà sconosciuta ai regimi europei del tempo. Dopo il 1828, proprio mentre le celebrazioni dell'individualismo (quale che fosse il termine usato dagli americani per nominarlo) salivano di tono, la vita pubblica fu dominata da comportamenti collettivi che erano definiti e plasmati dai partiti e dallo spirito di parte, e che trovavano fondamento in interessi e valori socialmente diffusi. I partiti divennero organizzazioni popolari di massa, protagonisti del sistema politico-elettorale e indispensabili strumenti di governo. La loro fisionomia si precisò anche grazie all'invenzione di nuove procedure organizzative. Nel 1831 i repubblicani nazionali tennero la loro prima convenzione, e cioè un congresso di delegati che aveva il compito di scegliere, in vista delle elezioni dell'anno successivo, i candidati del partito alle cariche di presidente e vicepresidente degli Stati Uniti. Più tardi, i loro eredi Whig fecero altrettanto. Nel 1832 fu la volta dei democratici. Le convenzioni cominciarono anche a elaborare piattaforme programmatiche puntuali e sistematiche, che enunciavano i principi e i programmi dei partiti e li distinguevano con chiarezza gli uni dagli altri, impegnavano gli eletti ed erano facilmente comunicabili agli elettori.

Meccanismi analoghi si affermarono negli stati per la scelta dei candidati alla Camera dei rappresentanti, alle assemblee legislative statali e agli uffici di governatore. Si diffusero anche a livello municipale, dove il numero delle cariche elettive si estese enormemente, riguardando non solo i sindaci e i consigli comunali ma anche molti funzionari (capi di dipartimenti esecutivi e di polizia, magistrati locali). Si formò insomma un ceto di uomini politici designati dai partiti e scelti dagli elettori che sembrò occupare tutti gli spazi disponibili. L'occupazione riguardò anche la pubblica amministrazione locale e federale, tramite il cosiddetto *spoils system*, una pratica che implicava che il partito al potere, finché restava al potere, assegnasse gli impieghi pubblici agli attivisti più fedeli come premio per la loro fedeltà. Il termine fu reso popolare dal democratico newyorkese William L. Marcy, che nel 1832 spiegò con brutale franchezza la filosofia in base alla quale operavano i politici come lui: «Quando si battono per la vittoria, dichiarano apertamente l'intenzione di goderne i frutti. Se sono sconfitti, sanno di dover lasciare la carica. Se hanno successo, ne pretendono di diritto i vantaggi. Non vedono niente da ridire sulla regola che al vincitore appartengano le spoglie del nemico». Lo *spoils system* fu nobilitato da Jackson, che lo presentò come una democratica «rotazione nelle cariche» che avrebbe impedito la formazione di un ceto permanente di burocrati lontani dal popolo e indifferenti ai suoi bisogni, e che avrebbe invece consentito la partecipazione di molti cittadini alle operazioni di governo. Tanto più, aggiunse, che «i compiti dei funzionari pubblici sono, o almeno possono essere resi, così facili e semplici che degli uomini intelligenti possono imparare senza difficoltà a svolgerli».

Lo *spoils system* non inventava una nuova struttura di clientelismo politico, piuttosto ne sostituiva i gestori e i beneficiari. I democratici jacksoniani, e coloro che li imitarono, adottarono usi e costumi ben noti ai notabili gentiluomini che, in un'epoca precedente, avevano distribuito gli impieghi pubblici a persone del loro ambiente e delle loro famiglie; lo ritenevano un onore dovuto e un dovere inevitabile, una prerogativa connessa alla loro posizione sociale, alla loro educazione e cultura. Ad avere le stesse pretese erano ora uomini socialmente inferiori, che avevano culture, abilità e aspettative diverse. Benché anche fra i leader dei partiti di massa vi fossero membri dei ceti superiori mercantili e professionali, i loro quadri provenivano dalle *middle classes*, dai ranghi del mondo degli affari, dell'esercito, del giornalismo, dell'avvocatura e, ai livelli più bassi, da *lower middle classes* che si confondevano con gli strati più popolari. Costoro erano esperti nelle tecniche di organizzazione, disciplina e persuasione dell'elettorato; per molti versi si comportavano da imprenditori nel mercato della politica e il loro era un impegno a tempo pieno. Non disponevano di ricchezze personali indipendenti, e quindi non avevano tempo e denaro sufficienti da permettere loro una dedizione disinteressata al servizio pubblico. Vedevano la politica come una carriera e un'occasione di promozione sociale, come un lavoro da cui ricavare uno stipendio e magari qualcosa di più. L'avvento di questi politici di partito di tipo nuovo, e il controllo che essi assunsero sulle risorse della burocrazia pubblica, fu un aspetto importante della rivoluzione democratica, in quanto emancipò le istituzioni repubblicane dal predominio delle vecchie élite e delle loro gerarchie sociali informali.

I democratici e i Whig svilupparono sofisticati sistemi di mobilitazione dell'elettorato. Per diffondere le loro idee fondarono giornali quotidiani e periodici, stamparono milioni di opuscoli e volantini, organizzarono in ogni angolo del paese manifestazioni di strada, grandi parate e feste. Per raggiungere capillarmente i cittadini, impiegarono decine di migliaia di attivisti che dovevano convincere gli elettori, accompagnarli ai seggi e assicurarsi, talvolta con metodi truffaldini, che votassero nella maniera giusta. Per parlare al vasto elettorato, i partiti crearono apparati propagandistici che cercarono di presentare i loro esponenti come persone dai gusti semplici, in sintonia con la gente comune, anche quando ciò era molto lontano dalla verità. Inaugurate alle elezioni presidenziali del 1828, queste innovazioni furono usate pienamente e in grande stile a quelle del 1840. Il candidato democratico, il presidente in carica Martin Van Buren, era un vecchio dandy. Gli oppositori Whig condussero contro di lui un'accanita campagna di massa dipingendolo come un signore troppo raffinato, effeminato, indegno della vocazione popolare e della rude immagine da frontiera del partito di Jackson. Confezionarono invece per il loro candidato William H. Harrison, che aveva combattuto nelle guerre indiane, l'immagine di un maschio western, abituato a vivere nella *log cabin*, la povera capanna di tronchi dei pionieri.

Che Harrison appartenesse a un'eminente famiglia schiavista della Virginia, e abitasse in una lussuosa residenza di campagna, fu convenientemente dimenticato. La tattica funzionò, anche se Harrison pagò caro lo stile virile e plebeo che gli era stato imposto. Eletto presidente, insistette nel prestare giuramento senza cappotto, all'aperto e in un giorno freddissimo. Prese una polmonite e morì un mese dopo (aprile 1841).

I partiti ebbero uno straordinario successo non solo perché erano macchine efficienti per vincere elezioni. Essi costruirono anche strutture organizzative stabili che permearono la vita quotidiana delle comunità. I loro club locali avevano in genere carattere territoriale, fino alla dimensione del quartiere; ma raccoglievano anche specifici gruppi sociali (imprenditori, operai, agricoltori), etnici (immigrati) e generazionali (giovani). Divennero luoghi di discussione politica formale e informale, di lettura dei giornali, di incontri, giochi, picnic e balli. Contribuirono a instillare nei cittadini delle identità partitiche che si dimostrarono solide e durature nel tempo, trasmesse in famiglia di padre in figlio. Dalla metà dell'Ottocento una larga maggioranza degli americani bianchi sembrava ritenere che la fedeltà di partito fosse un apprezzabile atto di coerenza, da rivendicare pubblicamente. Ciò era facilitato, o imposto, dal fatto che la stessa espressione di voto era un atto pubblico e un evento comunitario. Parecchi stati prevedevano infatti il voto orale a viva voce, che era pratica comune fin dall'età coloniale. Anche dove era obbligatorio il voto scritto, gli elettori non facevano niente per nascondere le loro preferenze, in genere ben note ai vicini e agli attivisti del posto. Scrivevano i nomi dei candidati su un qualunque pezzo di carta, sotto gli occhi di tutti. Oppure usavano le schede prestampate da ciascun partito, che contenevano solo i candidati di quel partito, erano distribuite davanti ai seggi, ed erano diverse fra loro per dimensione o colore e quindi facilmente identificabili. Insomma, se il voto divenne il rito centrale di quella che Abraham Lincoln chiamò più tardi la «religione politica» del paese, i partiti ne divennero i sacerdoti. Nel linguaggio del tempo, essi erano «il sale della nazione».

Per un ventennio i democratici e i Whig dominarono la scena politica. Erano partiti presenti in tutto il paese, e si batterono in competizioni aspre che stimolarono la partecipazione degli elettori. Nel 1840 l'affluenza alle urne salì a nuovi livelli, intorno all'80% degli aventi diritto. I democratici controllarono con rare eccezioni le maggioranze congressuali ma, dopo Jackson, si alternarono con i Whig alla Casa Bianca in una rapida rotazione di presidenti che durarono un solo mandato. I democratici vinsero le elezioni presidenziali nel 1836 (con Martin Van Buren), nel 1844 (con James K. Polk) e nel 1852 (con Franklin Pierce), ma furono sconfitti dai Whig nel 1840 (precisamente da William H. Harrison) e nel 1848 (da Zachary Taylor). Negli anni trenta il predominio dei due partiti principali fu solo scalfito dalla nascita di formazioni politiche minori. Nelle città, in particolare a New York, un Workingman's Party (1829) e più tardi un Egual Rights Party si separarono per qualche tempo dai democratici sfidandoli ad assumere un atteggiamento più radicale contro le *corporations* e in difesa dei diritti dei lavoratori. Nelle campagne del nord, un Anti-Masonic Party conseguì alcuni successi attaccando il potere delle élite, che immaginò esercitato da società segrete e atee come la massoneria; ma dopo il 1836 i suoi seguaci, che erano soprattutto agricoltori poveri e braccianti, e ferventi protestanti, confluirono nella coalizione Whig. Queste formazioni ebbero vita breve, ma la loro presenza segnalò alcune cose importanti. Innanzi tutto, che nel nuovo regime democratico tutti i soggetti attivi, anche quelli più marginali, pensavano che la lotta politica passasse attraverso l'organizzazione di partiti. E in secondo luogo che c'erano valori, interessi e problemi che non erano adeguatamente rappresentati dai due partiti maggiori.

3. *Rivoluzioni nello spazio e nel tempo*

3.1. *Destino manifesto*

Gli americani bianchi erano individui assai mobili. Il movimento verso ovest era quello più drammatico e visibile, e segnò in profondità le vicende, il carattere e la fantasia del paese. Era tuttavia parte di una mobilità geografica convulsa e tutt'altro che unidirezionale. Il ricambio nelle città di vecchio insediamento era rapidissimo. A Boston più della metà degli abitanti censiti nel 1830 era scomparsa dieci anni dopo. Dove costoro fossero andati è difficile dire. Alcuni si trasferirono in città diverse, cercando lavori più soddisfacenti; altri migrarono a ovest, cercando terra e proprietà. Nel contempo, quote importanti di popolazione rurale si inurbarono. Con il contributo degli immigrati europei, le città crebbero tutte e si moltiplicarono di numero. Nel 1800 il paese aveva 3 città con più di 25.000 abitanti; nel 1860 ne contava 35, di cui 9 superavano i 100.000 abitanti. Accanto alle metropoli della costa atlantica come New York (1,2 milioni di abitanti), Filadelfia (mezzo milione di abitanti), Baltimora e Boston, entrarono nella lista delle città più popolose New Orleans e St. Louis e infine le giovanissime Cincinnati e Chicago. Molti agricoltori meridionali si trasferirono nelle campagne settentrionali; in Indiana finirono col costituire metà dei residenti. Le regioni dell'interno del continente esplosero. Vi si formarono gli stati del Michigan (1837), dell'Iowa, del Wisconsin, del Minnesota (1858) e, più a sud, dell'Arkansas (1836); l'Illinois passò da 160.000 abitanti (1830) a 1,7 milioni (1860). Lo stesso accadde sul golfo del Messico; il Mississippi passò da 140.000 abitanti a 800.000. Da qui i pionieri si spinsero oltre, formando nuovi insediamenti e nuovi stati. In Texas (annesso nel 1845) superarono presto il mezzo milione. Più a nord attraversarono le Montagne Rocciose fino all'oceano Pacifico. Nel 1860 erano 400.000 in California (ammessa nell'Unione nel 1850) e 50.000 in Oregon (ammesso nel 1859).

In questa spinta verso ovest gli statunitensi dovettero fare i conti, come sempre, con la resistenza delle nazioni indiane. Ma si scontrarono anche con stati e imperi di tipo europeo. I nuovi territori sui quali avevano messo gli occhi non erano compresi nell'Acquisto della Louisiana; appartenevano al Messico (dal Texas alla California), oppure erano rivendicati anche dalla Gran Bretagna (la regione dell'Oregon). Per conquistarli, gli Stati Uniti fecero guerre, conclusero trattati internazionali, elaborarono una politica di potenza e perfezionarono un'ideologia imperiale. Il Messico era diventato indipendente nel 1821, ed era uno dei frammenti del crollo dell'impero spagnolo nelle Americhe. L'occupazione francese della Spagna durante le guerre napoleoniche (1808-13), e poi la politica di restaurazione del re borbone Ferdinando VII (1814-33), avevano scatenato dei movimenti indipendentisti nelle colonie d'oltreoceano. Fra il 1810 e l'inizio degli anni venti, sotto la guida di dirigenti politico-militari come Simón Bolívar e José de San Martín, vi sorsero nuovi stati in conflitto con la madrepatria. Anche il

Brasile portoghese divenne un regno autonomo. Fin dal 1819 il governo di Washington colse l'occasione per annettere la Florida spagnola e formulare un'audace politica di espansione continentale che guardava oltre i confini del paese. Il segretario di Stato del presidente Monroe, John Quincy Adams, affermò allora che era un'«assurdità fisica, morale e politica» che lontane monarchie europee continuassero ad avere possedimenti vicino a «una nazione grande, potente, intraprendente e in rapida crescita» come gli Stati Uniti. Sostenne inoltre che era «un indiscutibile principio geografico che gli Stati Uniti e il Nord America sono identici», e che le rimanenti colonie spagnole di Cuba e Puerto Rico erano «appendici naturali» del Nord America.

Pochi anni dopo, Adams elaborò la cosiddetta dottrina Monroe. Si trattò di un brillante risultato diplomatico, che consentì agli Stati Uniti, almeno in via teorica, di riempire il vuoto lasciato dall'impero spagnolo e di assumere una posizione preminente nell'emisfero occidentale. Di fronte alla possibilità che le potenze europee della Santa Alleanza aiutassero la Spagna a riprendere il controllo delle colonie ribelli (1822), il governo di Washington riconobbe le repubbliche del Cile, della Colombia, del Messico, del Perú e delle Province Unite del Rio della Plata (che sarebbero diventate l'Argentina). Pensò inoltre a una dichiarazione congiunta con il governo britannico, che già si era espresso pubblicamente in questo senso, contro le interferenze europee nelle questioni d'America. Adams, tuttavia, volle che la dichiarazione fosse unilaterale, tutta statunitense, espressione della raggiunta autorevolezza del paese, e lasciasse in ombra il ben più efficace impegno inglese, che poggiava sulla capacità dissuasiva della flotta di sua maestà. Adams vinse la sua battaglia, e scrisse i passaggi decisivi del messaggio presidenziale di Monroe (dicembre 1823) che fondarono la dottrina che dal presidente prese nome. I principi enunciati erano tre. Gli Stati Uniti si opponevano a ogni futura colonizzazione europea nel continente (contro i russi che stavano scendendo verso sud dall'Alaska); si astenevano dal prender parte nelle guerre d'Europa; infine, e soprattutto, consideravano eventuali interventi della Santa Alleanza contro i nuovi governi repubblicani americani come «la manifestazione di un atteggiamento ostile verso gli Stati Uniti». Gli Stati Uniti erano favorevoli a che la Spagna e questi governi se la vedessero fra loro senza interferenze esterne, sicuri com'erano che «i nostri fratelli del sud» non sarebbero mai stati soggiogati.

La dottrina Monroe diede agli Stati Uniti gli strumenti retorici per prendere le distanze dalle reazionarie monarchie europee, per celebrare la fede repubblicana e, nel contempo, per garantirsi libertà d'azione nei rapporti con i vicini. Dopo il 1840 sentirono gli effetti di questo atteggiamento sia i messicani che gli inglesi. All'inizio del decennio i coloni americani invasero l'estremo nordovest del continente, quella regione dell'Oregon che fino ad allora era stata percorsa solo dai mercanti di pellicce. La scoperta dell'Oregon Trail, una pista di attraversamento delle Montagne Rocciose che si stendeva per 3.200 chilometri dal Missouri al Pacifico, ed era percorribile da carovane di carri, consentì l'arrivo di migliaia di pionieri e la formazione di insediamenti stabili (1842-43). Una variante dell'Oregon Trail aprì la strada per la California messicana, dove le mandrie bovine delle missioni cattoliche e dei grandi *ranchos* commerciali fornirono le pelli per i calzaturifici del New England. Nuovi accordi commerciali con la Cina fecero sognare nuove vie transoceaniche di traffico con l'Oriente. Il porto di San Francisco sembrava adatto allo scopo, e l'Oregon fu invocato come «la via nordamericana per l'India». Questi sogni erano però ostacolati dalla sovranità di altri stati. La questione dell'Oregon era la più ingarbugliata ma fu anche la più semplice da risolvere. Il confine fra Stati Uniti e Canada britannico non era mai stato definito con chiarezza; i negoziati sulle rispettive pretese territoriali si erano trascinati a lungo, e senza frutto. Dopo un ultimo braccio di ferro diplomatico, il governo di Washington riuscì a imporre i suoi desideri in un trattato che fissò definitivamente la linea di confine internazionale sul 49° parallelo (1846). La questione della California era più chiara e più spinosa, perché la regione era parte integrante della repubblica del Messico.

Con il Messico gli Stati Uniti avevano già altre questioni in sospeso. Nel decennio precedente decine di migliaia di immigrati statunitensi si erano stabiliti nel territorio messicano del Texas. Si erano poi ribellati al governo legittimo, avevano proclamato l'indipendenza e chiesto l'annessione a Washington (1836). L'annessione rimase tuttavia in sospeso per parecchi anni, e fu infine riconosciuta nel 1845, sotto l'amministrazione del presidente democratico James Knox Polk (1845-49). Il governo messicano fu piuttosto irritato dalla decisione e Polk, che come molti democratici era un espansionista con grandi piani che andavano ben oltre il Texas, fece di tutto per esasperare questa irritazione. Inviò delle truppe ai confini con il Messico, ordinò alla flotta nell'oceano Pacifico di preparare dei piani per prendere San Francisco, incoraggiò i californiani a ribellarsi. Infine, con il pretesto di alcuni incidenti di confine, dichiarò lo stato di guerra (maggio 1846). Il conflitto durò più di un anno, e fu sanguinosissimo data l'accanita resistenza dell'esercito messicano. Ma alla fine i nordamericani trionfarono. Essi batterono il generale Antonio López de Santa Anna a Buena Vista, si impadronirono della California, espugnarono la città costiera di Vera Cruz e occuparono la capitale Città del Messico. Con il trattato di pace di Guadalupe Hidalgo (1848) ottennero la ratifica delle conquiste fatte. Il confine internazionale fra Texas e Messico venne fissato sul fiume Rio Grande, e tutto il vasto sudovest (corrispondente agli odierni stati di New Mexico, Arizona, Utah, Nevada e California) entrò a far parte del territorio dell'Unione. La contemporanea scoperta dell'oro in California portò al suo istantaneo popolamento da parte di centinaia di migliaia di immigrati e avventurieri. San Francisco, un villaggio di 1.000 abitanti nel 1848, ne contava 35.000 solo due anni dopo.

Il conflitto con il Messico suscitò parecchi malumori. In Congresso i Whig criticarono la politica bellicosa di Polk. Lo scrittore Henry David Thoreau affermò che la guerra era «opera di un gruppo relativamente esiguo di individui che avevano fatto del governo un loro strumento»; per protestare contro di essa rifiutò di pagare le tasse, passò una notte in carcere, e compose il suo celebre pamphlet *Disobbedienza civile* (1849). Il clima generale fu tuttavia di approvazione. Il paese, eccitato dalla stampa e dal partito democratico, fu attraversato da un'ondata di entusiasmo nazionalista. Il giornalista John L. O'Sullivan rese popolare il termine «Destino manifesto» per magnificare la missione imperiale statunitense che, a suo dire, era frutto evidente di un disegno della provvidenza. Ancora una volta, si sostenne che l'espansione continentale era necessaria alla sopravvivenza delle libere istituzioni repubblicane e di una società mobile e democratica; e che d'altra parte essa era il compito inevitabile della razza anglosassone che «ha ricevuto l'ordine divino di soggiogare e riempire di sé la terra». In verità, si cominciò a parlare di razza «celtico-anglosassone» per includere nel consenso espansionista anche i più estranei dei nuovi immigrati, e cioè gli irlandesi. Si confermò la vocazione degli Stati Uniti a rimanere una repubblica bianca, e questa volta a farne le spese furono i messicani, giudicati di poco superiori agli africani ma inferiori agli indiani. Per questo, disse un dirigente texano: «non vedo perché non dovremmo comportarci con loro allo stesso modo [che con gli indiani], e prenderci le loro terre». Paradossalmente, il senatore Calhoun usò lo stesso linguaggio per frenare gli appetiti di chi voleva annettersi porzioni più generose del territorio e della popolazione del Messico, fino allo Yucatan: «Non abbiamo mai sognato – disse – di incorporare nell'Unione altri se non la razza caucasica, la razza bianca libera».

3.2. *I nervi del paese: notizie e velocità*

La conquista dello spazio fu accompagnata dalla conquista del tempo, cioè della velocità di comunicazione. In pochi decenni tutto cambiò, e il contrasto fra il prima e il dopo era drammatico. Le guerre ne erano un esempio evidente. Il conflitto anglo-americano del 1812-14 si svolse sotto il segno dei tempi lunghi del passato. Nel gennaio 1815 tutti in Nord America credevano di essere ancora in guerra. I dirigenti degli Stati Uniti erano in attesa, un'attesa snervante. Gli inglesi stavano marciando su New Orleans, ma le informazioni risalivano a un mese prima: tanto durava il viaggio fra l'estremo sud del paese e Washington. In Europa erano in corso trattative di pace: ma l'Europa distava un mese e mezzo di navigazione a vela. Il 5 febbraio giunse la notizia che il generale Andrew Jackson, l'8 gennaio, era riuscito a difendere New Orleans. Pochi giorni dopo, il 13 febbraio, giunse la notizia che la pace era stata firmata il 24 dicembre, due settimane prima della vittoria di Jackson. La guerra era finita, e nessuno lo sapeva; le centinaia di morti della battaglia di New Orleans non lo seppero mai. Trent'anni dopo, la guerra con il Messico avvenne sotto il segno dei veloci tempi nuovi. Il messaggio di Polk sull'inizio delle ostilità, nel maggio 1846, fu trasmesso per telegrafo ai quotidiani che già facevano uso della recente invenzione. Viaggiando su un *network* di corrieri a cavallo, battelli a vapore, ferrovie e telegrafo, che si estendeva per 3.000 chilometri, le notizie dal lontano fronte arrivavano in pochi giorni nella capitale e nelle grandi città degli Stati Uniti. In queste operazioni, alcuni giornali furono più efficienti dell'apparato militare governativo. Fu il «Baltimore Sun» ad avvertire, per telegrafo, l'ignaro presidente delle ultime, decisive vittorie delle sue forze armate. Polk, in effetti, fu il primo presidente telegrafico. L'annuncio della sua candidatura alla presidenza, nel 1844, fu il primo messaggio commerciale spedito sulla prima linea telegrafica del paese, la Baltimora-Washington, appena completata.

Le straordinarie virtù della stampa e del telegrafo, delle ferrovie e delle altre applicazioni della tecnologia del vapore, accelerarono i tempi della vita politica e imperiale, commerciale e quotidiana. Diedero agli americani una nuova idea dello spazio. Intorno al 1860, grazie ai battelli transatlantici a vapore che stavano sostituendo le navi a vela, il continente nordamericano era a nove giorni di viaggio dall'Inghilterra, molto più vicino all'Europa. Grazie alle ferrovie, che avevano velocità due o tre volte superiori a quella delle carrozze a cavalli, anche l'immenso paese divenne più piccolo e accessibile. Per alcuni si trattava di velocità spaventose, strumenti di Satana per confondere le anime degli uomini; per altri, di segni tangibili di progresso. Per tutti, l'impressione era che le distanze si contraessero. Le nuove macchine, scrisse un periodico, trionfavano «sul tempo e sullo spazio [...] annullando ogni ostacolo sul mare e sulla terra» (1846). Con un salto di immaginazione, anche i nuovi territori nel lontano ovest sembrarono a portata di mano, partecipi della vita collettiva. Negli anni quaranta, mentre i pionieri dell'Oregon Trail impiegavano cinque o sei mesi per raggiungere il Pacifico, il profeta del Destino manifesto O'Sullivan anticipò gli effetti di una futura ferrovia transcontinentale, quando i rappresentanti dell'Oregon e della California avrebbero potuto «convenire a Washington in un tempo inferiore a quello che pochi anni [prima] era necessario ai rappresentanti dell'Ohio per un viaggio di questo genere» (1845). Il telegrafo, aggiunse, avrebbe consentito inoltre ai giornali di laggiù «di comporre la prima metà del discorso inaugurale del presidente, prima che gli echi della seconda metà si [fossero] spenti nell'alto portico del Campidoglio, non appena pronunciati dalle sue labbra».

Affermazioni simili si moltiplicarono dopo il 1844, quando le linee telegrafiche divennero onnipresenti (nel 1852 formavano una rete di 35.000 chilometri). Molte di queste affermazioni echeggiavano le parole usate nel 1838 da Samuel Morse, uno degli inventori del telegrafo, per esaltare la bontà della sua invenzione. Il telegrafo, aveva detto Morse, avrebbe fatto «dell'intero paese un unico quartiere»; tramite i suoi «nervi» avrebbe diffuso la conoscenza degli avvenimenti «con la velocità del pensiero». Il telegrafo fu salutato come un mezzo per tenere insieme la nazione e per rafforzare la democrazia, proprio mentre milioni di persone si muovevano verso ovest. Consentendo la tempestiva trasmissione di discorsi politici, messaggi presidenziali e risultati elettorali, ma anche di sentimenti di affetto e amicizia, avrebbe dato a tutti la consapevolezza di vivere sotto un unico governo rappresentativo e di appartenere a un unico popolo. Per gli uomini d'affari il telegrafo era una manna, anche se all'inizio furono piuttosto cauti non fidandosi della riservatezza del servizio; permise loro di condurre rapide transazioni commerciali e finanziarie in tutto il paese e, con la posa del primo cavo transatlantico (1858), anche nei mercati europei. Qualcuno era scettico. Thoreau commentò acidamente in *Walden; ovvero, vita nei boschi* (1854): «Siamo impazienti di costruire un telegrafo magnetico fra il Maine e il Texas; ma forse Maine e Texas non hanno niente di importante da dirsi». L'innovazione era in effetti radicale. Per la prima volta nella storia si operava una vera separazione fra la comunicazione di informazioni e il trasporto di cose e persone. Fino ad allora le informazioni avevano viaggiato alla velocità del messaggero umano che le portava; ora non era più così. Il telegrafo, scrisse un giornalista (1846), fa sì che «non esista più un altrove; tutto è qui».

Il telegrafo influenzò il modo di operare della stampa. Rese la raccolta di notizie da tutto il paese e, in prospettiva, dal mondo velocissima e accurata, ma anche costosa. Per sopportare meglio i costi alcuni quotidiani metropolitani fondarono la Associated Press (1848), un'agenzia cooperativa che forniva informazioni a tutti i giornali abbonati. L'agenzia estese il servizio anche ai quotidiani di provincia, che divennero così meno provinciali. Si trovò inoltre a servire giornali che erano organi di diverse tendenze politiche; per essere accettabili da tutti, i suoi dispacci, che già erano brevi per ragioni di economia, dovettero acquisire uno stile scarno, privo di giudizi, insomma oggettivo. Il telegrafo e lo stile telegrafico diedero impulso ai cambiamenti in corso nel giornalismo americano, che per tradizione era localista, verboso, elitario e violentemente di parte. Favorirono la crescita di una stampa popolare che si rivolgeva a un pubblico vasto, conteneva meno opinioni e più cronaca e notizie, e le notizie, per essere buone, dovevano essere affidabili ma anche fresche, tempestive, magari in esclusiva. Giornali di questo tipo, di cui l'esempio più illustre fu il «New York Herald» di James Gordon Bennett, nacquero dopo il 1830 e operarono come imprese commerciali competitive. Si proclamavano indipendenti dai partiti, si autofinanziavano con la pubblicità, fornivano un prodotto a basso prezzo (1 penny rispetto ai 6 centesimi usuali) e miravano ad allargare il mercato dei lettori-compratori. E il mercato in effetti si allargò, grazie anche a nuove tecnologie tipografiche come le veloci macchine rotative a vapore, capaci di stampare mille pagine all'ora. Fra il 1830 e il 1860 il numero delle testate quotidiane si moltiplicò (da 65 a 387), e così la tiratura giornaliera complessiva (da 78.000 a 1,5 milioni di copie).

La politica continuò a essere un ingrediente importante del giornalismo, e non solo di quello legato ai partiti, per il quale fare politica era la ragione d'essere. I quotidiani indipendenti inventarono un modo nuovo di parlarne, la libera e imparziale cronaca politica; così facendo, mutarono anche il rapporto fra i rappresentanti del popolo e il loro pubblico. La libertà di stampa era totale nel paese, era un prodotto della rivoluzione e delle garanzie costituzionali del *Bill of Rights*. La censura governativa, comune nelle colonie, era stata abolita, e così la segretezza delle riunioni delle assemblee legislative. Intorno al 1800 in Congresso, nelle camere statali e nei consigli municipali comparvero così i primi reporter di professione, con un compito assai gravoso. I lavori assembleari erano ovviamente orali, e gli interventi erano improvvisati. I legislatori ritenevano ridicolo leggere da un testo preparato in anticipo, anche perché si supponeva che fossero lì per discutere e convincersi a vicenda, non per ripetere convinzioni maturate prima e altrove. I cronisti dovevano invece fornire resoconti scritti e accurati di queste discussioni; erano quindi costretti a dare buona forma a discorsi lunghi e sconclusionati, e magari a sottoporli agli interessati per averne l'approvazione. Negli anni trenta le cose cambiarono. Furono i politici stessi a prendere l'iniziativa e a mettere direttamente per iscritto i loro interventi, spesso con l'aiuto di esperti, e cioè di giornalisti amici. I loro discorsi cominciarono a essere pensati per essere pubblicati *verbatim* su una stampa sempre più influente; erano pronunciati per convincere non i colleghi, bensì i lettori-elettori. Secondo alcuni contemporanei, tutto ciò sviliva l'attività parlamentare, favoriva la demagogia dei politici e il dispotismo dei giornali. Secondo altri, era un'ulteriore conquista della democrazia perché rendeva trasparenti i processi legislativi e di governo.

L'ampia circolazione della parola scritta era connessa alla capacità di leggere e scrivere degli americani che, a metà Ottocento, erano il popolo più alfabetizzato e scolarizzato del mondo. Il 75% dei bianchi era in grado almeno di apporre la propria firma. Il 50% dei giovani d'entrambi i sessi e d'età compresa fra i 5 e 19 anni frequentava una scuola, più del doppio di quanto accadesse in Gran Bretagna e Francia. Dopo il 1830, importanti movimenti di riforma portarono alla riorganizzazione dei sistemi scolastici pubblici che, almeno negli stati del nord, divennero universali e gratuiti, finanziati dalle tasse locali e da fondi statali. Per molti riformatori, un'istruzione elementare generalizzata e controllata dai governi era auspicabile per educare i cittadini alle virtù repubblicane, per superare le divisioni sociali e per sottrarre i figli degli immigrati all'influenza di idee e costumi stranieri. Per tutti, l'istruzione era diventata una necessità, non era più un privilegio delle élite. La prima alfabetizzazione di massa, nel New England rurale di fine Settecento, fu un prodotto della cultura protestante centrata sulla lettura individuale della Bibbia e di un'abbondante letteratura religiosa. La sua rapida diffusione successiva fu invece il prodotto di una società commerciale mobile, veloce e democratizzata. Saper consultare un giornale divenne un requisito necessario per sopravvivere in un mercato competitivo, per tenersi aggiornati sui prezzi (anche nelle campagne), per trovare e mantenere un lavoro in città. Interpretare gli orari ferroviari costrinse a operazioni intellettuali piuttosto complesse, e a leggere il tempo con inesorabile precisione, computando non solo le ore ma anche i minuti. Lettura e scrittura, infine, erano esercizi quotidiani per chiunque volesse sapere di politica, partecipare con tempestività alla vita pubblica, e votare.

4. *La schiavitù in America*

Non tutti gli Stati Uniti erano proprio così, in modo uniforme. Intorno al 1850 era possibile distinguere la formazione di tre aree regionali con specificità piuttosto evidenti. Dovunque l'agricoltura era l'attività principale. E tuttavia il nordest atlantico si caratterizzava sempre più per la presenza di attività manifatturiere, commerciali e finanziarie in un contesto di sviluppo urbano. Nel nordovest delle pianure interne prevaleva l'agricoltura commerciale basata sulle fattorie a conduzione familiare e, nelle nuove città, la produzione industriale di generi alimentari e di macchine agricole. Nel sud era invece l'agricoltura delle grandi piantagioni schiaviste a dominare la scena, affiancata da una miriade di piccole fattorie vicine a un'economia di sussistenza. Queste tre aree costituivano tre mercati distinti; avevano prezzi delle merci e costi del denaro abbastanza diversificati. Avevano inoltre tratti sociali distinti. Se per esempio, come si è appena visto, il tasso di scolarizzazione era del 50% in tutto il paese, esso era elevatissimo nel nordest (arrivava al 76% in New England), era nella media nel nordovest (52%) ed era bassissimo nel sud (30%). La struttura economica meridionale non forniva incentivi all'istruzione dei bianchi, mentre gli schiavi neri erano tenuti analfabeti come strumento di controllo politico; anche la diffusione dei quotidiani era minima. Ciascuna di queste regioni, infine, si autorappresentava in maniera diversa, avendo sviluppato una propria identità culturale che era in tensione con l'identità nazionale. Il regionalismo non era di necessità in conflitto con il nazionalismo, poteva anzi costituirne un supporto. Dopotutto, le regioni si definivano in rapporto alla nazione, e ciascuna di esse era convinta di esprimerne al meglio i valori e la storia.

Nei primi anni della repubblica, erano stati il New England e la Virginia a pensarsi come i poli contrapposti di una storia nazionale comune, che ciascuno dei due voleva a propria immagine e somiglianza. Si erano quindi contesi l'eredità politica della Rivoluzione e anche della precedente esperienza coloniale. In parte, ciò era avvenuto in connessione con il conflitto fra i partiti. I dirigenti del New England, che erano soprattutto federalisti, avevano celebrato il mito dei puritani del Massachusetts come i messaggeri della genuina libertà americana, una libertà di derivazione anglosassone. Avevano raffigurato i virginiani come baroni feudali estranei a questa tradizione, ipocriti schiavisti che si atteggiavano a critici dell'aristocrazia e a paladini della democrazia più radicale. «La Virginia presume di essere la testa» dell'Unione, scrisse uno di loro, «ma noi sappiamo che il New England è il cuore» (1814). I dirigenti della Virginia, che erano soprattutto repubblicani-democratici, avevano proposto se stessi e i loro antenati come i padri dell'indipendenza nazionale e, prima ancora, di tutta l'America inglese; avevano esaltato l'insediamento di Jamestown come prima colonia (nel 1807 ne festeggiarono il bicentenario) e dipinto Boston come la culla del conservatorismo controrivoluzionario e magari filo-monarchico. Poi, mentre New England e Virginia estendevano la loro egemonia simbolica alle due più ampie regioni atlantiche che cominciavano a chiamarsi nord e sud, era emerso un regionalismo occidentale. Anch'esso si presentava come una forma di nazionalismo, anzi come l'interprete più fedele dell'americanismo, fondato com'era sull'espansione, la conquista del continente e le guerre patriottiche contro gli indiani. L'ovest si immaginava come il cuore della vera America, in contrapposizione a una costa orientale ritenuta troppo europeizzante.

4.1. *Il sud e l'Unione*

I confini fra queste regioni immaginarie erano spesso labili. Il cosiddetto ovest, per esempio, includeva sia le grandi pianure del nordovest che le aree della frontiera meridionale. Un confine era tuttavia netto e concreto. Era quello che delimitava la presenza della schiavitù a base razziale e che tagliava in due il continente dal Delaware fino all'estremo occidente del Texas. Fu questo confine che, verso la metà dell'Ottocento, emerse come decisivo e ridefinì sud e nord come le due regioni o sezioni politicamente rilevanti in cui era diviso tutto il paese: il sud schiavista e il nord libero. Il sud aveva con il nord differenze che non riguardavano solo la schiavitù, e che stavano crescendo. Fino al 1850 comprendeva metà degli stati dell'Unione (15 su 30) ma solo un terzo dei suoi 23 milioni di abitanti. L'agricoltura eguagliava quella settentrionale per valore dei prodotti; ma era meno meccanizzata, e impiegava una quota elevatissima della forza lavoro locale, più dell'80% (nel nord scese dal 68% nel 1800 al 40% nel 1860). La produzione manifatturiera era un quarto di quella del nord, e perdeva costantemente terreno (nel 1800 il nord assorbiva il 69% degli investimenti nazionali nel settore, nel 1860 l'84%). La quota di popolazione urbana cresceva a stento (dal 5% nel 1820 al 10% nel 1860), mentre nel nord aumentava a vista d'occhio (dal 10 al 26%). Vi giungevano pochi immigrati dall'Europa (sette su otto si stabilivano nel nord). Anche la rivoluzione dei trasporti lambì appena il sud. Finché le vie d'acqua furono prevalenti, esso mantenne una posizione strategica; era infatti attraversato dal grande asse longitudinale del bacino del fiume Mississippi, che collegava i Grandi Laghi al golfo del Messico. Ma le ferrovie aprirono nuove vie di trasporto nel nord, lungo l'asse est-ovest, e fecero gravitare il cuore del continente non più verso New Orleans bensì verso New York, Boston, Filadelfia. Le strade ferrate unificarono il settentrione tagliando fuori il meridione.

Questi sviluppi non erano frutto del destino, bensì di scelte precise. L'élite meridionale preferì investire nell'agricoltura e negli schiavi, piuttosto che nelle manifatture e nelle infrastrutture. Gli storici si sono chiesti quanto sagge fossero quelle scelte. Si sono cioè chiesti se il sistema schiavista rendesse in termini economici, se fosse un modo di produzione capace di usare con efficienza le risorse disponibili, di autosostenersi e di incrementare la ricchezza; o se non fosse invece una ricetta per la rovina, non solo degli schiavi africani ma anche della società bianca. In termini economici, sembra indubbio che la schiavitù rendesse ai singoli piantatori e al loro ceto. I piantatori non impiegavano forza lavoro libera e salariata; ma per il resto erano imprenditori capitalistici che miravano al profitto. Erano abili gestori delle aziende, ed erano inseriti nell'economia di mercato dalla quale dipendevano le loro fortune. Erano in parte finanziati dal capitale del nord, e quindi attenti alle variazioni dei tassi d'interesse nelle piazze finanziarie settentrionali. Erano attenti alle fluttuazioni dei prezzi in Gran Bretagna e nei mercati internazionali dove esportavano i loro prodotti; proprio per questo, come si è visto, erano antiprotezionisti, favorevoli al libero scambio. Il sistema schiavista ebbe una funzione dinamica e propulsiva nella crescita regionale. Nei vecchi stati lungo la costa atlantica crebbero le coltivazioni di riso, zucchero e tabacco. L'incremento della domanda globale di cotone spinse alla ricerca di nuove terre dentro il continente. Il boom cotoniero (del «re cotone», si disse) investì Alabama e Mississippi negli anni trenta, Louisiana e Texas negli anni cinquanta. Questa marcia verso ovest accompagnò l'espansione generale del paese, e vi contribuì in maniera decisiva.

Per molti versi, dunque, il sud era tutt'altro che un corpo estraneo nell'Unione. Anzi, i piantatori meridionali vi ebbero un ruolo rilevante, persino egemone. Nella prima metà dell'Ottocento espressero la maggioranza dei giudici della Corte suprema ed entrambi i suoi presidenti, John Marshall della Virginia (1801-35) e Roger B. Taney del Maryland (1835-64). Occuparono le cariche più importanti del Congresso federale. Insediarono loro uomini alla Casa Bianca per 50 dei primi 62 anni di vita repubblicana (1789-1850). Dopo la generazione dei Padri fondatori virginiani, furono meridionali e schiavisti il democratico Jackson (1829-37) e poi tutti i presidenti degli anni quaranta, qualunque fosse il loro partito: Harrison (1841) e John Tyler (1841-45), Whig della Virginia; Polk (1845-49), democratico del North Carolina; Taylor (1849-50), Whig virginiano trapiantato in Kentucky. Fu così che il sud plasmò le decisioni di governo, in particolare quelle riguardanti i tempi e i modi della conquista continentale. Elaborati compromessi politici accomodarono l'espansionismo meridionale, e salvaguardarono l'equilibrio numerico fra gli stati schiavisti e gli stati liberi. Il cosiddetto Compromesso del 1820 consentì l'ammissione all'Unione del Missouri schiavista in cambio di quella del Maine libero; stabilì inoltre che i territori dell'Acquisto della Louisiana fossero divisi in due alla latitudine di 36° 30' e che la schiavitù vi fosse consentita a sud e vietata a nord. Gli interessi schiavisti determinarono tutte le vicende texane; la ribellione indipendentista fu innescata dall'abolizione della schiavitù da parte del governo messicano, e dal rifiuto degli immigrati nordamericani di adeguarvisi. Il cosiddetto Compromesso del 1850 consentì l'ammissione del Texas schiavista in cambio di quella della California (che entrò come stato libero alla fine di quell'anno); stabilì inoltre che gli altri territori strappati al Messico (New Mexico, Arizona, Utah) fossero aperti ai coloni sia schiavisti che non schiavisti.

La schiavitù, tuttavia, era un'istituzione non solo economica ma anche politico-sociale. E intorno a essa si formò una società assai diversa da quella settentrionale, dominata da due figure sconosciute altrove. Da una parte c'erano gli schiavi neri, che crebbero da 900.000 (1800) a quasi 4 milioni (1860). Essi costituivano il 90% di tutti gli americani di origine africana; solo un 10% era libero, e per metà risiedeva nel nord. Nel sud i neri erano mediamente un terzo della popolazione. Ma la loro percentuale era assai superiore nel Deep South, il sud più profondo e tropicale, in particolare in South Carolina (dove costituivano il 59% degli abitanti), Mississippi (55%) e Louisiana (49%). La loro presenza era minore in stati marginali come il Kentucky e il Maryland (20%) o il Missouri (10%). All'estremo opposto della scala sociale c'erano i piantatori schiavisti. I proprietari di schiavi erano una quota minoritaria e decrescente della popolazione di origine europea (il 36% nel 1830, il 25% nel 1860), ma controllavano il 90% del reddito agricolo. Il resto dei residenti bianchi era formato soprattutto di piccoli coltivatori indipendenti, spesso impoveriti o affittuari di terre altrui, e di lavoratori senza terra; i professionisti e negozianti urbani erano molto pochi. Anche fra gli schiavisti, quelli importanti davvero erano un numero ridotto; solo la metà di loro possedeva 5 o più schiavi, solo un decimo ne possedeva 20 o più. Questi ultimi appartenevano a una cerchia ristretta e influente di famiglie che, di fatto, esercitava il potere politico nella regione. Furono costoro a occupare stabilmente fra il 50 e l'85% dei seggi nelle assemblee legislative statali. A maggior ragione, furono essi a esprimere i potenti rappresentanti del sud nel Congresso federale, nella Corte suprema e nella politica presidenziale.

La cultura politica meridionale era, in apparenza, simile a quella del nord. Erede delle stesse tradizioni repubblicane e di libertà della Rivoluzione, aveva vissuto gli stessi, più recenti processi di democratizzazione. Gli stati del sud avevano caratteristiche radicali per i tempi. Soprattutto quelli più occidentali prevedevano non solo il suffragio universale maschile ma anche l'elezione diretta di molte cariche, dai governatori ai giudici. La Costituzione del Mississippi era in effetti fra le più democratiche degli Stati Uniti. Il fatto che ciò riguardasse solo i bianchi non era, in sé, particolarmente significativo o scandaloso. Anche i pochi neri residenti altrove nel paese, per quanto liberi, furono gradualmente privati del diritto di voto; nel 1860 solo cinque stati del New England riconoscevano loro la piena cittadinanza politica. La vera differenza stava nella massiccia presenza fisica e nella centralità simbolica dell'istituzione della schiavitù. I modi di funzionamento della democrazia bianca del sud furono dettati dalle relazioni di potere che tale istituzione creava fra i bianchi e i neri, e fra i bianchi al loro interno. Da una parte, la minoranza schiavista affermò la sua superiorità sociale sulla maggioranza bianca non schiavista, e il suo diritto-dovere alla leadership, offrendosi come garante dell'ordine esistente. Dall'altra, la maggioranza bianca non schiavista si inchinò a questa pretesa, in nome della superiorità civile e razziale sugli schiavi che quell'ordine le assicurava. I piantatori riuscirono insomma a compattare dietro di loro l'intera società bianca, malgrado le sue profonde diseguaglianze economiche, e a mantenerne il consenso sul piano elettorale. Riuscirono anche a proporre una visione di questa società che ne esaltava i tratti distintivi rispetto a quella yankee (un termine che cominciarono allora a usare per indicare tutti gli abitanti del nord).

Furono i dirigenti meridionali a sostenere che la schiavitù dei neri era una condizione della libertà dei bianchi, e che andava bene così. Proprio per questo, dissero, il loro sistema era migliore di quello del nord. Era migliore per i bianchi, perché ne salvaguardava la reale eguaglianza; relegando i lavori più degradanti ai neri, impediva la nascita di una società bianca classista come quella settentrionale, dove il proletariato industriale di origine europea era sfruttato e sottomesso, «schiavo del capitale». Era migliore anche per i neri, dissero, perché si prendeva cura di una razza primitiva e indolente, incapace di badare a se stessa; e i padroni meridionali erano più «umani» dei capitalisti del nord. «Da noi, le due grandi divisioni della società non sono i ricchi e i poveri, ma i bianchi e i neri», disse il senatore Calhoun; «e tutti i bianchi, poveri o ricchi che siano, appartengono alle classi superiori, e sono rispettati e trattati da eguali». «Non abbiamo bisogno di avere schiavi bianchi nel sud, perché abbiamo schiavi neri», scrisse in *Sociologia per il Sud* (1854) l'avvocato e giornalista George Fitzhugh, che divenne il più noto difensore dello schiavismo. «I nostri cittadini, come quelli di Roma e Atene, sono una classe privilegiata [...] essi non svolgono i servizi servili che gli uomini bianchi fanno in altri paesi». Intorno a queste idee si formò un'ideologia regionale che combinava democrazia e schiavitù, razzismo e paternalismo. Essa presentava il sud come una civiltà bianca egualitaria e dedita all'autogoverno, ma guidata da un'aristocrazia agraria benevola e cortese, che provvedeva al benessere della sua gente (compresi gli schiavi); come una civiltà armonica e senza conflitti, dominata da uno spirito di responsabilità collettiva, di senso della famiglia e dell'onore, lontana dallo spietato individualismo del mercato.

4.2. *La condizione degli schiavi*

Questa ideologia idillica non riusciva a nascondere sensi di colpa e paure analoghi a quelli espressi anni prima da Thomas Jefferson. Da schiavista praticante, Jefferson definì la schiavitù «questa macchia deplorevole nel nostro paese». Scrisse: «In verità tremo per il mio paese quando penso che Dio è giusto; che la sua giustizia non può dormire per sempre; che considerando solo i numeri e la natura delle cose, un cambiamento della ruota della fortuna, un mutamento della situazione è fra gli eventi possibili; che può diventare probabile per intervento soprannaturale!» (1787). E più tardi: «abbiamo il lupo per le orecchie e non possiamo né tenerlo né con sicurezza lasciarlo andare: la giustizia è da una parte e l'autoconservazione dall'altra» (1820). Come Jefferson, alcuni meridionali pensavano che la schiavitù fosse per loro una tragica trappola, una fonte di ricchezza ma anche una minaccia permanente. La ritenevano non un'«istituzione normale e naturale», come diceva Fitzhugh, bensì un'imbarazzante eredità della storia con la quale dovevano fare i conti, ma della quale non potevano fare a meno. Cercarono di uscire dall'*impasse* liberandosi del problema, ed elaborando progetti mai attuati di emancipazione graduale e di migrazioni forzate degli schiavi liberati fuori dell'Unione, magari in Africa. Ma nel frattempo accettarono leggi durissime di polizia e livelli elevati di violenza per impedire che la «ruota della fortuna» girasse nel verso sbagliato. In effetti, tutti i bianchi nutrivano un oscuro terrore delle masse di neri che, giorno e notte, li circondavano. La loro presenza gettava un'ombra sul loro mondo, ed evocava un incubo in cui, come nel racconto dello scrittore Herman Melville *Benito Cereno* (1855), accadesse improvvisamente di scoprire che quel mondo si era rovesciato e quindi di «vedere nel negro un carnefice e nel bianco una vittima sul ceppo».

I bianchi sapevano poco del mondo dei neri, che restava nebuloso ai loro occhi. La rappresentazione della schiavitù come un'istituzione benigna, e degli schiavi come esseri inferiori, obbedienti, riconoscenti e felici, serviva sia ad assolvere il sistema che ad attenuare le loro inquietudini. Tale rappresentazione, peraltro, ebbe grande fortuna. Dominò l'immaginazione americana bianca fin dentro il Novecento, quando fu resa popolarissima da un romanzo di successo come *Via col vento* (1936) di Margaret Mitchell. Dominò, almeno fino alla Seconda guerra mondiale, anche la storiografia. Solo dopo il 1950 cominciò l'opera di revisione, che svelò una realtà meno rosea. Una nuova generazione di storici documentò che le piantagioni erano organizzazioni per il massimo sfruttamento della forza lavoro. La disciplina era rigida, e implicava crudeli punizioni corporali; cibo e abbigliamento erano ridotti al minimo, sotto ogni livello di decenza. Il lavoro era pesante, dall'alba al tramonto, e il tempo libero inesistente. Il potere dei proprietari ostacolava lo sviluppo di ogni forma di vita familiare, religiosa, comunitaria. Per alcuni studiosi, questo potere era così totale e assoluto da avere effetti catastrofici sulle sue vittime: le danneggiò psicologicamente, cancellò persino il ricordo del loro passato africano (tanto più che, dal 1860, tutti i neri americani erano ormai nati negli Stati Uniti). Fu la schiavitù, con la sua disumanità, a generare quei caratteri «negri» che i bianchi attribuivano alla natura della razza. Gli schiavi, si disse, non erano ma divennero personalità docili e infantili, senza rispetto di sé, incapaci di ribellione, dipendenti. Non erano ma divennero simili alla macchietta folk di Sambo: bugiardo, ladro, pigro, imbroglione, per sempre «ragazzo» (*boy*) ai propri occhi come a quelli del padrone.

Le ricerche storiche più recenti hanno reso questo quadro più ricco e complesso, introducendovi l'umanità e la capacità di resistenza dei neri. Per quanto il sistema fosse duro, in effetti gli schiavi vi si ritagliarono spazi di autonomia; per quanto fosse basato su un'estrema disparità di potere, vi ebbero margini di negoziazione. Malgrado tutto, le loro tradizioni e i legami sentimentali e di sangue non erano cancellabili con facilità. Insomma, gli schiavi non erano vittime passive e disumanizzate, non erano Sambo, bensì soggetti attivi. Avevano a disposizione del tempo libero dal lavoro, la domenica e la notte, dal tramonto all'alba; e lo usarono per coltivare memorie, aspirazioni, speranze e sogni. Lo fecero tramite musiche, canzoni, leggende, danze e celebrazioni festive (o funebri) nelle quali le diverse culture africane e le esperienze americane si intrecciarono e produssero espressioni culturali nuove e originali. Il tempo libero era anche tempo dedicato alla famiglia, che non fu affatto distrutta. Certo, la famiglia era minacciata dalla vendita casuale dei suoi membri (2 milioni di uomini, donne e bambini furono venduti e comprati fra il 1820 e il 1860), dal divieto di contrarre matrimonio, dalla promiscuità dei padroni che abusavano sessualmente delle schiave. Tuttavia i matrimoni di fatto potevano durare a lungo, sopravvivendo spesso alle separazioni forzate. Molti figli crebbero in presenza di entrambi i genitori; e la scelta dei loro nomi, che si ripetevano di generazione in generazione, rivelava una consapevolezza della storia familiare. Insomma, la famiglia continuò a operare come una delle istituzioni centrali della comunità, come luogo di affetti e di trasmissione di identità.

L'altra istituzione centrale continuò a essere la religione. Gli schiavi erano cristiani protestanti, ma l'evangelizzazione sistematica che li rese tali non riuscì a distruggere né la loro autonomia di giudizio né i precedenti sistemi religiosi africani. Le sopravvivenze del Vecchio mondo erano evidenti nei modi di condurre le funzioni ufficiali, nell'uso intenso della musica e del corpo, nell'emozionalità dei rapporti fra i predicatori e i fedeli. Lo erano tanto più nelle manifestazioni più nascoste e clandestine, nelle credenze che gli spiriti dei morti tornassero ad agire nel mondo, che potessero essere chiamati o placati tramite pratiche magiche, che amuleti, medium e stregoni avessero delle qualità e dei poteri speciali. Del cristianesimo gli schiavi fecero uno strumento di consolazione e speranza. Rifiutarono la versione dell'insegnamento biblico che i bianchi cercavano di inculcare loro, e che era assai selettiva in quanto esaltava l'obbedienza e la sottomissione, e ignorava il messaggio della fratellanza fra gli uomini o gli episodi come la fuga di Mosè dalla schiavitù egiziana. Furono invece affascinati proprio da questi messaggi e da questi episodi, quando li conobbero. L'esodo dall'Egitto divenne una potente metafora della loro ansia di libertà; arrivarono a immaginarsi come un popolo eletto simile agli ebrei, la cui liberazione era scritta nel libro del Signore. La religione e la sua forma organizzata, le chiese, offrirono dunque ai neri un luogo nel quale preservare alcune tradizioni e un linguaggio con il quale riflettere sul loro destino personale e collettivo. I leader religiosi che vi si formarono erano gli individui più colti della comunità, e le sue guide spirituali e sociali. Spesso rimanevano ignoti e invisibili ai padroni; o almeno, rimanevano tali finché, alcuni di loro, non divennero ispiratori di proteste e di rivolte.

Gli schiavi non fecero pace con la loro condizione. Continuarono ad attuare le forme di resistenza latente che erano nate con la schiavitù stessa; cercavano di lavorare il meno possibile, rompevano gli attrezzi, talvolta reagivano con violenza alla violenza dei padroni, scappavano e qualche volta si ribellarono. Le fughe erano pericolose, perché implicavano lunghi viaggi verso gli stati del nord oppure verso il Canada, con l'aiuto di parenti e amici. Alcuni fuggitivi divennero militanti antischiavisti famosi in tutto il paese, e attivi organizzatori delle fughe di altri. Fra questi ci furono Frederick Douglass, un predicatore che lasciò il Maryland nel 1838, e Harriet Tubman, che fece lo stesso nel 1849 e divenne nota come il Mosè del suo popolo. Le ribellioni collettive e armate erano ancora più pericolose, e quindi più rare; tutte furono represse nel sangue e i loro capi impiccati. Dopo le insurrezioni guidate da Gabriel Prosser a Richmond, in Virginia (1800), e da Denmark Vesey a Charleston, in South Carolina (1822), entrambe ispirate dalla rivoluzione nera di Haiti di fine Settecento, la più importante fu quella di Nat Turner (agosto 1831). Turner era un popolare predicatore in una piantagione delle campagne virginiane. Figlio di uno schiavo fuggitivo, era stato educato dalla madre a odiare la schiavitù e dal padrone, imprudentemente, ad amare la lettura e a studiare la Bibbia. Mistico e visionario, si convinse di essere stato scelto da Dio per liberare la sua gente. Con pochi compagni, massacrò il padrone e la sua famiglia; altri si unirono a lui e più di 50 bianchi, colti di sorpresa o nel sonno, fecero la stessa fine. Nell'arco di due o tre giorni i rivoltosi furono dispersi dalla milizia bianca, circa 200 vennero uccisi, parecchi linciati. Turner e una quindicina di seguaci furono processati e giustiziati.

La rivolta di Turner eccitò i timori razziali dei bianchi, che irrigidirono i controlli polizieschi sugli schiavi e, in Virginia, vietarono loro di imparare a leggere e scrivere. Molti sospettarono che l'episodio fosse parte di una più ampia cospirazione antimeridionale che aveva origine altrove. Si sbagliavano in questo loro sospetto, ma reagivano al fatto che proprio allora, fra alcuni bianchi settentrionali, stava emergendo la richiesta dell'abolizione immediata della schiavitù. Questo era il programma del periodico «The Liberator», fondato a Boston dal giornalista William Lloyd Garrison (gennaio 1831), e poi della American Anti-Slavery Society, nata a Filadelfia sul modello di analoghe associazioni inglesi ed europee (1833). Fino ad allora, nel nord, una simile richiesta era stata sostenuta solo dagli abolizionisti neri, assai attivi ma marginali. I bianchi erano, nella sostanza, indifferenti. Qualcuno aveva collaborato con i promotori della American Colonization Society (1816), che volevano rimandare gli africani in Africa e preparavano il terreno per fondarvi la repubblica indipendente della Liberia (che avvenne nel 1847). Ma questo era tutto. Negli anni trenta e quaranta le cose cambiarono. Si sviluppò un movimento abolizionista minoritario ma animato da forti motivazioni etiche, da ideali di eguaglianza e da un senso di missione. Il movimento includeva molte donne, ed era interrazziale: vi convivevano bianchi e neri, e fra i neri spiccavano Douglass, Tubman e un'attivista analfabeta e carismatica come Sojourner Truth. Il movimento era radicale: «nessuna unione con gli schiavisti», diceva Garrison, che bruciò una copia della Costituzione definendola «un patto con il diavolo». Era militante: organizzò una rete clandestina di simpatizzanti per proteggere gli schiavi in fuga, la cosiddetta Underground Railroad, Ferrovia sotterranea. E naturalmente, era «nordista».

5. *Le crisi degli anni cinquanta*

Di fronte all'agitazione abolizionista, il sud si chiuse a salvaguardia della sua cosiddetta «istituzione peculiare», cioè la schiavitù dei neri, e del sistema sociale che vi gravitava intorno. Per fare questo, lentamente mise in discussione i diritti e le libertà dei bianchi, i principi fondamentali dei suoi ordinamenti, e i legami culturali e politici con il nord. Gli antischiavisti, almeno all'inizio, non erano amati neanche dai settentrionali; uno di loro, in Illinois, fu linciato da una folla inferocita, e altri ci andarono vicino. Ma i meridionali li videro come il simbolo dell'aggressività di tutto il nord, e reagirono di conseguenza. In parecchi stati del sud negarono a Garrison e ai suoi seguaci i diritti di movimento, di parola, di stampa e di riunione; intercettarono e sequestrarono le loro pubblicazioni spedite per posta; misero a tacere gli emancipazionisti autoctoni. In Congresso imposero il divieto di discutere qualunque mozione o petizione che avesse a che fare con la limitazione o l'abolizione della schiavitù; la *gag rule* o clausola del bavaglio fu l'espediente parlamentare con cui ottennero lo scopo, di fatto imbavagliando il governo nazionale. Trovarono giustificazioni della schiavitù nella Bibbia; e provocarono scissioni nelle principali denominazioni religiose e la nascita di chiese meridionali filo-schiaviste come la Methodist Episcopal Church South (1844) e la Southern Baptist Convention (1845). Fecero approvare un *Fugitive Slave Act* federale (1850) che consentiva ai padroni di inseguire gli schiavi fuggiaschi nei territori liberi e di riprenderseli senza processo, violando ogni norma di garanzia. Accentuarono la difesa dei diritti degli stati contro le intromissioni federali. Esasperarono infine l'apologia ideologica della loro civiltà regionale, fondendo l'esaltazione della società schiavista con quella dell'omogeneità etnica e religiosa della popolazione bianca. Soprattutto dopo il 1850, alcuni fecero qualcosa di più. Svilupparono una sorta di nazionalismo meridionale che sottolineava non solo la differenza ma anche l'antagonismo con il settentrione. E si cominciò a parlare di secessione.

Dopo il 1850, l'agitazione antischiavista cambiò anche il nord. La straordinaria fortuna del romanzo *La capanna dello zio Tom* segnalò l'esistenza di un'opinione pubblica bianca meno distratta e più sensibile, e contribuì a farla crescere. Harriet Beecher Stowe proveniva dagli ambienti ecclesiastici protestanti del New England che, a differenza di quelli meridionali, avevano elaborato la loro religiosità in senso ferventemente abolizionista, e giudicavano la schiavitù un peccato di fronte a Dio. La scrittrice usò queste suggestioni con abilità, passione, e molto sentimentalismo per comporre un atto d'accusa contro le crudeltà dello schiavismo. *La capanna dello zio Tom* vendette 300.000 copie nel primo anno, 2 milioni in dieci anni, e fece piangere, indignare e riflettere mezza America. Nel frattempo, le vicende di due nuovi partiti segnalarono che la questione era entrata nell'arena elettorale, e che stava diventando così centrale nella vita pubblica da eclissare altre ragioni di conflitto. Nel 1848 nacque il Free

Soil Party, fondato da dissidenti democratici e Whig che si battevano perché i territori occidentali restassero suolo libero, cioè sottratto alla schiavitù. I Free Soiler conseguirono buoni risultati alle elezioni di quell'anno (il 10% dei voti popolari per il candidato presidenziale, il vecchio Van Buren), e rimasero attivi negli anni successivi. Quasi in contemporanea nacque l'American Party, una formazione xenofoba che, grazie alla propaganda contro gli immigrati e i cattolici, ebbe una rapida ascesa nei primi anni cinquanta (elesse sette governatori e una cinquantina di membri del Congresso). Ma l'American Party puntò tutto sulla frattura fra gli americani e gli stranieri, e rifiutò di prendere posizione netta sulla schiavitù; per questo fu abbandonato dal suo elettorato antischiavista e, almeno nel settentrione, si dissolse.

La tensione investì in pieno il governo del sistema federale. Il sud temeva che saltassero i vecchi equilibri regionali, e che l'autorità centrale cadesse sotto il controllo di un nord ostile. Dopo l'ingresso della California (1850) gli stati liberi erano maggioritari nell'Unione, 16 contro 15, e tanto più lo sarebbero diventati se l'occupazione del continente fosse continuata con quelle modalità. I meridionali agirono con affanno e disperazione, prima che fosse troppo tardi. In Congresso fecero approvare il *Kansas-Nebraska Act* (1854). La legge abrogò il divieto del 1820 di introdurre la schiavitù nei territori dell'Acquisto della Louisiana a nord della latitudine di 36° 30', e stabilì che fossero i residenti stessi a decidere in autonomia se consentirla o meno. Il territorio del Kansas fu così aperto ai coloni sia schiavisti che non schiavisti; costoro, per decidere chi dovesse prevalere, si scontrarono in una guerra di guerriglia che insanguinò le praterie (1855-56). I meridionali fecero inoltre affidamento sulla Corte suprema, dominata da giudici a loro favorevoli e presieduta da un loro uomo, il giudice Roger B. Taney. E Taney non li deluse. In una sentenza clamorosa (il caso *Dred Scott v. Sandford*, 1857), la Corte dichiarò che gli schiavi non erano cittadini; che non erano parte del popolo sovrano; che la formula della Dichiarazione d'indipendenza sull'eguaglianza di tutti gli uomini non li riguardava; che la schiavitù era una forma di proprietà, e che la proprietà era protetta dalla Costituzione; che uno schiavo restava tale anche se soggiornava in un territorio libero; e che, comunque, il Congresso non poteva vietare la schiavitù nei territori. Nel sud si cantò vittoria. «L'opinione meridionale sulla schiavitù meridionale», si scrisse, «è ora la legge suprema del paese». I settentrionali, compresi due membri della Corte rimasti in minoranza, gridarono all'oltraggio.

La tensione investì infine i grandi partiti. Produsse scissioni, la fine delle consolidate fedeltà di elettori ed eletti, e la crisi del bipartitismo nato un quarto di secolo prima. Di questa crisi il *Kansas-Nebraska Act* del 1854 fu il catalizzatore, perché fu votato secondo criteri di appartenenza regionale e non partitica. I Whig ne furono travolti; la loro ala meridionale appoggiò la legge, quella settentrionale era contraria e lasciò il partito, che cessò di esistere. I democratici ne risentirono meno, nell'immediato; molti esponenti ed elettori del nord si opposero alla legge e li abbandonarono, ma il partito mantenne una precaria unità e, per tutto il decennio, conservò di fatto il controllo del Congresso. Gli ex Whig e gli ex democratici settentrionali si unirono ai Free Soiler, agli abolizionisti e ad altri che avversavano la schiavitù in sé o, con più convinzione, la sua estensione ai territori occidentali, e formarono il nuovo partito repubblicano (1854-56). Nelle elezioni presidenziali del 1856 si delineò così uno scenario inedito. Nel 1852 il democratico Franklin Pierce aveva vinto contro un candidato Whig, con il 51% dei voti popolari e maggioranze in tutto il paese. Ora, nel 1856, vinse ancora un democratico, James Buchanan, ma con una minoranza dei voti popolari (45%) e contro due avversari che portavano nuove etichette, il repubblicano John C. Fremont (33% dei voti) e Millard Fillmore (22%), che era sostenuto dalle fazioni meridionali dei Whig e dell'American Party. Anche la distribuzione geografica dei voti era inedita. Tutti i suffragi repubblicani erano concentrati nel nord; in 11 stati settentrionali, in effetti, Fremont batté Buchanan. Quasi tutti i suffragi di Fillmore erano nel sud, dove l'alleanza Whig-American costituiva l'unica opposizione ai democratici. Non esisteva più un omogeneo sistema bipartitico federale. Ce n'erano due, ben distinti: uno a nord e uno a sud.

Dopo il 1856, i repubblicani crebbero rapidamente per vari motivi. Essi mobilitarono l'elettorato settentrionale usando simboli efficaci, che eccitavano l'odio antimeridionale. Sbandierarono il «Kansas insanguinato» e la scandalosa sentenza sul caso *Dred Scott*. Sfruttarono a proprio vantaggio la violenta batosta subita in Congresso da Charles Sumner, senatore abolizionista del Massachusetts, da parte di un rappresentante del sud. Denunciarono il meridione come una società arretrata e brutale, centro di un sinistro «potere schiavista» che intendeva schiavizzare l'intero paese. Fecero appello agli interessi dei gruppi sociali del nord che miravano allo sfruttamento economico dell'ovest conteso agli schiavisti. Promisero ai ceti popolari la distribuzione gratuita delle terre demaniali a chiunque le coltivasse; riproposero la politica Whig degli aiuti governativi alla costruzione di strade, canali, porti e di una ferrovia transcontinentale; ancora come i Whig, promisero alte tariffe doganali agli imprenditori e ai lavoratori delle manifatture. Infine, elaborarono un'ideologia che riprendeva temi come l'eguaglianza, l'indipendenza individuale e l'opportunità per ciascuno di sviluppare i propri talenti con il lavoro. Scelsero un nome che rinviava sia ai repubblicani jeffersoniani di inizio secolo, sia ai repubblicani nazionali e quindi ai Whig di Clay e Webster. E adottarono lo slogan dei Free Soiler, «Suolo libero, lavoro libero, uomini liberi». Le ragioni del successo dei repubblicani stavano nel loro essere un partito regionale, che faceva appello a passioni, interessi e ideali regionali. Questo era anche il loro limite più vistoso. Quando nel 1860 il partito nominò candidato alla presidenza un avvocato e politico dell'Illinois, Abraham Lincoln, furono in molti a pronosticare sia la sua vittoria, sia i guai che ne sarebbero derivati.

Nel 1860 si scissero anche i democratici. Il partito candidò a presidente Stephen A. Douglas, il senatore settentrionale (dell'Illinois) che aveva promosso il *Kansas-Nebraska Act*. L'ala meridionale si staccò e nominò un candidato diverso, John C. Breckinridge del Kentucky. I democratici settentrionali di Douglas avevano cercato di moderare le loro posizioni filoschiaviste, in modo da sopravvivere nel nord. Erano convinti che la loro sopravvivenza costituisse una garanzia anche per il sud, dato che il loro partito era quello che, storicamente, ne aveva rappresentato gli interessi a livello federale. Finché i democratici fossero stati forti, il meridione avrebbe avuto voce in capitolo a Washington. Ma ormai il nervosismo e la faziosità erano tali che i democratici meridionali parlavano di Douglas come di un traditore, e arrivarono alla rottura. Cessò così di esistere anche l'ultimo partito nazionale. Il suo elettorato si divise, e ciò produsse risultati clamorosi. Il doppio sistema bipartitico su base regionale si perfezionò. Nel nord lo scontro avvenne fra il repubblicano Lincoln e il democratico Douglas, nel sud fra il democratico Breckinridge e John Bell, il candidato di un Constitutional Union Party, che era erede dei Whig moderati del sud e predicava la conciliazione. Nel complesso, Lincoln prevalse. Con appena il 40% dei voti popolari, riuscì a battere i due democratici Douglas (29%) e Breckinridge (18%) che insieme avevano più voti di lui. Bell ottenne il 13%. Di nuovo, come nel 1856, fu eletto un presidente di minoranza; ma questa volta la situazione era più delicata, perché il vincitore rappresentava solo una parte del paese. Lincoln vinse in tutti gli stati liberi tranne il New Jersey; negli stati schiavisti del Deep South non prese un solo voto. Per giunta, i repubblicani conquistarono salde maggioranze alla Camera e al Senato ed elessero una schiera di governatori negli stati del nord.

Agli occhi dei meridionali, si concretizzavano i peggiori timori di un anno per loro orribile. Dal loro punto di vista, il 1860 era iniziato sotto il segno dell'aggressione dell'abolizionista John Brown, un veterano della guerriglia in Kansas che, con un pugno di compagni fra i quali cinque neri, era entrato in Virginia e aveva occupato l'arsenale militare di Harper's Ferry (ottobre 1859). Brown disse che voleva liberare gli schiavi con le armi «per ordine di Dio Onnipotente». Fu catturato, processato e impiccato dalle autorità virginiane (2 dicembre 1859); ma entrò nella leggenda. Nel nord fu salutato come martire della libertà, e cantato in un famosissimo inno, *John Brown's Body*. Un anno dopo questi eventi, le elezioni presidenziali sembrarono consegnare il governo a un intero partito di abolizionisti (novembre 1860). Molti meridionali si decisero al passo estremo, più volte evocato in precedenza ma mai attuato: la secessione. La South Carolina lo fece per prima (dicembre 1860), seguita da Mississippi, Florida, Alabama, Georgia, Louisiana, Texas. I sette stati formarono gli Stati Confederati d'America e si proclamarono un'entità politica indipendente (febbraio 1861). Il presidente uscente Buchanan dichiarò che la crisi non sarebbe stata affrontata con la forza, e anche Lincoln lo ripeté. Ma le cose andarono diversamente e gli americani precipitarono in un bagno di sangue che sorprese loro stessi e il mondo. Nel 1850, nella prefazione a una nuova edizione francese della *Democrazia in*

America, Tocqueville aveva celebrato il fatto che, mentre tutta l'Europa era stata sconvolta dalle guerre e dalle rivoluzioni del 1848, gli Stati Uniti erano rimasti in pace. Purtroppo non era più così, commentò il curatore dell'edizione newyorkese del 1862. Ora, scrisse, il paese era nel mezzo di una «gigantesca ribellione» e veniva fatto di esclamare con Dante (in italiano nel testo): «Nessun maggior dolore / che ricordarsi del tempo felice / nella miseria».

Capitolo quinto

Nascita di una nazione (1860-1877)

1. *Una casa divisa*

Il collasso degli Stati Uniti nel 1860-61 generò il più terribile conflitto militare della loro storia e uno dei più sanguinosi nel mondo atlantico dell'Ottocento. Certamente non fu l'unico del suo genere, nell'età della formazione degli stati nazionali. Il tentativo del sud di separarsi e creare gli Stati Confederati d'America aveva motivazioni analoghe a quelle dei movimenti europei che portarono allo smembramento dell'impero austro-ungarico, e alla nascita di nuovi stati-nazione come l'Italia e la Germania. La Confederazione volle costituirsi in nazione indipendente, e ne aveva tutte le caratteristiche secondo gli standard del tempo. Il suo sistema economico-sociale era omogeneo, e piuttosto omogenee erano le provenienze etniche (inglesi e scoto-irlandesi), le tradizioni politiche, la lingua e la religione (protestante) della sua popolazione bianca. Anche il nord, che continuò a chiamarsi Stati Uniti d'America, fece appello a una nazionalità comune che tuttavia includeva il sud; e sviluppò un nuovo aggressivo nazionalismo per ricomporre con la forza l'Unione smembrata e per rafforzarne il governo. Le sue scelte furono simili a quelle degli stati nazionali europei che cercarono di imporre un'autorità centrale uniforme contro i localismi e le tentazioni separatiste. Questioni di definizione del territorio nazionale, di centralizzazione dell'autorità e di federalismo provocarono gravissime tensioni anche nel resto del continente americano. Negli stessi anni in cui «nordisti» e «sudisti» si battevano in Nord America, c'erano guerre in Messico, Venezuela, Colombia, nonché fra il Paraguay e gli stati confinanti, la triplice alleanza di Argentina, Brasile e Uruguay. Non furono né le prime né le ultime nei paesi di lingua spagnola e portoghese, e si trattava spesso di feroci guerre intestine, guerre di guerriglia, per bande, altrettanto sanguinose di quella nordamericana. (Il Paraguay perse gran parte della sua popolazione maschile.) Come in Europa e in tutte le Americhe, anche negli Stati Uniti la costruzione della nazione non fu indolore, ma passò attraverso violente distruzioni.

La Guerra civile nordamericana non fu, per molti versi, una guerra civile. Fu combattuta fra due entità politico-territoriali distinte, gli Stati Confederati d'America e gli Stati Uniti d'America, separate da precisi confini, con governi regolarmente eletti, con eserciti regolari che portavano uniformi e bandiere riconoscibili e riconosciute, e che si affrontavano in lunghe battaglie campali o in veloci incursioni mirate. Gli scontri fra cittadini armati o fra bande irregolari, tipici delle vere guerre civili, ci furono ma ebbero un carattere marginale; e avvennero in aree specifiche del paese, laddove il controllo politico e militare del territorio era incerto e contestato fra le due parti, soprattutto nelle zone di frontiera oltre il fiume Mississippi, in Kansas, Missouri, Arkansas. Furono piuttosto limitate le atrocità indiscriminate contro i civili, tipiche di altre guerre fratricide o, per ciò che riguarda la storia americana, delle guerre indiane. La violenza fu esercitata seguendo più o meno le norme consuetudinarie della guerra fra stati. Tra l'altro, proprio allora il governo degli Stati Uniti, cioè del nord, incorporò queste norme consuetudinarie in un manuale di istruzioni per le sue truppe, il cosiddetto *Lieber Code* (1863), dal nome del giurista tedesco-americano Francis Lieber che lo compilò. Il codice riguardava il trattamento umanitario dei prigionieri di guerra e della popolazione civile, l'applicazione della legge marziale nei territori occupati, il divieto delle armi chimiche e della tortura, le misure (draconiane) da prendere contro spie, sabotatori, cecchini, guerriglieri e ribelli senza divisa. Non sempre fu rispettato nella lettera e nello spirito, e comunque impegnava formalmente solo una delle due parti in causa, e cioè le forze unioniste. Tuttavia il *Lieber Code* è considerato il primo sistematico documento scritto in materia, un precursore del diritto internazionale umanitario e del diritto bellico elaborato nei decenni successivi nelle conferenze internazionali di Bruxelles, dell'Aia, e infine di Ginevra.

Nel momento in cui scoppiò, il conflitto era una guerra civile solo per i dirigenti del nord. Essi erano giunti alla conclusione che gli Stati Uniti costituissero non solo un'unione permanente ma anche un'unione organica nazionale, che il territorio fosse indivisibile, che i residenti appartenessero alla stessa comunità politica e che la secessione fosse costituzionalmente impossibile. Ritennero quindi che i cittadini e gli stati meridionali fossero in rivolta contro il governo legittimo. Per questo parlarono anche di «guerra di ribellione» o di «guerra per l'Unione». Coloro che nel sud pensavano che gli stati mantenessero la loro sovranità originaria, che avessero il diritto di secedere dal patto costituzionale e che non formassero affatto una nazione, parlarono invece di «guerra fra gli stati». Parlarono di «guerra per l'indipendenza meridionale» coloro che ritenevano che tutto il sud formasse una compagine nazionale distinta e tenuta prigioniera nel corpo degli Stati Uniti. La controversia sul nome e quindi sulle interpretazioni della guerra fu parte della propaganda bellica e poi della retorica postbellica per plasmarne la memoria. La controversia è continuata anche fra gli storici, con una sostanziale vittoria lessicale, nel linguaggio corrente e nei libri di storia, dei vincitori di allora. Per cui Guerra civile è oggi la definizione abitualmente adottata. A essa altre definizioni si sono aggiunte, sottolineando soprattutto le dimensioni sociali del conflitto e dei suoi effetti. Per alcuni storici si trattò di una «Seconda rivoluzione americana» con la quale i capitalisti settentrionali, alleati con gli agricoltori indipendenti e i lavoratori, distrussero il potere della grande proprietà terriera meridionale e l'organizzazione politico-sociale a essa associata; in questo senso, fu l'«ultima rivoluzione capitalistica» nel mondo occidentale. E fu una «guerra sociale» che consentì il passaggio al nord dell'egemonia politica nel paese e, almeno nelle intenzioni, l'estensione a tutti i suoi residenti dei principi civili e politici della rivoluzione liberale e democratica.

Queste definizioni e interpretazioni lasciano in ombra quello che fu il tema centrale della guerra, e cioè la schiavitù. Solo nella tradizione degli americani di origine africana le definizioni di «guerra per abolire la schiavitù» o di «guerra per l'emancipazione» sono rimaste presenti, e si capisce bene il perché. A metà dell'Ottocento la questione dell'emancipazione riguardava tutto il mondo transatlantico, sia le Americhe sia le potenze europee che ancora vi erano insediate. Il lavoro servile a base razziale era scomparso nelle aree in cui aveva scarsa importanza economica, e cioè nel nord degli Stati Uniti e poi nei nuovi stati ex spagnoli, che in genere provvidero all'abolizione subito dopo l'indipendenza. Nell'America delle piantagioni, che abbracciava le regioni tropicali e subtropicali comprese fra la Virginia a nord e il Brasile (ex portoghese) a sud, il Texas a ovest e le isole caraibiche fino alle Barbados a est, la faccenda era diversa. Qui l'economia schiavista era stata per secoli l'elemento caratterizzante delle economie locali, basate su monocolture di prodotti da esportazione (zucchero, caffè, riso, tabacco, cotone), ed era viva e vegeta. Stava tuttavia perdendo la sua centralità rispetto all'espansionismo economico europeo; stava trasformandosi da centro dinamico a periferia stagnante. Nell'arco di mezzo secolo la schiavitù fu abolita ovunque. Cominciò il governo inglese nelle sue colonie delle Indie occidentali (1834), seguirono i francesi e i danesi (1848), gli olandesi (1863), e conclusero infine gli spagnoli a Cuba (1886) e i brasiliani (1888). L'abolizione nel sud degli Stati Uniti fu parte di questo processo. In nessun altro luogo, tuttavia, essa assunse aspetti tanto drammatici. Negli Stati Uniti l'abolizione fu la causa e il prodotto di una guerra prolungata in cui una società schiavista combatté disperatamente per la propria sopravvivenza.

La specificità del caso statunitense dipese da vari fattori. Innanzi tutto dal numero stesso degli schiavi, che era enorme. Dei 6 milioni di schiavi affrancati in tutte le Americhe nel periodo 1834-88, quasi 4 milioni vivevano negli Stati Uniti; a paragone, erano solo 800.000 nelle colonie britanniche, 300.000 in Brasile, 30.000 a Cuba. I numeri ridotti di questi paesi rispecchiavano una seconda differenza. In essi l'abolizione della schiavitù era giunta a conclusione di un processo di emancipazione graduale accompagnata da forme di compensazione per gli ex proprietari. In Brasile nel 1888 c'era mezzo milione di schiavi (il 3% della popolazione) contro i 2,5 milioni (il 30% della popolazione) del 1850. Negli Stati Uniti non ci fu emancipazione graduale, e l'abolizione si presentò come un evento concentrato nel tempo e traumatico. In terzo luogo, i bianchi statunitensi del sud non vivevano in società coloniali, a differenza degli europei delle Indie occidentali. Non erano come loro una minoranza esigua rispetto agli schiavi, bensì una maggioranza socialmente e politicamente complessa e articolata. Non erano, come loro, dei sudditi costretti a subire l'imposizione dell'abolizione da parte di lontani governi imperiali; erano piuttosto orgogliosi cittadini di una democrazia radicale, con strumenti consolidati di autogoverno e persino, secondo alcuni, di sovranità statale. Resistettero dunque alle pressioni abolizioniste che venivano dall'esterno, e ripudiarono il loro stesso governo. Infine, negli Stati Uniti la schiavitù era confinata a una specifica regione geografica, e li divideva in due. La controversia sull'abolizione diventò quindi un conflitto sul destino del paese, sul fatto se costituisse o meno un'unica nazione, e su che cosa volesse dire «nazione».

Se altrove nelle Americhe la fine della schiavitù poté sembrare la liquidazione di un investimento economico, negli Stati Uniti riguardò la vita e la morte di un'intera società. Quanto la società schiavista meridionale fosse davvero incompatibile con quella settentrionale, fino al punto di condurre a una guerra, è impossibile dire. È indubbio che, da un certo momento in poi, cominciò a essere considerata tale da parecchi americani. Benché il sud e il nord non costituissero due «civiltà», ma piuttosto due varianti di una stessa esperienza storica, le loro differenze si erano fatte evidenti nel tempo. In effetti, della comune origine settecentesca era il sud a mantenere molti tratti, che fra l'altro lo rendevano simile alla maggioranza delle formazioni sociali europee ed extraeuropee. Come queste, il sud era rurale, localista, gerarchico, patriarcale, statico, conservatore, dominato dal lavoro non-libero e da élite che ostentavano spirito aristocratico. Era il nord che non era più lo stesso. Aveva sviluppato al proprio interno una cultura individualista, egualitaria, competitiva, industriale, urbana e nazionale; i suoi campioni erano audaci capitalisti e liberi lavoratori. Era il nord a costituire, insieme all'Inghilterra e a poche altre aree nell'Europa centro-settentrionale, un'isola di rapido cambiamento nel mondo. In questo contesto, i dirigenti meridionali considerarono i loro interessi, ideali e valori non solo distinti ma minacciati dal dinamismo aggressivo del nord, che apparve loro come una forza rivoluzionaria, eversiva dell'eredità dei Padri fondatori. Per costoro, la sottomissione all'egemonia settentrionale voleva dire, insieme alla fine della schiavitù, il suicidio politico e morale della loro classe e della loro società. Un suicidio che, quando si arrivò al dunque, cercarono in ogni modo di evitare.

Intorno al 1860 l'idea di due società divergenti e antagoniste era sostenuta da politici e giornalisti. «Sulla questione della schiavitù, il nord e il sud sono non solo due popoli, ma due popoli rivali e ostili», scrisse un meridionale. E un altro: «In questo paese sono sorti due popoli che, benché facciano appello a un'origine comune, sono stati così interamente separati dal clima, dalla morale, dalla religione, e da valutazioni totalmente opposte su ciò che costituisce onore, verità e virilità, che essi non possono più coesistere sotto lo stesso governo». Questo linguaggio implicava desideri di separazione: che ciascun popolo andasse per proprio conto. Il linguaggio dei settentrionali, soprattutto se vicini al radicalismo repubblicano, aveva altre implicazioni, suggeriva piuttosto una preoccupazione per la divisione e, in prospettiva, l'eliminazione della diversità: che i due popoli diventassero uno solo. Nel 1858 il senatore newyorkese William H. Seward parlò di un «conflitto irreprimibile» fra due sistemi sociali opposti e in rotta di collisione, un conflitto destinato a concludersi con il trionfo dell'uno o dell'altro sistema nell'intero paese. «Una casa divisa al suo interno non può reggersi», disse Abraham Lincoln nello stesso anno, citando un passo evangelico. «Credo che questo governo non possa durare permanentemente mezzo *schiavo* e mezzo *libero*. Non mi aspetto che l'Unione si *sciolga*; non mi aspetto che la casa *crolli*; ma mi aspetto che cessi di essere divisa. Diventerà *tutta* una cosa o *tutta* un'altra». Il tono era allarmistico. Spaventava il sud che temeva di essere assorbito dal nord, terrorizzava il nord che temeva di diventare come il sud, di ritrovarsi con la schiavitù nelle campagne del Massachusetts (come suggerì sinistramente Seward).

«Casa divisa» e «conflitto irreprimibile» divennero due parole d'ordine di successo. E tuttavia, qualunque fossero le ragioni economiche, sociali e culturali della divisione, non era detto che comportassero uno scontro inevitabile, né tanto meno armato. Differenze e antagonismi erano componenti di lungo periodo della storia del paese, e fino ad allora erano stati ricomposti. La crisi precipitò per ragioni politiche e, infine, per una serie di scelte politiche. Come si è visto, il mutamento degli equilibri regionali di potere nel sistema federale (l'ascesa degli stati liberi del nord, la stasi di quelli schiavisti del sud) giocò un ruolo importante nel medio periodo, dopo il 1850. Il crollo del sistema partitico provocò la fine di partiti con apparati ed elettorati nazionali, capaci di ricomporre gli equilibri al loro interno. In questo contesto, la possibilità di una vittoria presidenziale repubblicana portò in primo piano un'altra questione. Finché le crisi fra nord e sud avvenivano in Congresso, potevano essere gestite con dei compromessi legislativi elaborati da «cinici» politici di professione (così era spesso accaduto). Quando la crisi si trasferì nella politica presidenziale, tutto fu più difficile. L'elezione di un presidente implicava scelte drastiche degli elettori, fra uomini e opzioni contrapposte; i risultati erano netti, non suscettibili di compromessi. La vittoria di Lincoln fu vissuta da tutti come il trionfo di una parte e la rovina di un'altra. Per giunta, nel breve periodo dell'estate-autunno 1860, una campagna elettorale dagli esiti previsti, attesi e temuti, combattuta in un clima emergenziale, accese ulteriormente gli animi dei cittadini e radicalizzò l'opinione pubblica sia settentrionale che meridionale. Molti meridionali scelsero la secessione. Perché si arrivasse al punto di non ritorno, perché la secessione sfociasse in guerra, ci vollero altre decisioni, prese nel brevissimo periodo, nei giorni della primavera del 1861.

2. *Guerra*

All'inizio la separazione ebbe successo. Nel marzo 1861 gli Stati Confederati d'America, con capitale Montgomery, in Alabama, adottarono una Costituzione che era praticamente una copia di quella degli Stati Uniti d'America e una bandiera che era molto simile (con tre barre orizzontali, due rosse e una bianca centrale, e un riquadro blu con 7 stelle per i 7 stati membri). Queste somiglianze erano dovute sia alla cultura politica comune che all'intenzione dei meridionali di presentarsi come i veri eredi dei Padri fondatori. «Noi non siamo rivoluzionari. Piuttosto, resistiamo a una rivoluzione», dissero i loro dirigenti. «Noi difendiamo i principi autentici della Costituzione federale. Siamo conservatori». Alcune differenze in effetti c'erano. Nella Costituzione della Confederazione meridionale, la schiavitù e il commercio interstatale degli schiavi erano esplicitamente consentiti. Gli stati erano dichiarati sovrani, anche se non potevano stipulare trattati internazionali, e quindi davvero sovrani non erano. Le elezioni generali furono indette per gli anni dispari, sfalsate di un anno rispetto a quelle del nord, a cominciare dall'autunno 1861. La durata del mandato presidenziale fu fissata in sei anni, invece che in quattro. Jefferson Davis, del Mississippi, fu scelto come presidente provvisorio, e Alexander H. Stephens, della Georgia, come vicepresidente. I loro problemi immediati più pressanti erano due. Uno era politico: rafforzare la Confederazione, che comprendeva solo gli stati del Deep South (South Carolina, Georgia, Florida, Alabama, Mississippi, Louisiana, Texas), includendovi gli stati schiavisti che se ne erano tenuti fuori, e cioè quelli del cosiddetto Upper South (Virginia, Tennessee, North Carolina, Arkansas) e possibilmente i Border States, gli stati di confine con il nord libero (Delaware, Maryland, Kentucky, Missouri). L'altro problema era simbolico: liberarsi della presenza di alcuni forti federali che, con le loro guarnigioni fedeli al nord, erano rimasti isolati nel territorio confederato e continuavano a farvi sventolare la bandiera dell'Unione.

Questi stessi problemi aveva Lincoln quando, nel marzo 1861, si insediò alla presidenza. Lincoln voleva impedire che una debole Confederazione di 7 stati diventasse un colosso di 15; doveva quindi tessere rapporti con gli stati schiavisti rimasti fedeli all'Unione, non inimicarseli con atteggiamenti bellicosi. Ma rifiutava il fatto compiuto dell'indipendenza meridionale, e quindi non ritirò le guarnigioni e la bandiera dai forti contesi. Lincoln era stato Whig in gioventù, era un nazionalista convinto; e, nel discorso inaugurale, disse: «l'Unione di questi stati è perpetua». Era inoltre contrario a ogni compromesso sulla questione dell'espansione della schiavitù, benché non volesse toccarla là dove esisteva (non era un abolizionista). Scrisse a un interlocutore meridionale: «Voi pensate che la schiavitù sia giusta e debba essere estesa; noi pensiamo che sia sbagliata e debba essere limitata». Non che, con questo, volesse la guerra. Forse pensava che un po' di coercizione e di violenza, qualche morto, avrebbero risvegliato i sentimenti unionisti nel sud e affossato la ribellione. Contava su un vantaggio tattico. Dichiarò che non avrebbe usato la forza contro i secessionisti ma neanche tollerato i loro attacchi a proprietà federali, come erano i forti isolati nel sud. Mise la responsabilità dell'iniziativa, e dell'aggressione, nelle loro mani: l'Unione si sarebbe solo difesa. Quando Lincoln decise di affermare la sua autorità su Fort Sumter, in South Carolina, e di inviare rifornimenti ai militari unionisti che vi erano assediati, si aspettava quindi una reazione ed era pronto a trarne vantaggio. Quando i cannoni confederati aprirono il fuoco sul forte (12 aprile), il presidente annunciò che era in atto un'insurrezione

(15 aprile). Convocò 75.000 soldati volontari per ristabilire l'ordine, preservare l'Unione e, disse, «riparare torti troppo a lungo sopportati».

Il dado era tratto. I tentativi di mediazione in corso furono abbandonati. I dirigenti confederali caddero nella trappola, ma non fecero niente per evitarla. Ritennero che cannoneggiare Fort Sumter fosse una necessità, una necessaria affermazione di sovranità. All'appello anti-insurrezionale del nord risposero con il volontariato di massa e patriottico. Anch'essi, come Lincoln, pensavano che tutto si sarebbe risolto in poco tempo. Contavano sulla determinazione e lo spirito marziale degli uomini del sud, che più dei settentrionali avevano una tradizione militare nell'esercito, nelle milizie, nelle ronde armate per il controllo degli schiavi. Registrarono inoltre alcuni successi politici immediati. Lo scoppio delle ostilità fece passare dalla loro parte la Virginia, dalla quale si staccò la West Virginia che rimase nell'Unione, e poi l'Arkansas, il Tennessee e la North Carolina (aprile-maggio 1861). Aderirono anche alcuni rappresentanti del Missouri e del Kentucky, ma questi stati di confine si divisero e precipitarono in guerre civili locali. Maryland e Delaware restarono invece unionisti. Fu così che la capitale degli Stati Confederati d'America fu trasferita da Montgomery a Richmond, in Virginia, e che la sua bandiera poté esibire alla fine 13 stelle; 13 stelle esibì anche il più famoso vessillo confederato, la bandiera di battaglia, e cioè il drappo rosso con la croce diagonale blu. (Lincoln continuò invece a far sventolare la bandiera a stelle e strisce con tutte le stelle dell'Unione, ormai 35, comprese quelle degli stati secessionisti.) Nel loro entusiasmo, i meridionali ignorarono i dati del censimento che si era appena tenuto nel paese ancora unito. Nel 1860 gli stati della Confederazione avevano 9 milioni di abitanti di cui quasi 4 in schiavitù, quelli dell'Unione 22 milioni quasi tutti liberi. Il nord aveva di fatto il monopolio della produzione industriale, dei mezzi di comunicazione moderni, delle grandi attività commerciali e mercantili (anche quelle riguardanti il sud), delle risorse finanziarie, delle conoscenze scientifiche e tecnologiche, del lavoro specializzato. Il nord era autosufficiente, il sud dipendeva dalle importazioni. Quando la guerra si dimostrò tutt'altro che un'eroica scaramuccia, questi dati così squilibrati a favore dell'Unione si rivelarono determinanti.

2.1. *Campi di battaglia*

La guerra durò quattro anni, dal 1861 al 1865, e fu una guerra totale. Dopo essersi inizialmente affidate ai volontari, entrambe le parti ricorsero alla coscrizione obbligatoria, la prima nella storia del paese. In tutto, la Confederazione arruolò 900.000 uomini, l'Unione più di 2 milioni, di cui 500.000 nati all'estero. Il numero di morti fu altissimo, oltre 750.000 secondo le stime più recenti (la cifra accettata finora era circa 620.000). Il totale delle vittime fu superiore a quello patito dagli Stati Uniti in tutte le guerre precedenti e successive, comprese quelle mondiali del Novecento. Anche i civili pagarono prezzi elevati, ne morirono circa 50.000, in genere per cause indirette, per la distruzione di risorse e proprietà, per le cattive condizioni di vita, per fame e malattie. Ciò accadde soprattutto nel sud, dove si svolse gran parte dei combattimenti. Città come Richmond, Charleston e Atlanta furono distrutte; le campagne furono ridotte in rovina. Il costo complessivo del conflitto fu di 20 miliardi di dollari, una cifra eguale a cinque volte la somma delle spese del governo federale dalla fondazione al 1865. L'enormità di queste cifre fu dovuta ai caratteri nuovi assunti dalla guerra, che fu condotta da grandi masse, con tecnologie industriali e armi micidiali. L'artiglieria e i fucili di precisione Springfield falciavano i soldati; se non uccidevano subito, provocavano ferite infette che uccidevano più tardi. La vita di trincea, il cibo avariato e la pessima igiene uccisero più delle battaglie (a ciò fu dovuto il 60% dei morti del nord). Inoltre la guerra divenne lotta per la vittoria senza condizioni. I contendenti si battevano per valori assoluti, per l'indipendenza o per la riunificazione nazionale; ogni compromesso equivaleva alla sconfitta. Alla Confederazione, in verità, bastava difendersi, tenere in scacco il nemico, continuare a esistere. Non così all'Unione, che per vincere doveva cancellare l'avversario, occuparne il territorio, sottometterlo. Negli ultimi due anni del conflitto, il nord scatenò contro il sud tutto il suo superiore potenziale distruttivo, e lo travolse.

La prima battaglia confermò la spavalderia meridionale. Una milizia di 30.000 unionisti attaccò 22.000 confederati a Bull Run, in Virginia (luglio 1861); grazie alla resistenza del generale Thomas Jackson, che si conquistò per questo il soprannome di Stonewall, muro di pietra, fu sconfitta e messa in fuga. Lo scontro dimostrò l'impreparazione di tutti. L'Unione lanciò un programma massiccio di riarmo; impiegò l'autunno e l'inverno successivi a organizzare un esercito di 250.000 uomini, sotto il comando del generale George B. McClellan, e a bloccare dal mare, con una flotta anch'essa impreparata, i porti meridionali. La Confederazione introdusse la leva obbligatoria (aprile 1862). Nella primavera del 1862 l'Unione prese l'iniziativa in quelli che divennero i teatri principali di combattimento per il resto della guerra. Nell'ovest avviò un'operazione a tenaglia per il controllo del fiume Mississippi. Mentre le navi dell'ammiraglio David Farragut occuparono New Orleans, da nord le truppe del generale Ulysses S. Grant entrarono in Tennessee, batterono i confederati a Shiloh e si affacciarono verso sud. Nell'estate si accese il fronte della Virginia settentrionale, la regione strategica compresa fra le due capitali Washington e Richmond, distanti tra loro appena 150 chilometri ed entrambe vulnerabili alle incursioni nemiche. McClellan marciò su Richmond, arrivò in vista dei suoi campanili, ma fu costretto a ritirarsi da Stonewall Jackson e da Robert E. Lee, che si rivelò il più brillante generale del sud. La sua «battaglia dei sette giorni» in difesa della capitale (25 giugno-1° luglio) ne fece un eroe popolare. Lee tentò allora un'offensiva in territorio unionista. La sua armata passò il confine con il Maryland ma fu fermata ad Antietam (17 settembre 1862), e dovette ripiegare. Questa battaglia fu un punto di svolta della guerra, ed ebbe importanti conseguenze.

Cinque giorni dopo Antietam, il 22 settembre, Lincoln annunciò che avrebbe emesso, in data 1° gennaio 1863, un Proclama di emancipazione degli schiavi. Il contesto di questa decisione era complesso. A lungo Lincoln aveva taciuto sulla schiavitù. Non voleva inimicarsi gli schiavisti rimasti nell'Unione né ostacolare un eventuale rientro dei secessionisti. Nella primavera del 1862 concepì l'idea di spingere i singoli stati schiavisti verso un'emancipazione graduale, con indennizzi ai padroni e l'espatrio dei neri liberati. Alcuni repubblicani in Congresso lo incalzarono con progetti più radicali. Fu in risposta a loro che Lincoln specificò le sue priorità e le sue opzioni. Scrisse infatti al quotidiano repubblicano abolizionista «New York Tribune» (22 agosto):

Il mio principale obiettivo in questa lotta è salvare l'Unione, non salvare o distruggere la schiavitù. Se potessi salvare l'Unione senza liberare un solo schiavo lo farei, e se potessi salvarla liberando tutti gli schiavi lo farei pure; e se potessi salvarla liberandone alcuni e lasciandone stare altri, farei anche questo. Ciò che faccio a proposito della schiavitù e della gente di colore, lo faccio perché credo che serva a salvare l'Unione.

Aggiunse che questa era la sua posizione ufficiale in quanto presidente, e non mutava affatto il suo «desiderio personale che tutti gli uomini [fossero] liberi». Era una mossa di grande abilità tattica. Quando scrisse queste parole, Lincoln aveva già deciso cosa fare, e cioè agire secondo la terza opzione annunciata: procedere a un'emancipazione parziale ma sostanziosa, presentandola al pubblico come una misura, appunto, per salvare l'Unione, una misura di guerra per disarticolare le retrovie del nemico. Al momento opportuno, dopo un rilevante successo militare, mise in pratica la sua decisione. Il Proclama avrebbe affrancato gli schiavi nei territori la cui popolazione fosse in aperta ribellione contro gli Stati Uniti, e solo in quelli; avrebbe escluso dal provvedimento gli stati schiavisti amici e le regioni confederate già occupate dall'esercito unionista.

Il Proclama aveva anche importanti risvolti politici internazionali. Fin dall'inizio il sud aveva cercato di essere riconosciuto come stato indipendente dalla Francia e dalla Gran Bretagna, le cui industrie tessili dipendevano dal suo cotone. Sperava anche di ottenerne aiuti economici e militari per rompere il blocco navale del nord, che strangolava i suoi commerci (il nome dell'operazione di blocco era Piano Anaconda). Le due nazioni europee si dichiararono neutrali nel conflitto, attribuendo quindi al governo di Richmond lo status di potenza belligerante, cosa che Lincoln non gradì affatto. Ma non fecero molto di più. Ci furono comunque delle tensioni fra i governi di Londra e di Washington, e ci furono alcuni pericolosi incidenti. Nel 1861 un vascello unionista fermò in alto mare un vapore britannico e ne prelevò due ambasciatori confederati diretti in Europa. Londra protestò vivacemente, e Lincoln fece liberare i diplomatici. D'altra parte, Washington si lamentò perché gli inglesi vendevano navi da guerra alla Confederazione; una di esse, l'*Alabama*, inflisse parecchi danni alla flotta mercantile unionista in giro per il mondo. L'*Alabama* fu affondata dalla marina unionista di fronte al porto francese di Cherbourg (giugno 1864), ma prima che ciò accadesse Washington chiese a Londra il pagamento dei danni, e nel 1863 le strappò l'impegno a interrompere le vendite. Da allora i rapporti fra i due paesi migliorarono. La Gran Bretagna aveva scorte enormi di cotone, non risentì del calo delle importazioni dalla Confederazione. Intratteneva inoltre proficui scambi commerciali con l'Unione, vi acquistava grano e vi esportava armi e prodotti industriali. Il Proclama di emancipazione diede un ulteriore contributo positivo a questi rapporti. Conquistò l'opinione pubblica antischiavista inglese e continentale, e fece svanire ogni possibilità di interventi europei a fianco degli Stati Confederati d'America.

Qualunque fossero le intenzioni con cui fu promulgato, il Proclama cambiò di fatto la natura del conflitto. Fino ad allora si era trattato di uno scontro di eserciti su questioni di sovranità. Dopo di allora si trattò di uno scontro fra due sistemi sociali, la cui posta in gioco erano la fine della schiavitù e il cambiamento della società meridionale. Nessuno lo capì meglio degli schiavi. Se già in precedenza avevano colto l'occasione della guerra per abbandonare i padroni e raggiungere a migliaia le linee dell'Unione, dopo il 1° gennaio 1863 le fila dei fuggitivi si ingrossarono. Il governo del nord, che stava introducendo la coscrizione obbligatoria (marzo), autorizzò il reclutamento dei neri nelle forze armate. Nei due anni successivi vi servirono in quasi 200.000 fra esercito e marina; e per metà erano, appunto, ex schiavi. E la guerra divenne sempre più furiosa. Sul fronte della Virginia, Lee respinse con successo un secondo tentativo di invasione unionista a Chancellorsville (maggio) e, a sua volta, invase di nuovo il nord. Entrò in Maryland e Pennsylvania, minacciò da vicino Washington e Baltimora, e ingaggiò battaglia a Gettysburg in Pennsylvania (1-4 luglio). Dopo giorni di duri combattimenti, Lee ordinò alle sue truppe un assalto impossibile alle posizioni nemiche, che si risolse in un massacro, nella sconfitta e in una disastrosa ritirata. La magia dell'invincibilità di Lee era finita. Negli stessi giorni si concluse un'importante campagna nell'ovest, dove Grant discese il corso del Mississippi e assediò le fortificazioni confederate di Vicksburg, in Mississippi, fino alla loro resa (4 luglio). La successiva vittoria unionista di Chattanooga, in Tennessee (novembre), confermò che il Deep South era ormai aperto agli eserciti del nord. Il Quattro di luglio 1863, con le vittorie di Gettysburg e Vicksburg, fu una festa dell'indipendenza memorabile per l'Unione. Per la Confederazione questa coincidenza di date fu un ulteriore motivo di umiliazione.

A Gettysburg i soldati unionisti del generale George Gordon Meade erano 90.000; fra morti, feriti e dispersi, le vittime furono 23.000, più di un quarto. I soldati di Lee erano 75.000, e le vittime furono 28.000, più di un terzo. Questo tipo di guerra, caratterizzata da armate imponenti e perdite elevate, ebbe un impatto profondo sui combattenti. I volontari, che anche dopo l'arrivo dei coscritti formavano il nerbo delle truppe, erano motivati e pugnaci. Ma erano cittadini-soldati, non disposti all'obbedienza indiscussa degli ordini superiori, non abituati alla disciplina di organizzazioni impersonali, complesse, gerarchiche. Dovettero, con fatica, abituarsi. Dopo che la pratica di eleggere gli ufficiali, diffusa sia a nord che a sud, fu abbandonata o privata di significato, i soldati si sentirono ancora di più pezzi anonimi di ingranaggi incomprensibili, sui quali non avevano alcun controllo. L'esperienza della battaglia ebbe altri effetti traumatici. La guerra di trincea e gli assalti collettivi alle trincee altrui, sotto un fuoco nemico che uccideva con atroce casualità, distrussero l'idea che il coraggio individuale contasse qualcosa. Le cariche di fanteria erano corse verso la morte, in cui lo scopo principale dei combattenti non era colpire bensì non essere colpiti; in questi contesti, gli atti di eroismo apparvero non sublimi ma futili. Tutto ciò generò, da una parte, un senso di impotenza e di terrore, dall'altra, una solidarietà cameratesca molto intensa; e pose seri problemi di disciplina. Molti soldati trovarono conforto in grandi revival religiosi. Altri cercarono di sopravvivere dandosi malati, nascondendosi, restando indietro ad allacciarsi le scarpe durante le cariche. Altri ancora disertarono. Alla fine la diserzione divenne di massa, soprattutto nel sud. Nel 1863 un terzo dell'esercito confederato era assente senza permesso, nel 1865 la quota era salita al 60%.

Il 1864 fu l'anno decisivo. Grant, nominato comandante supremo degli eserciti federali, applicò ovunque la lezione da lui imparata e praticata nell'ovest. Colpire duramente il nemico, non dargli tregua, usare tutta la forza disponibile per distruggerlo, disarticolarne la vita civile, affamarlo: questa era la sua strategia per concludere un conflitto durato troppo a lungo. Era una strategia costosa in termini di risorse materiali e vite umane impegnate e sprecate, ma Grant ritenne che il nord ricco, industriale e popoloso potesse permettersela; il sud no. L'Unione gettò sul piatto della bilancia il suo intero sistema produttivo, le sue inesauribili riserve di reclute. La Confederazione rispose con le brillanti capacità difensive dei suoi generali e poco altro. In Virginia, per tutta l'estate Grant costrinse Lee a una guerra d'attrito con migliaia di morti (nelle battaglie di Wilderness, Spotsylvania, Cold Harbor), spingendolo verso sud. Nel frattempo, ordinò all'armata occidentale del generale William T. Sherman di penetrare dal Tennessee nel cuore della Georgia. Dopo mesi di combattimenti, Sherman riuscì a occupare Atlanta, incendiandola (settembre 1864). Poi, con furia e determinazione, raggiunse Savannah, sulla costa atlantica, e risalì a nord attraverso South Carolina e North Carolina. La sua marcia verso il mare tagliò in due il territorio confederato, e lasciò dietro di sé una scia di saccheggi e devastazioni di piantagioni, raccolti, bestiame. In Virginia Lee continuò a resistere, ma i suoi soldati erano in netta inferiorità numerica, senza viveri, senza scarpe, e alle loro spalle c'era il vuoto. Nell'aprile 1865 l'eroe del sud abbandonò Richmond e infine si arrese a Grant nel villaggio di Appomattox (9 aprile). Entro poche settimane si arrese ciò che restava delle altre armate, e il presidente della Confederazione, Jefferson Davis, fu catturato e arrestato. La guerra era finita.

2.2. *Dietro le linee*

Sia il nord vittorioso che il sud sconfitto uscirono trasformati dalla guerra. Organizzare, addestrare, equipaggiare e trasportare enormi eserciti volontari e di leva, in un conflitto lungo, in democrazie fondate sul consenso dei cittadini in economie basate sull'iniziativa privata, fu un'impresa di grandi proporzioni. Comportò coordinamenti di attività produttive, ridefinizioni di poteri statuali, legislazioni eccezionali, scontri politici, dissensi e disaffezioni sociali, e infine la mobilitazione di intere popolazioni. Il sud fu costretto a ripudiare da subito i fondamenti della sua tradizione politico-costituzionale, e cioè i diritti degli stati e il governo minimo. Di fronte all'emergenza bellica, il Congresso confederale e il presidente Davis adottarono misure di centralizzazione militare, politica ed economica. Amalgamarono le autonome milizie statali in un unico esercito, i cui comandanti e soldati giuravano fedeltà alla Confederazione e non agli stati, e istituirono la coscrizione obbligatoria. Assunsero il controllo dell'ordine pubblico, con leggi che autorizzavano l'esecutivo a sospendere le garanzie costituzionali e a creare una polizia politica (la legge marziale fu in vigore a Richmond e altrove). Accentuarono il prelievo fiscale, tentando persino un'imposta progressiva sul reddito. Requisirono i raccolti di cotone e li usarono per fare pressioni diplomatiche sugli abituali acquirenti stranieri, Gran Bretagna e Francia, e per garantire prestiti internazionali. Il Dipartimento della Guerra requisì i prodotti agricoli a prezzi imposti, requisì gli schiavi per innalzare fortificazioni, stimolò le produzioni strategiche di cui il paese era carente, gestì in proprio alcune imprese, gestì di fatto la rete ferroviaria. Per amministrare tutto ciò, il governo confederale costruì dal niente un apparato burocratico con 70.000 dipendenti civili.

L'Unione non fu da meno. Anche qui il governo estese i suoi poteri, indirizzò le attività economiche, regolò l'ordine pubblico, unificò l'esercito, gestì la coscrizione obbligatoria. Il bilancio federale esplose da 63 milioni di dollari (1860) a 1.250 milioni (1865). La burocrazia civile federale crebbe da 40.000 a 200.000 dipendenti. Più che nel sud, il presidente esercitò un ruolo autonomo e decisivo, come mai era accaduto prima. Lincoln affrontò molte questioni con ordini esecutivi, senza attendere il Congresso, che era poi chiamato a ratificare le sue decisioni a cose fatte. Fu con simili procedure d'urgenza che, appena iniziata la guerra, lanciò un massiccio progetto di costruzioni navali. Con procedure analoghe impose la legge marziale in Maryland, per assicurarsi la lealtà di questo stato unionista ma schiavista; e perseguì coloro che avrebbero potuto sabotare lo sforzo bellico, operando alcune migliaia di arresti con metodi discutibili. Inoltre il Congresso approvò una serie di leggi che si ispiravano alla tradizione protezionista, nazionale e interventista che era stata dei federalisti hamiltoniani e dei Whig, e che apparteneva ora ai repubblicani. Prima della secessione i democratici meridionali ne avevano impedito l'approvazione; dopo la secessione il loro numeroso contingente si era ritirato dalle assemblee legislative di Washington, e non ci furono più ostacoli. Si trattò di leggi solo in parte dettate dall'emergenza. Nel complesso esse acquisirono un carattere permanente e strategico, e segnarono non solo gli anni di guerra nel nord ma anche, in un lunghissimo dopoguerra, le vicende dell'intero paese riunificato sotto l'egemonia settentrionale e repubblicana.

Il governo federale impose tariffe doganali elevatissime, le più elevate nella storia degli Stati Uniti fino a quel momento (*Tariff Act*, 1862 e 1864). Tassò tutto quello che c'era da tassare (*Internal Revenue Act*, 1862 e 1864). Creò per la prima volta una banconota unica nazionale, i biglietti dal dorso verde detti *greenbacks*, che avrebbero dovuto rimpiazzare i vari biglietti di banca allora circolanti e avere corso forzoso (*Legal Tender Act*, 1862). Istituì un rudimentale sistema bancario centrale, il solo autorizzato a emettere i *greenbacks* in quantità prestabilita (*National Banking Act*, 1863). Usò il demanio pubblico per promuovere l'insediamento e lo sviluppo nell'ovest. Cedette gratuitamente piccoli poderi a chiunque lo richiedesse e fosse capofamiglia, maggiorenne o veterano di guerra, nonché cittadino o in procinto di diventarlo; unica condizione per assicurarsi la proprietà dei poderi era di coltivarli per 5 anni (*Homestead Act*, 1862). Cedette porzioni più consistenti di terre alle società ferroviarie per finanziare la costruzione delle linee transcontinentali (a cominciare dal *Pacific Railroad Act*, 1862). Altre porzioni le cedette agli stati perché fondassero college dediti alla ricerca e all'insegnamento delle scienze agrarie e delle arti meccaniche (*Land Grant College Act*, 1862). Organizzò un'Accademia nazionale delle scienze per migliorare le conoscenze scientifiche e tecnologiche. Aprì i confini all'immigrazione per procurare forza lavoro a buon mercato (*Immigration Act*, 1864). Con l'eccezione delle tasse di guerra, tutte queste misure rimasero in vigore alla fine del conflitto. Rimasero attivi anche gli enti amministrativi nati per gestirle, fra cui il Bureau of Internal Revenue (politica fiscale), l'ufficio del Comptroller of the Currency (politica monetaria), l'Office of Immigration e un Dipartimento dell'Agricoltura nuovo di zecca.

Nell'immediato, questi cambiamenti suscitarono anche malumori e proteste. Nell'Unione si cementò un'alleanza fra il partito repubblicano, i governi statali e federale, e il mondo degli affari. Ne trassero vantaggio le attività economiche legate alla guerra (compresa l'agricoltura), alle sovvenzioni pubbliche (le ferrovie) e alla politica protezionista. Faccendieri intraprendenti corruppero uomini politici e funzionari pubblici, specularono sulle commesse per l'esercito, e realizzarono enormi profitti. La corruzione a Washington era così diffusa da spingere la Camera ad aprire un'inchiesta; l'esibizione della ricchezza accumulata in fretta era così sfacciata da generare indignazione. Nel frattempo l'inflazione innescata dalle ingenti spese governative ridusse i salari operai, provocando agitazioni e scioperi. Ma fu soprattutto la leva obbligatoria a coagulare il malcontento. I ceti popolari formavano il nerbo dell'esercito unionista, e non poteva essere altrimenti, data la composizione della popolazione. I soldati erano per il 48% agricoltori e per il 40% operai (nell'esercito della Confederazione, meno urbana e industrializzata, gli agricoltori erano il 62%, gli operai il 23%). I ceti abbienti erano tuttavia sottorappresentati anche rispetto alla loro consistenza numerica, e la legge sulla coscrizione offrì loro delle scappatoie. Pagando sostituti o versando somme di denaro costoro potevano evitare il servizio militare, e almeno 200.000 lo fecero davvero. Si diffuse così la nozione che questa fosse una «guerra dei ricchi» combattuta dai poveri, e la cosa non piacque. Ci furono alcune rivolte, la più grave delle quali scoppiò a New York City e lasciò sul terreno più di un centinaio di morti (luglio 1863). E ci fu un massiccio rifiuto del reclutamento. Circa 160.000 richiamati, un quinto del totale, non si presentarono agli uffici di reclutamento, fuggendo all'ovest, nei boschi o in Canada.

Nella Confederazione, più povera e disorganizzata, costretta a maggiori sacrifici, i problemi erano più gravi. Anche qui la coscrizione prevedeva esenzioni per chi pagasse un sostituto o possedesse almeno venti schiavi. Il provvedimento mirava a garantire il mantenimento dell'ordine e della produttività delle piantagioni ma, provenendo da un governo dominato dai piantatori stessi, esasperò gli animi dei coltivatori senza schiavi. Per questi ultimi, la partenza per il fronte voleva dire l'abbandono della fattoria e la rovina economica. I piccoli coltivatori erano già duramente colpiti dalla requisizione dei raccolti e, come i ceti popolari urbani, dalle tasse feroci e da un'inflazione galoppante, molto superiore a quella del nord. Se dunque nelle città si ebbero tumulti per il pane (a Richmond nel 1863 dovette intervenire l'esercito per sedarli), nelle campagne crebbe la disaffezione collettiva. Nelle regioni più isolate, i renitenti alla leva fecero causa comune con i disertori, che spesso erano richiamati a casa dalle famiglie che ne avevano bisogno per i lavori agricoli, e furono protetti dalle comunità locali. Gli ufficiali reclutatori, gli agenti delle imposte e i poliziotti non vi si avventuravano volentieri. Emerse allora una tensione sociale fra schiavisti e non schiavisti che aveva avuto solo manifestazioni sporadiche in precedenza, e che comunque era stata riassorbita dalla concordia patriottica. All'inizio della guerra la popolazione meridionale, spinta dalla passione indipendentista e dall'odio per gli invasori, si era dimostrata assai motivata a combattere, forse più di quella settentrionale. Molti meridionali, in effetti, combatterono fino alla fine. Ma dal 1863 in poi, mentre il bagno di sangue si trascinava senza costrutto, molti altri svilupparono un vero e proprio risentimento di classe verso il «governo dei ricchi». E smisero di collaborare.

Ci furono ulteriori fattori che indebolirono la capacità della Confederazione di resistere. Anche le élite meridionali mostrarono forme di disaffezione, non contro la guerra in sé ma contro il modo di condurla. Le critiche alle tendenze centralizzatrici del governo, in nome dei diritti degli stati, furono costanti. Il presidente Davis fu accusato di tirannia, di usare «metodi yankee» per combattere gli yankee. Gli accusatori comprendevano il vicepresidente Stephens e i governatori di molti stati che non volevano cedere le loro prerogative. Alcuni, di fatto, boicottarono l'esercito, ostacolarono l'applicazione della coscrizione confederale e sottrassero uomini e armi a favore delle milizie statali. Si disse che il governatore Zebulon Vance, in North Carolina, avesse depositi pieni di uniformi nuove mentre l'armata di Lee, seminuda, si arrendeva a Grant. Questi dissensi non portarono alla nascita di una vera opposizione, anche perché nel sud non si formò un sistema organizzato di partiti. I democratici meridionali si disgregarono al momento della secessione, e niente li sostituì. Nelle competizioni elettorali si ebbero scontri fra individui e gruppi locali; non ci fu mai un confronto politico fra precise alternative politiche generali. Ciò avrebbe potuto avvenire in occasione delle elezioni presidenziali, ma queste si tennero una volta sola, nel 1861; il presidente doveva rimanere in carica sei anni, e ovviamente dal 1867 la Confederazione non esisteva più. Invece di un dibattito sui destini del paese, ci furono quindi lamentele continue, disordinate e petulanti, che paralizzarono il lavoro dell'amministrazione. Fra l'altro, la mancanza di un vero dibattito impedì al ceto dirigente, e a Davis in particolare, di articolare e drammatizzare le ragioni della guerra dinanzi al largo pubblico, e di fare una propaganda efficace. Un'impresa, questa, nella quale Lincoln si dimostrò maestro.

Lincoln agiva in un contesto diverso. Anche nell'Unione le istituzioni elettorali democratiche funzionarono con una regolarità che era fonte di orgoglio. «Non può esserci governo libero senza elezioni», disse il presidente; «e se i ribelli riuscissero a costringerci a rinviare o annullare una elezione nazionale, potrebbero a ragione affermare di averci già soggiogato e distrutto». A differenza che nella Confederazione tuttavia, i partiti rimasero vitali e competitivi e ciò ebbe effetti positivi. Il predominio di un forte partito repubblicano, che governava sia al centro che in periferia, ed era presente ovunque con le sue organizzazioni di massa, minimizzò le spinte centrifughe degli stati e gli sbandamenti dei cittadini. La sopravvivenza dei democratici come forza di opposizione fece sì che le disaffezioni e le proteste si incanalassero nel conflitto partitico. I democratici attaccarono il «dispotismo» repubblicano e chiesero la pace immediata e la riunificazione a condizioni favorevoli al sud. Per questo, molti di loro furono accusati di intesa con il nemico, e chiamati dagli avversari *copperheads*, cioè serpenti velenosi e traditori; e alcuni furono arrestati o esiliati. Ci fu chi complottò davvero, ma nel complesso si trattò di attività legittime che diedero voce a chi era stanco della guerra e cercava i modi per uscirne. I democratici conseguirono importanti successi, e nelle elezioni presidenziali del 1864 il loro candidato, il generale George B. McClellan, ottenne il 45% dei voti popolari. Lincoln fu rieletto, presentandosi non come repubblicano ma sotto l'etichetta patriottica, creata per l'occasione, di National Union Party. E usò queste campagne per ricordare agli elettori gli scopi bellici, per evocare tradizioni di libertà, per mobilitare emozioni e idealismi, per riaffermare la bontà della causa, per comunicare ottimismo e sicurezza nella vittoria. Fece quello che Davis non aveva saputo o potuto fare.

Soprattutto nel nord, la bontà della causa presso l'opinione pubblica fu sostenuta dalla maggioranza dei mezzi di comunicazione di massa. I giornali popolari, ormai diffusissimi, e sempre più diffusi proprio per l'interesse suscitato dagli straordinari eventi bellici, «coprirono» la guerra con un'intensità senza precedenti. Inviarono centinaia di reporter su tutti i fronti, al seguito delle truppe. Grazie al telegrafo, i loro dispacci arrivarono con rapidità alle redazioni dei quotidiani e quindi ai lettori, nelle città e nelle campagne. Gli americani seppero in tempo reale di operazioni militari, strategie e tattiche, vittorie e sconfitte, atti di eroismo veri o presunti. I periodici settimanali e mensili aggiunsero la dimensione visuale: sketch di campi di battaglia disegnati da artisti sul posto, e vignette satiriche di commento. Il *cartoonist* di origini tedesche Thomas Nast, sul settimanale illustrato «Harper's Weekly», divenne molto influente; era un unionista convinto, e per il patriottismo del suo lavoro fu definito da Lincoln «il nostro miglior sergente reclutatore». E poi c'era una novità, la fotografia. Campi di battaglia, ufficiali e soldati, morti e feriti furono ripresi da centinaia di fotografi. Non era un lavoro facile. Le apparecchiature erano ingombranti e difficili da trasportare, i tempi di posa lunghi richiedevano l'immobilità dei soggetti; quindi le immagini erano statiche, e tuttavia molte di esse erano impressionanti proprio per questa loro staticità. Per la prima volta era possibile vedere i corpi dei caduti sparsi sul terreno, coperti di sangue, mutilati, guardarli in viso, guardarli negli occhi, contemplare da lontano la morte. Le fotografie raggiunsero il grande pubblico in maniera indiretta; per essere stampate sui giornali dovevano venire riprodotte a mano in incisioni su legno (xilografie), perdendo in immediatezza e intimità drammatica. Gli operatori più intraprendenti, e fra essi il più famoso, Mathew Brady, cercarono di divulgarle e di ricavarne un profitto vendendone le copie, producendo album e libri, organizzando mostre. Fecero sensazione. Ma quale effetto avessero sul morale e sulla determinazione dei cittadini a proseguire il grande macello è difficile dire.

3. *La ricostruzione dell'Unione*

3.1. *La politica della Ricostruzione*

Come ricostruire il paese lacerato dalla secessione e dalla guerra fu un problema che il governo dell'Unione si pose appena percepì la possibilità della vittoria. Il problema aveva vari aspetti, di crescente complessità: a quali condizioni riammettere i secessionisti, quando e come abolire la schiavitù, che cosa fare degli schiavi liberati, fino a che punto cambiare la società meridionale. Nel dicembre 1863 Lincoln presentò un piano che prevedeva il perdono per i ribelli (tranne i loro più alti dirigenti) che giurassero fedeltà agli Stati Uniti e accettassero il Proclama di emancipazione. Quando ciò fosse stato fatto dal 10% degli elettori di ciascuno stato, costoro potevano eleggere nuovi governi, adottare nuove costituzioni ed essere di nuovo rappresentati nel Congresso federale. Lincoln intendeva mostrarsi generoso, e sperava così di abbreviare il conflitto. Per l'ala più intransigente dei repubblicani, i cosiddetti radicali, il progetto era troppo generoso: trattava bene i «traditori» bianchi e ignorava i neri. I radicali volevano spezzare il potere dei grandi piantatori bianchi, confiscarne le terre e distribuirle agli ex schiavi, garantire loro l'indipendenza economica e i diritti politici. Il presidente si mosse con la consueta prudenza. Solo nel 1864 appoggiò l'idea che l'abolizione della schiavitù avvenisse tramite un emendamento costituzionale federale, che entrò in vigore nel 1865 come Emendamento XIII; e persino allora considerò l'ipotesi di bloccarne la ratifica per qualche anno. Dopo la resa di Appomattox, Lincoln accennò all'esistenza di un nuovo piano, ma non ebbe tempo di annunciarlo. Mentre festeggiava a teatro la vittoria, il 14 aprile 1865, fu assassinato da un attore simpatizzante del sud, John Wilkes Booth. Per il presidente-martire il poeta Walt Whitman, fervente unionista, scrisse alcuni dei suoi versi più noti: «O Capitano! mio Capitano! il nostro viaggio tremendo è finito, / La nave ha superato ogni tempesta, l'ambìto premio è vinto, / Il porto è vicino, odo le campane, il popolo è esultante, / [...] Ma o cuore! cuore! cuore! / O rosse gocce sanguinanti sul ponte / Dove è disteso il mio Capitano / Caduto morto, freddato».

Fu il vicepresidente Andrew Johnson a succedere a Lincoln (1865-69) e a continuarne la politica. Johnson nominò i governatori degli ex stati ribelli e li autorizzò a convocare le assemblee costituenti, ammettendo al voto chi avesse prestato il giuramento suggerito da Lincoln; i funzionari confederati di rango più elevato e i proprietari terrieri più facoltosi avrebbero dovuto essere perdonati individualmente dal presidente. Completata questa procedura, gli stati sarebbero rientrati nell'Unione. Johnson era un ex senatore democratico del

Tennessee, in effetti l'unico senatore del sud a rimanere fedele all'Unione. Aveva combattuto l'aristocrazia terriera meridionale, e questo faceva pensare che sarebbe stato assai severo; ma era anche un virulento razzista, e questo lo ammorbidì quando si venne al dunque. Consentì ai governatori di circondarsi di prominenti ex secessionisti, da lui perdonati con molta facilità, e di emanare leggi e regolamenti per restringere le libertà dei neri appena emancipati. I cosiddetti *black codes*, i codici neri che sostituirono gli *slave codes* prebellici, miravano a tenere gli ex schiavi nelle piantagioni con forme di servitù appena velate. Questi codici statali limitarono il diritto dei neri di affittare terre, acquistare armi, muoversi liberamente; imposero tasse proibitive a chiunque di loro volesse iniziare attività autonome, soprattutto se non agricole; e consentirono ai padroni di prendere come apprendisti i figli degli ex schiavi che si mostrassero «inadatti» come genitori. Alla fine del 1865 gli ex confederati avevano ripreso il potere e stabilito le loro regole. I repubblicani in Congresso decisero di reagire. Prima i radicali, guidati dal senatore Charles Sumner del Massachusetts e dal rappresentante Thaddeus Stevens della Pennsylvania, e poi anche i moderati si scontrarono con Johnson.

Dapprima si mossero i repubblicani moderati, che erano maggioranza. Nel 1866 essi approvarono due leggi importanti. La prima rafforzò i poteri ed estese la durata di vita del Freedmen's Bureau, un ufficio federale che doveva aiutare i neri emancipati a compiere il difficile passaggio dalla schiavitù alla libertà, offrendo loro assistenza medica e alimentare, aiuti economici, protezione legale. Il Bureau aveva anche la gestione delle terre requisite ai ribelli o rimaste senza proprietari. La seconda misura fu un *Civil Rights Act*, una legge sui diritti civili che cercava di contrastare i *black codes* meridionali laddove essi negavano ai neri eguali diritti di cittadinanza. Johnson pose il veto a entrambe le misure, sostenendo che i neri non avevano bisogno di trattamenti privilegiati, e che c'era il rischio di dare loro troppo potere a scapito dei bianchi. «Di tutti i pericoli a cui la nostra nazione può andare incontro», disse Johnson, «nessuno è più grave di quelli che potrebbero risultare dal successo dell'attuale tentativo di africanizzare la metà meridionale del paese». Il Congresso, irato e ormai dominato da una solida alleanza fra repubblicani moderati e radicali, riapprovò le leggi superando i veti presidenziali, e avviò le procedure per scrivere un secondo importante emendamento alla Costituzione federale, che divenne l'Emendamento XIV (entrato in vigore nel 1868). Vi si affermava che tutte le persone nate negli Stati Uniti, quindi anche gli ex schiavi, erano cittadini e godevano di tutti «i privilegi e le immunità» della cittadinanza, e che questi privilegi e immunità non potevano essere ristretti o negati dagli stati. Queste questioni furono al centro delle elezioni congressuali di medio termine del novembre 1866, che videro la vittoria dei critici di Johnson e la crescita del potere dei radicali.

Il Congresso fece allora ricorso all'esercito per governare il sud con mano più ferma. Il *Military Reconstruction Act* (marzo 1867) raggruppò gli stati meridionali in cinque distretti militari. Ai comandanti di ciascun distretto fu affidato il compito di promuovere nuove assemblee costituenti statali. Solo quando queste assemblee avessero ratificato l'Emendamento XIV e adottato costituzioni che garantissero il suffragio dei neri e il bando permanente degli ex dirigenti confederati, gli stati sarebbero stati riammessi all'Unione. Il conflitto fra Johnson e il Congresso investì anche questioni costituzionali riguardanti la separazione dei poteri. I legislatori cercarono di limitare l'autorità del presidente sul Congresso, sull'esercito e sul suo stesso gabinetto. Cercarono infine di rimuoverlo dalla carica; lo misero in stato d'accusa (*impeachment*), anche se in Senato non raccolsero la maggioranza qualificata dei due terzi che era necessaria per la condanna (1868). Nel 1868 fu eletto un nuovo presidente, ancora un repubblicano. In sintonia con i tempi, dominati dall'intreccio fra questioni politiche e questioni militari, si trattò del comandante supremo delle forze armate unioniste ed eroe della Guerra civile, il generale Ulysses S. Grant. Sotto la sua amministrazione fu approvato l'Emendamento XV alla Costituzione (1870), che assicurò che il diritto di voto non poteva essere negato «per ragioni di razza, colore o precedente condizione di servitù». Si concluse così il trittico dei cosiddetti Emendamenti della Ricostruzione, che introdussero nel testo della Costituzione affermazioni importanti sia per ciò che implicavano per il futuro, sia per ciò che rivelavano sul passato. Essi vi nominavano per la prima volta la schiavitù per abolirla; dicevano che la Costituzione era diventata antischiavista e che quindi non lo era stata fino ad allora.

I provvedimenti della Ricostruzione segnarono una brusca svolta politica e sociale. Fino ad allora l'emancipazione di massa degli schiavi negli Stati Uniti aveva seguito un corso simile a quelli delle altre aree dell'emisfero occidentale che, nei decenni a metà dell'Ottocento, vissero esperienze analoghe. Come altrove nelle Americhe tropicali e subtropicali dominate dall'agricoltura delle piantagioni, la fine della schiavitù fu un evento traumatico per gli schiavi, per i padroni e per il sistema economico-sociale. La prima reazione degli ex schiavi fu di abbandonare le piantagioni, di rifiutare di continuare a lavorarvi e di procurarsi terra per se stessi. La prima reazione degli ex padroni e dei bianchi in generale fu di ristabilire il vecchio ordine con misure di polizia. I *black codes* del 1865, con i quali i governi del meridione degli Stati Uniti cercarono di costringere gli ex schiavi a fare il lavoro di sempre, e grosso modo alle stesse condizioni, non furono invenzioni nordamericane. Essi erano già stati adottati nelle Indie occidentali britanniche negli anni trenta, e in forme che fecero sembrare quelli del sud statunitense di trent'anni dopo degli esempi di moderazione e virtù. Proprio in Giamaica, e proprio nell'ottobre 1865, le misure previste da questi codici portarono a una piccola ribellione nera e a una vasta e feroce repressione bianca (con 440 neri morti). Ovunque ci fu il rifiuto o l'impossibilità di avviare vere riforme agrarie per dare soddisfazione alle richieste di indipendenza economica dei neri. Negli Stati Uniti ci fu la decisione del generale Sherman, negli ultimi mesi di guerra, di dare ad alcuni ex schiavi un podere di 16 ettari e uno strumento di lavoro, cioè, secondo lo slogan coniato in seguito, «40 acri e un mulo»; ma ciò non divenne mai politica del governo. Insomma, anche qui come in tutti i paesi in cui ci fu l'emancipazione degli schiavi, i vecchi padroni bianchi sembrarono mantenere il potere economico, sociale e politico, almeno nell'immediato dopoguerra.

Negli Stati Uniti tuttavia, dopo il 1867 e per un periodo noto come Ricostruzione militare o Ricostruzione radicale oppure Ricostruzione nera (1867-77), i neri appena liberati parteciparono a un esperimento di democrazia multirazziale che non ebbe riscontri altrove nelle Americhe. Per una breve e drammatica stagione, essi godettero del suffragio universale maschile e di importanti e reali porzioni di potere politico. I sistemi elettorali e di governo degli stati ex schiavisti divennero così terreni di conflitto fra ex schiavi e ex padroni. Le ragioni di questi sviluppi inusuali erano connesse ai modi stessi in cui si giunse all'abolizione della schiavitù, e cioè a conclusione di una guerra fra due entità politiche distinte, con un atto di imposizione dei vincitori sui vinti. I vincitori unionisti avevano una cultura politica che esaltava gli ideali della cittadinanza repubblicana, dell'autogoverno e dell'eguaglianza; per alcuni di loro, compresi gli abolizionisti neri, eguaglianza voleva dire anche eguaglianza razziale. I vincitori erano inoltre rappresentati da un partito repubblicano che era nato come partito regionale settentrionale, e che intendeva estendere la sua presenza su tutto il territorio nell'Unione; l'unico modo che aveva per insediarsi nel meridione vinto e umiliato era quello di fare appello al voto dei suoi nuovi cittadini di colore. E questo fecero i repubblicani, riuscendo a costruire organizzazioni partitiche che controllarono per qualche anno i governi statali del sud. I neri meridionali parteciparono a queste attività, e votarono in massa per «il partito che li aveva liberati», il partito del Grande emancipatore Lincoln. Votarono anche per se stessi. E per la prima volta ebbero voce negli affari pubblici.

3.2. *La democrazia multirazziale e il suo fallimento*

Per la prima volta nella storia degli Stati Uniti, dopo il 1868 ci furono legislatori neri nelle assemblee della repubblica. Gli ex schiavi non ebbero mai una rappresentanza proporzionale alla loro consistenza numerica, né al loro contributo elettorale alle vittorie dei repubblicani; in effetti, non controllarono alcuno dei governi statali del sud. Questi governi furono guidati dai repubblicani bianchi, che erano in genere meridionali da sempre filo-unionisti, e per questo malvisti dai bianchi locali che li definirono *scalawags*, ovvero furfanti. Vi parteciparono anche attivisti di origine settentrionale, altrettanto malvisti e insultati come *carpetbaggers*, cioè avventurieri venuti da fuori che, come molti viaggiatori del tempo, usavano sacche e valigie di tessuto da tappeti. I neri ebbero un ruolo di primo piano in South Carolina, dove erano la maggioranza della popolazione e conquistarono la maggioranza dei seggi sia nella Camera bassa (a lungo) che in Senato (per un breve periodo). Anche altrove occuparono uffici prestigiosi fino a quello di vicegovernatore (in Louisiana), e molte cariche nelle contee e nei municipi. I neri meridionali riuscirono anche a raggiungere il Congresso federale. Due di loro divennero senatori (del Mississippi) e una quindicina furono eletti alla Camera dei rappresentanti. Gran parte degli eletti a livello federale e statale apparteneva all'élite ristretta dei neri che erano già liberi prima della guerra, o che avevano militato nelle organizzazioni abolizioniste settentrionali. A livello locale, invece, furono parecchi gli schiavi appena liberati che ricoprirono cariche pubbliche. Anch'essi appartenevano a una sorta di élite, e cioè alle élite popolari di artigiani e predicatori religiosi che si erano formate sotto il regime della schiavitù, oppure di fuggitivi che avevano raggiunto il nord durante la guerra e combattuto nell'esercito unionista.

Gli ex schiavi non avevano esperienza della democrazia. Ma la loro partecipazione politica fu parte di un processo di acquisizione di autonomia sociale e individuale stimolato dalla guerra e dall'emancipazione. Coloro che si arruolarono come soldati unionisti scoprirono che anche nel nord la vita non era facile; pagati meno dei bianchi, prestarono servizio in unità segregate guidate da ufficiali bianchi e adibite ai compiti più gravosi e pericolosi. (Fra l'altro, se presi prigionieri dai confederati, erano trattati molto duramente e, almeno in un caso, furono passati per le armi.) Tuttavia, per la prima volta, si sottrassero al dominio personale dei padroni, impararono a leggere e a scrivere, svilupparono fiducia in se stessi. La fine della schiavitù rivoluzionò poi la vita di tutti i neri. Quello che i bianchi percepirono come caos sociale ed economico era per loro l'esercizio delle forme più elementari di libertà: muoversi, cambiare lavoro, istruirsi, associarsi, pregare, ricostituire le unità familiari. La famiglia nera confermò la sua centralità. Con ricerche affannose in tutto il paese, membri di nuclei che erano stati divisi e si erano persi di vista si ricongiunsero; le donne ricrearono uno spazio domestico, rifiutando per sé e per i figli il lavoro nei campi. Le chiese nere si rafforzarono. Gli ex schiavi abbandonarono le istituzioni religiose bianche e fondarono le proprie, sul modello di quelle esistenti nelle comunità nere libere sia nel nord che nel sud. Fondarono inoltre istituzioni non religiose, società di mutuo soccorso, associazioni fraterne, logge massoniche. Aiutati dal governo federale, dai governi statali repubblicani e da gruppi di riformatori bianchi settentrionali, avviarono la costruzione di sistemi scolastici elementari e medi per rimediare al diffuso analfabetismo, e anche di istituti universitari neri come la Howard University (a Washington, D.C.) e la Fisk University (a Nashville, Tennessee).

L'autonomia economica fu la più difficile da conquistare. Neanche i governi repubblicani e i legislatori neri affrontarono seriamente il problema. Gli schiavi liberati si trovarono gettati nel libero mercato senza risorse economiche e senza formazione. La loro pretesa di avere qualche diritto sulla terra che avevano coltivato per generazioni fu ignorata o respinta. Non ci fu alcuna vera riforma agraria. La redistribuzione della proprietà fu assai limitata e avvenne secondo meccanismi di mercato. In alcune aree gli ex schiavi poterono acquistare piccoli appezzamenti delle piantagioni che si erano frantumate; in altre divennero braccianti. Nelle aree di produzione del cotone, le più estese e strategicamente importanti, essi divennero fittavoli e mezzadri poveri, senza capitali da investire nel miglioramento dei terreni agricoli. In queste regioni i neri si scontrarono non solo con i piantatori, che li volevano come forza lavoro disciplinata e a basso costo, ma anche con i loro alleati bianchi repubblicani che li volevano «moderni» lavoratori salariati. Essi preferivano invece avere i loro poderi, lontano dal controllo dei vecchi padroni; in mancanza di meglio, anche la mezzadria andava bene. Molti neri rifiutarono il lavoro salariato anche perché i salari offerti erano bassi e tutt'altro che sicuri, a causa della caduta dei prezzi del cotone. La mezzadria divenne così un modo per scaricare sui piccoli coltivatori neri i rischi economici di un mercato instabile, e per renderli dipendenti dai padroni bianchi che fornivano loro la terra e, a credito, gli attrezzi e le sementi. Molti storici hanno considerato la diffusione di questo tipo di mezzadria nel sud cotoniero una delle ragioni del sottosviluppo della regione nel secolo successivo, e delle misere condizioni dei suoi residenti di colore.

L'aristocrazia terriera meridionale sopravvisse così alla bufera. Scomparve come ceto dirigente nazionale, su questo non si fece illusioni. Ma nel sud mantenne il potere economico e cercò di riprendersi quello sociale e politico con una durissima offensiva contro i governi della Ricostruzione. Il partito democratico fu lo strumento legale di questa offensiva. Attaccò i repubblicani come agenti del nord, affossatori dei principi di autogoverno, difensori del «governo dei negri» e razziatori delle ricchezze della regione. Eccitò gli odi razziali dei bianchi più poveri che erano costretti a pagare le tasse imposte dalle autorità statali che, si diceva, erano ostaggio di africani selvaggi e avventurieri corrotti, di *carpetbaggers* e *scalawags*. All'offensiva politica dei democratici si aggiunse quella illegale e violenta di numerose associazioni segrete. La più importante fu il Ku Klux Klan, che terrorizzò funzionari pubblici (repubblicani bianchi e neri) e cittadini (neri soprattutto) con raid notturni di cavalieri incappucciati, bastonature, frustate, mutilazioni, assassinii, linciaggi. Il Klan, fondato nel 1865 da esponenti della vecchia Confederazione, sostenne che ciò era necessario per proteggere le donne bianche dalla lussuria dei maschi neri, per impedire agli ex schiavi di spadroneggiare e per restaurare la supremazia bianca. Le sue attività divennero così sanguinarie che gli stessi dirigenti procedettero all'autoscioglimento (1869); ma le assemblee locali continuarono a operare. Il governo federale intervenne con leggi eccezionali antiterrorismo, con la legge marziale e la sospensione delle garanzie costituzionali, con ondate di arresti (1870-71). Tuttavia il Klan godeva di una diffusa omertà che frustrò i tentativi di combatterlo. Inoltre la sua causa stava vincendo.

Dopo il 1870 i democratici meridionali ripresero gradualmente il potere nei governi locali, espellendone neri e repubblicani. Altrettanto gradualmente, il Congresso abbandonò la politica di Ricostruzione radicale; ritirò dal sud parte delle truppe che l'avevano resa possibile, e varò una legge di amnistia per i dirigenti confederati esclusi dalle cariche pubbliche (1872). Nelle elezioni congressuali del 1874 i democratici nazionali conquistarono la maggioranza nella Camera dei rappresentanti, insidiando il controllo repubblicano sul governo federale. La Corte suprema confermò il nuovo clima; interpretò in senso restrittivo gli emendamenti della Ricostruzione e condonò molte pratiche razziste. Le caotiche elezioni presidenziali del 1876 chiusero la partita. Il candidato democratico Samuel J. Tilden stravinse nel sud e a livello nazionale ottenne la maggioranza dei voti popolari (il 51% del totale) contro il repubblicano Rutherford B. Hayes (48%). I risultati furono tuttavia messi in discussione da entrambe le parti, con voti contestati e accuse reciproche di brogli elettorali. Il Congresso, chiamato a dirimere la controversia, attribuì i voti contestati al repubblicano

Hayes, e lo proclamò presidente (1877). La tensione salì alle stelle. Per un momento si temette che il paese precipitasse in una nuova guerra civile. Ma poi i democratici accettarono il fatto compiuto, convinti con questo gesto di essersi guadagnati la gratitudine dei repubblicani e, in cambio, la loro fuoriuscita dalla politica meridionale. Ci fosse o meno un esplicito accordo in proposito (gli storici non l'hanno provato, anche se parlano di un generico Compromesso del 1877), quello che accadde venne incontro alle speranze dei democratici. Pochi mesi dopo la sua entrata in carica, Hayes pose termine a qualunque pressione militare federale nel sud e ritirò gli ultimi soldati.

«L'intero sud è caduto nelle mani degli stessi uomini che ci tenevano schiavi», commentò un nero della Louisiana. Ciò avvenne nel crescente disinteresse e di fatto con il consenso delle autorità federali. Si assistette così a un apparente paradosso. Il nord, che aveva vinto la guerra contro un sud armato e mobilitato quando la posta in gioco era stata la schiavitù e il destino dell'Unione, perse la battaglia contro un sud demoralizzato, sconfitto e impoverito quando la posta in gioco fu l'eguaglianza razziale. La ragione era che, nel rifiuto dell'eguaglianza, il sud bianco era unito e determinato come non lo era stato in difesa della schiavitù e della secessione. Nell'impegno a favore dell'eguaglianza, il nord era invece incerto e diviso. I settentrionali bianchi condividevano in effetti le idee razziali dei meridionali; una volta risolta a proprio favore la questione dell'unità nazionale e spentosi l'attivismo riformatore del dopoguerra, riemersero fra loro vecchie e radicate convinzioni. Era stato lo stesso Lincoln a dire nel 1858:

> non sono, e non sono mai stato, favorevole a una qualsiasi realizzazione della parità sociale e politica della razza bianca e nera; esiste una differenza fisica tra la razza bianca e la nera che credo impedirà per sempre alle due razze una convivenza in termini di parità sociale e politica. E poiché esse non possono convivere in questa maniera, finché rimangono assieme ci dovrà essere la posizione superiore e inferiore, e io, al pari di chiunque altro, sono favorevole a che la posizione superiore venga assegnata alla razza bianca.

La presidenza e le vicende della guerra lo avevano cambiato, lo avevano reso più sensibile a idee di parità e convivenza razziale, grazie anche al contrastato ma proficuo rapporto con l'abolizionista nero Frederick Douglass. Ma ora Lincoln era morto. Dopo vent'anni di bufere, il paese riunificato continuava a essere concepito come una nazione bianca. E tuttavia, perché si riuscisse a stroncare davvero il nuovo attivismo degli ex schiavi, e a ridurre le loro libertà, ci vollero altri vent'anni di lotte sociali e politiche durissime. La segregazione a base razziale, come sistema compiuto, arrivò nel sud solo negli anni novanta.

4. *La nazione e il continente*

Il cosiddetto nazionalismo meridionale non resse alla prova della sconfitta militare. Dopo Appomattox si sciolse come neve al sole. La Confederazione ebbe una morte rapida e silenziosa, e ciò, secondo alcuni storici, testimonia del fatto che essa non riuscì a pensarsi come entità culturalmente autonoma e distinta. Il suo ceto dirigente non tentò mai di costruire sul serio una nuova nazione; non ne aveva la volontà politica, non ci credeva davvero. Fin dall'inizio si sentì piuttosto intrappolato in un vicolo cieco, costretto a difendere una scelta, quella dell'indipendenza, che aveva minacciato per ricattare il settentrione ma che non aveva davvero voluto. Anche la popolazione condivideva queste incertezze. Nel sud occupato dalle armate unioniste non ci furono casi di resistenza armata popolare, né alla fine della guerra, quando magari ogni speranza era perduta, né durante la guerra. Lo spirito di resistenza era tutt'altro che scomparso, ma si manifestò solo quando i vincitori cercarono di imporre con la forza i diritti civili e politici dei neri. Allora sì che i meridionali bianchi organizzarono un movimento potente, capillare e clandestino, e sfidarono la politica del governo federale e dei repubblicani con un antagonismo che non avevano avuto contro l'esercito invasore. Allora sì che si delineò una causa per la quale battersi, quella della supremazia della razza bianca. Ma con la fine della Ricostruzione questa causa e questa ideologia non erano più elementi distintivi del sud; erano di fatto incorporati anche nella cultura politica prevalente nel nord. Alcuni esponenti meridionali continuarono a definirsi ribelli non pentiti, ma nella stragrande maggioranza ripresero a cantare le virtù e il radioso destino degli Stati Uniti d'America. Le celebrazioni patriottiche del 1876, per il centenario della Dichiarazione d'indipendenza, offrirono un'occasione solenne per manifestare questi sentimenti, come se l'unità del paese non fosse mai stata messa in discussione.

Una specifica identità meridionale continuò a esistere, ma tornò a essere quella che era prima del precipitare della crisi, e cioè un'identità regionale. Anche in quanto identità regionale, tuttavia, essa perse mordente. I suoi cultori non guardavano più all'avvenire, non aspiravano più a rappresentare tutta la nazione; si limitarono a guardare al passato, a contemplare il mondo perduto del sud prebellico e a raccontarlo come un paradiso pastorale, stabile, aristocratico, finito per sempre. In questo, il regionalismo meridionale contrastava con quello occidentale che proprio allora acquisì nuovo dinamismo, e che celebrò invece la proiezione verso il futuro, l'aggressività e la mobilità sociale e geografica della conquista della frontiera. Per quanto fossero diversi, i regionalismi del sud e dell'ovest avevano elementi comuni che diedero a entrambi una notevole popolarità fuori delle regioni d'origine. Agli abitanti del nordest industriale e urbano essi offrirono immagini di un'America rurale che stava scomparendo e che quindi poteva essere rievocata con nostalgia. Offrirono inoltre storie romantiche di eroi bianchi che soggiogavano e governavano genti primitive di colore, nere o rosse che fossero. Queste nostalgie fondate sulle gerarchie del colore furono incorporate nel nazionalismo che uscì rinnovato e rinvigorito dalla Guerra civile, e diedero un sapore «coloniale» al suo radicalismo democratico. Non si trattava, in verità, di peculiarità americane. La seconda metà dell'Ottocento vide sorgere, nei territori d'oltremare dell'impero britannico che come gli Stati Uniti derivavano da colonie di popolamento europeo, una serie di entità nazionali fondate anch'esse su nazionalismi democratici solo per bianchi. Ciò accadde in Canada e Australia (nella «bianca Australia» teorizzata dai suoi dirigenti), e più tardi, in diverse circostanze storiche, negli insediamenti anglo-boeri in Sud Africa.

4.1. *L'idea di nazione*

Il nesso fra democrazia e nazionalismo uscì rafforzato dal periodo della Guerra civile e della Ricostruzione, soprattutto a opera dei dirigenti settentrionali repubblicani. Essi usarono il termine «nazione» con più insistenza che nel passato, e con un inedito *pathos* progettuale che riecheggiava il nazionalismo democratico di origine europea. Manifestarono la convinzione che il paese non fosse più una federazione di stati, bensì una nazione unitaria; e che su questo, e non sui diritti degli stati, si fondassero le garanzie di libertà dei cittadini. Nel 1860, alla vigilia della guerra, ne parlò con eloquenza William H. Seward, senatore e poi segretario di Stato di Lincoln, in una serie di conferenze intitolata *L'idea nazionale*. Repubblica indissolubile, lavoro libero, eguaglianza dei diritti, suffragio universale: queste erano per lui le caratteristiche della «fede nazionale», una fede nuova ma a suo parere eterna, espressione della natura umana stessa, coltivata dagli uomini in ogni epoca e in ogni parte del mondo. Con eloquenza ancora più incisiva ne parlò Lincoln in un breve e intenso discorso, uno dei più celebri della storia americana, tenuto a Gettysburg nel 1863, pochi mesi dopo l'importante e sanguinosa battaglia. Il presidente disse che gli Stati Uniti erano nati come «una nuova nazione, concepita nella libertà, e consacrata al principio che tutti gli uomini sono creati eguali»; che il conflitto in corso doveva provare «se questa nazione o qualsiasi altra nazione così concepita e così consacrata, può durare a lungo»; e che il compito del momento era chiaro: «che questa nazione, sotto la protezione di Dio [*under God*], abbia una nuova nascita di libertà, e che il governo del popolo, da parte del popolo, per il popolo non scompaia dalla faccia della terra». Il patriota italiano Giuseppe Mazzini salutò *questi* Stati Uniti come la «nazione-guida» mondiale del nazionalismo democratico. Il socialista Karl Marx scrisse che «i lavoratori d'Europa sentivano istintivamente che alla bandiera stellata erano legate le sorti della loro classe».

A conflitto finito, la retorica si intensificò venandosi di toni romantici. «The Nation» fu il nome di un nuovo settimanale repubblicano che, diretto da Edwin L. Godkin, acquistò istantanea autorevolezza annunciando l'avvento di una svolta epocale, il trionfo in forme democratiche di una nazionalità una e indivisibile, ratificata dal sangue dei suoi figli. Il tema del sangue versato, del dolore per i caduti, dei martiri e degli eroi, diede drammatica serietà al nuovo sentimento nazionale. «Prima della guerra», annotò lo scrittore Ralph Waldo Emerson, «il nostro patriottismo era un fuoco d'artificio, un omaggio allegro, una serenata, per i giorni di festa e le serate d'estate», ma la sua sostanza era esile; «la morte di migliaia e la determinazione di milioni di uomini e donne lo rendono reale». Il ricordo del sacrificio e del dolore fu consolidato in pubbliche celebrazioni, in giornate della memoria, nella produzione incessante di storie e immagini della guerra che fu. Il culto della bandiera divenne un fenomeno di massa, corredato di un nuovo mito delle origini, il mito di Betsy Ross, la sarta di Filadelfia che avrebbe confezionato la prima «stelle-e-strisce» nel 1776. La figura di Lincoln, il presidente ucciso non in un giorno qualsiasi ma il Venerdì Santo del 1865, acquisì un'aura quasi religiosa; nelle stampe del tempo fu beatificata con i tratti di un Cristo Salvatore, di un secondo padre della patria che sale al cielo accolto dal già beatificato George Washington. Più prosaicamente, la nuova identità unitaria fu sancita dalla Corte suprema, che dichiarò incostituzionale la secessione: la rottura del «corpo politico» della nazione era improponibile (1869). Fu allora, fra l'altro, che ci fu una significativa novità linguistica. Gradualmente, alla tradizionale designazione degli Stati Uniti come un soggetto plurale, di cui si diceva «questi Stati Uniti *sono*», si affiancò l'uso di designarli, nel linguaggio pubblico se non in quello istituzionale, come un soggetto singolare di cui si poteva dire «gli Stati Uniti *è*».

Nel saggio *Prospettive democratiche* (1871) Whitman lanciò un manifesto per l'indipendenza culturale degli Stati Uniti, o meglio di «questi Stati» (plurale), come egli continuava a dire. Whitman lamentò che la nazione uscita dalla guerra non avesse una vita intellettuale originale che ne rispecchiasse i caratteri, la grandezza e le aspirazioni; ma ne proiettò nel futuro, con toni profetici, le potenzialità di espansione. Questo era il paese, scrisse, che si era assunto il compito di realizzare nella storia il principio democratico; America e democrazia erano per lui parole intercambiabili. Eppure il paese era come un corpo senz'anima; le sue espressioni teologiche, artistiche e letterarie dipendevano dall'Europa ed erano intrise di principi feudali, clericali, di casta. Da questo punto di vista, gli americani erano nelle mani dei paesi stranieri. Secondo Whitman c'era bisogno di un salto qualitativo. Invocò dunque la nascita di una nuova letteratura che si facesse portavoce della nazione, che fosse accessibile a tutti, che avesse rispetto per il popolo e ne capisse il «rozzo, rude spirito»; una letteratura che fosse in grado di dare fondamenti spirituali e religiosi all'unità nazionale e alla democrazia, in modo che la democrazia nazionale avesse «una presa tanto solida quanto calda sul cuore degli uomini con le loro emozioni e convinzioni, quale ebbero ai tempi loro il feudalesimo e il mondo ecclesiastico». Con una trasformazione del genere, la nazione poteva crescere sana e forte, conquistare il continente e dominare il mondo non solo con la produzione e il commercio (come già stava accadendo) ma anche con i suoi valori morali. Concluse Whitman:

> Il Pacifico sarà nostro, e nostro soprattutto l'Atlantico. Si avranno comunicazioni quotidiane per via elettrica con ogni angolo del globo. Che epoca! Che terra la nostra! Dove mai un'altra così grande? L'individualità di una nazione, allora come sempre, dovrà guidare il mondo. Può esservi dubbio su chi sarà il leader?

Del linguaggio del nazionalismo si appropriarono alcuni esponenti neri per elaborare progetti di liberazione per il loro popolo prima deportato e schiavo, poi formalmente emancipato ma discriminato. Frederick Douglass pensava che gli americani di origine africana, per quanto maltrattati ed esclusi, facessero parte della nazione statunitense, «la nostra diversificata nazionalità»; riteneva che il loro riscatto dovesse avvenire tramite i «grandi principi di libertà politica e giustizia naturale» che, pur traditi e non estesi a tutti, appartenevano alla migliore tradizione del paese. Altri abolizionisti neri come Martin Delany pensavano invece che essi fossero una «nazione nella nazione» e che dovessero creare un loro stato-nazione separato nelle Americhe. Per Delany, come per molti euro-americani, era «assolutamente evidente» che il nuovo continente era «designato dalla provvidenza come asilo per tutte le varie nazioni del mondo». Altri infine parlarono di ritorno in Africa. Benché vi fossero aspri disaccordi nella comunità nera, alcuni individuarono il luogo del ritorno nella Liberia, un «luogo dedicato alla nazionalità e consacrato alla libertà» secondo l'intellettuale Alexander Crummell. L'idea di tornare in Africa come uomini nuovi prodotti dal Nuovo mondo, come avanguardie della redenzione africana, come fondatori di una nuova nazione che portasse gloria alla razza, doveva molto all'americanismo bianco, al suo spirito di missione e alla sua convinzione che la salvezza consistesse in un esodo biblico verso una Terra promessa. Era tuttavia alla base di un sogno di salvezza drammaticamente rovesciato, che implicava non un esodo verso l'America bensì una fuga dall'America. Ed era comprensibile che fosse così, visto che per gli africani l'America non era la Terra promessa bensì la terra della schiavitù.

Che gli ex schiavi fossero cittadini americani fu scritto, come si è visto, nell'Emendamento XIV della Costituzione (1868). Questo emendamento ebbe altre, più generali implicazioni. La sua prima sezione diceva: «Tutte le persone nate o naturalizzate negli Stati Uniti, e soggette alla loro giurisdizione, sono cittadini degli Stati Uniti e dello Stato nel quale risiedono. Nessuno Stato farà o darà esecuzione a leggi che limitino i privilegi o le immunità dei cittadini degli Stati Uniti». Per assicurare ai neri i loro diritti, per impedire che i governi statali potessero manometterli o negarli, si affermavano dunque due importanti novità. La prima era il riconoscimento formale, anzi la costituzionalizzazione, della pratica dello *ius soli*, cioè del diritto ad acquisire automaticamente la cittadinanza per il solo fatto di nascere nel territorio nazionale. La seconda era l'esistenza di una cittadinanza originata dall'appartenenza agli Stati Uniti e non ai singoli stati; l'esistenza insomma di una cittadinanza nazionale precedente e superiore a quella statale. Fino ad allora si era ritenuto che fosse vero il contrario, che gli americani fossero in primo luogo cittadini degli stati nei quali risiedevano e solo in secondo luogo, e di conseguenza, cittadini degli Stati Uniti; in alcuni casi si parlò di «doppia cittadinanza». I governi meridionali secessionisti avevano agito in base a questa logica quando, una volta proclamato lo scioglimento dell'Unione, negarono ai loro abitanti il diritto di scegliere liberamente da quale parte schierarsi. Questi abitanti non erano considerati cittadini dell'Unione bensì di ciascuno degli stati; se si fossero schierati con il nord, sarebbero diventati traditori. I cittadini degli stati unionisti, viceversa, divennero per quelli confederati degli stranieri nemici. L'Emendamento XIV, che riprese il linguaggio del *Civil Rights Act* del 1866, rovesciò questa prospettiva. E diede un contributo (per quanto controverso, discusso e a lungo applicato poco e male) all'idea di una democrazia inclusiva e nazionale.

L'Emendamento XIV chiarì anche che la cittadinanza nazionale era, per alcuni aspetti decisivi, una cittadinanza maschile. Se infatti nella prima sezione l'emendamento proteggeva i diritti di «tutte le persone», nella seconda sezione, riguardante lo specifico diritto di voto, si limitò a parlare di «cittadini maschi». Questa formulazione era il risultato di una controversia esplosa quando vari gruppi di donne inviarono petizioni al Congresso affinché l'emendamento in discussione garantisse anche il loro diritto di voto, oltre a quello degli ex schiavi. Queste donne erano veterane del movimento abolizionista, di cui erano state fra le militanti più appassionate. Erano anche veterane del congresso di Seneca Falls (nello stato di New York, 1848) dove molte di loro, guidate da Elisabeth Cady Stanton e Lucretia Mott, insieme a un piccolo gruppo di uomini fra i quali gli abolizionisti Frederick Douglass e William Lloyd Garrison, avevano rivendicato l'eguaglianza di diritti per le donne, compreso il «diritto politico». Vent'anni dopo Seneca Falls, l'abolizionismo aveva vinto. Ma le richieste di suffragio femminile furono respinte dal Congresso. Da quel rifiuto nacque un nuovo movimento suffragista articolato in due organizzazioni distinte (1869): la National Woman Suffrage Association di Elisabeth Cady Stanton e Susan B. Anthony, e la American Woman Suffrage Association di Lucy Stone. Da quel rifiuto nacque anche il linguaggio sessuato che entrò nella Costituzione. Per negare alle donne la franchigia, il testo costituzionale dovette dire quello che fino ad allora non aveva bisogno di essere detto, tanto era scontato; e cioè che il voto era una prerogativa maschile. Distinguendo fra «cittadini maschi» titolari del voto e altri cittadini, ovviamente di sesso femminile, che titolari non erano, la Costituzione affermò inoltre che non esistevano rapporti necessari fra cittadinanza e suffragio. Anche nella nazione democratica il diritto di voto non era, di per sé, uno dei privilegi della cittadinanza protetti dalla Costituzione federale.

Nel primo decennio del dopoguerra, infine, il nazionalismo portò a termine la sua missione di conquista territoriale. Si concluse allora la presa di possesso economica, politica e militare di quella parte del continente che gli Stati Uniti consideravano il proprio territorio. Gli esiti della Guerra civile risolsero l'annoso problema di quali aree del paese avrebbero guidato l'ultima espansione. A farlo sarebbe stato non il sud schiavista, naturalmente, e neanche il sud non più schiavista ma sconfitto, bensì il nord libero e capitalista e per esso, senza i compromessi regionali di un tempo, il governo nazionale. Il simbolo di questa svolta fu il completamento della prima ferrovia transcontinentale lungo la direttrice favorita dal nord, e cioè da Omaha, in Nebraska, alla baia di San Francisco. I lavori erano iniziati, con audace baldanza, nel bel mezzo del conflitto, quando altrove le costruzioni ferroviarie si erano interrotte. Nel 1869 i tronconi della Central Pacific Railroad, proveniente dalla California, e della Union Pacific Railroad, proveniente dal Middle West, si incontrarono a Promontory Point, nello Utah, stabilendo un collegamento che si estendeva per 2.800 chilometri. Nel frattempo era esploso un nuovo boom ferroviario. Fra il 1867 e il 1873 la rete nazionale si arricchì di 48.000 chilometri di nuove strade ferrate. Erano inoltre in costruzione la Northern Pacific Railroad (che dai Grandi Laghi doveva raggiungere Portland, in Oregon, attraverso il Dakota) e, più a sud, la Southern Pacific (da New Orleans alla California meridionale, lungo il confine con il Messico) e la Atchison, Topeka & Santa Fe (dal Kansas a San Francisco, via Colorado, New Mexico e Arizona). All'inizio degli anni ottanta, quando anche queste imprese giunsero a buon termine, ci furono quattro linee ferroviarie che connettevano la valle del Mississippi all'oceano Pacifico.

4.2. *L'estremo ovest*

Queste vie di comunicazione aprirono l'ovest più lontano, il Far West, e le sue ricchezze a nuove ondate di americani in movimento. Nel ventennio 1870-90 gli abitanti bianchi a occidente del fiume Mississippi crebbero da 7 a 17 milioni. Nel quindicennio 1861-76 entrarono nell'Unione gli stati di Kansas, Nevada, Nebraska, Colorado. Più tardi fu la volta di North Dakota, South Dakota, Montana, Washington State (1889), Idaho e Wyoming (1890) e infine Utah (1896). Le grandi pianure, le Montagne Rocciose, le aree desertiche del sudovest divennero l'ultima frontiera. Vi arrivarono minatori, boscaioli e allevatori di bestiame che speravano in una rapida fortuna e formarono insediamenti isolati, popolosi e turbolenti. Nel giro di qualche anno, tuttavia, la fase avventurosa, localista e individualista si chiuse. Le attività di estrazione e trasporto dei minerali erano costose, e ai singoli cercatori subentrarono imprese che raccoglievano all'est i capitali necessari per pagare le macchine, i tecnici, la manodopera e le connessioni ferroviarie. La proprietà delle foreste finì nelle mani di grandi società che sfruttavano il legname in aree vastissime. La disponibilità di capitali, di forza lavoro disciplinata e di facili accessi ai mercati fu decisiva anche per gli allevatori che introdussero la carne bovina nella dieta nazionale. Subito dopo la Guerra civile, per raggiungere i macelli di St. Louis e Chicago, mandrie di centinaia di capi erano condotte dal Texas verso nodi ferroviari distanti anche 2.000 chilometri (Cheyenne in Wyoming, o Abilene in Kansas). Si trattava di viaggi impervi, assistiti da pochi mandriani a cavallo, i cowboy. Negli anni settanta gli allevamenti si spostarono più vicino alle ferrovie. Ciò avvenne grazie alla selezione scientifica di nuove razze bovine capaci di sopravvivere nei freddi inverni fra Kansas e Montana, e alla creazione di *ranchos* immensi con molti dipendenti.

Il Far West e alcuni suoi tipi umani entrarono rapidamente nel folklore nazionale e nazionalista. Le comunità dell'ovest erano assai composite. Vi erano sia cittadini che nuovi immigrati. Discriminati e talvolta vittime di angherie, vi erano messicani, indiani, neri reclutati come mandriani, cinesi reclutati per costruire le ferrovie. Vi erano molte donne, che formavano un terzo dei residenti bianchi anche in zone poco colonizzate come il Colorado, il Nevada, l'Arizona. E tuttavia a divenire protagonisti delle leggende che contribuirono a definire il carattere nazionale furono pochi maschi bianchi: cowboy liberi e selvaggi, fuorilegge e uomini di legge duri e violenti, avventurieri dal tragico destino. Negli anni sessanta e settanta le cronache non furono avare di personaggi ed eventi. William «Buffalo Bill» Cody: guida dell'esercito, massacratore di bisonti, attore, cacciatore di scalpi e uccisore di indiani, membro dell'assemblea legislativa del Nebraska. «Wild Bill» Hickok: ex sceriffo e pistolero, assassinato al tavolo da poker in un saloon di Deadwood, in Dakota (1876). La sua amica Martha «Calamity Jane» Canary: amazzone e tiratrice scelta che si vestiva e comportava da uomo per sopravvivere in un mondo di uomini. Wyatt Earp e i suoi fratelli: coinvolti nella sparatoria con un clan rivale all'OK Corral di Tombstone, in Arizona (1881). Tutti costoro furono istantaneamente trasformati in cavalieri romantici dagli scrittori di *dime novels*, i romanzi popolari e a buon mercato, e poi da spettacoli di straordinario successo anche internazionale come il *Wild West Show* (1883-1901) dello stesso Buffalo Bill. Le loro gesta romanzate consolidarono l'ideale dell'americano come eroe individualista e autosufficiente, solitario e virile conquistatore di un intero continente.

Anche il paesaggio del Far West fu raffigurato con retorica conquistatrice e nazionalista. Le stampe dei litografi newyorkesi Currier & Ives, che negli anni sessanta adornavano le case e gli uffici del ceto medio, diffusero nel paese l'immagine di un ovest bello e selvaggio, ancora pericoloso per i possibili raid degli indiani, ma pronto a essere sottomesso dalla civiltà. In una delle loro stampe più celebri, la vita civile in primo piano (fatta di case, scuole, attività comunitarie, riti familiari) si proietta verso un secondo piano di pianure, fiumi e montagne tramite una strada ferrata che si perde all'orizzonte, con un treno carico di emigranti. Il titolo era esplicito, *Attraverso il continente: verso l'ovest il corso dell'impero si mette in cammino* (1868). Negli stessi anni, la tecnica e arte recentissima della fotografia permise di documentare questo cammino. I dagherrotipi di Andrew J. Russell seguirono il progredire della prima ferrovia transcontinentale e registrarono la posa dell'ultimo binario a Promontory Point (1869); quelli di Tim O'Sullivan fecero conoscere un ovest promettente di ricchezze materiali che attendevano di essere sfruttate dal lavoro umano (1868-69). Queste rappresentazioni della natura occidentale erano manifestazioni di un orgoglio nazionale che esaltava le capacità trasformative di una società tecnologica in espansione. A un diverso tipo di nazionalismo culturale appartennero le rappresentazioni dei fotografi e paesaggisti che invece celebrarono la *wilderness*, la natura incontaminata, e posero il problema non del suo sfruttamento bensì della sua conservazione. Costoro, sulle orme dello scrittore Henry David Thoreau, considerarono la natura dell'ovest una fonte di verità estetiche, filosofiche e morali capaci di rigenerare gli americani.

Thoreau, prima di morire nel 1862, si interessò anche delle lingue e dei modi di vita degli abitanti nativi del continente che i bianchi stavano conquistando, e lo fece con rispetto e una buona dose di idealizzazione romantica. Egli vide l'indiano come una nobile e libera creatura, che viveva in contatto con la natura e secondo le sue leggi, e che era derubata e violentata da un mondo tecnologico, aggressivo, materialista. Thoreau era fra i pochissimi a pensarla così. Altri americani assomigliavano piuttosto alla figura che lo scrittore Herman Melville, nel romanzo *L'uomo di fiducia* (1857), descrisse con ferocia come l'«odiatore di indiani»: il *frontiersman* democratico che «impara in un sol colpo che bisogna amare il fratello e odiare l'indiano». Negli anni precedenti alla Guerra civile i tradizionali sentimenti di ostilità dei bianchi verso i «selvaggi» si sedimentarono in discorsi scientifici sulla loro inferiorità genetica, sul loro carattere barbaro e impossibile da incivilire, sull'ineluttabilità della loro scomparsa. Nel 1825, nel privato di una riunione di gabinetto del presidente John Quincy Adams, Henry Clay aveva sostenuto che gli indiani erano incapaci di progredire, non degni di essere preservati come razza; e aveva concluso: «la loro scomparsa dalla famiglia umana non sarà una gran perdita per il mondo». Più tardi questo modo di ragionare entrò senza remore nel linguaggio pubblico, riprodotto per esempio dallo storico Francis Parkman o dallo stesso Tocqueville. Negli anni cinquanta l'antropologo Lewis Henry Morgan, uno dei primi moderni studiosi delle culture native, riteneva che questa fosse l'opinione generale negli Stati Uniti: secondo la logica prevalente, che egli disapprovava, «il destino dell'indiano [era] lo sterminio».

Quando la scrittrice riformatrice Helen Hunt Jackson pubblicò un libro di denuncia della politica indiana federale dal titolo *Un secolo di disonore* (1881), questo destino si era in gran parte compiuto. Fu nel Far West che si combatterono le ultime fasi dello scontro ormai impari fra «pellirosse» e «visi pallidi». Negli anni cinquanta il governo degli Stati Uniti aveva cambiato strategia. Fino ad allora aveva cercato di tenere le nazioni indiane separate dai bianchi, rimuovendole con violenza dalle loro terre, relegandole in territori a ovest del Mississippi ritenuti inadatti all'insediamento europeo, e riconoscendo loro una sorta di indipendenza con dei trattati e dei confini di carattere internazionale. L'avanzata europea tuttavia non si fermò neanche in queste regioni, e allora il governo iniziò a concentrare i nativi in aree più ristrette e direttamente sotto la sua gestione, le cosiddette riserve. Si passò dunque da una politica di separazione forzata fra nazioni a una di segregazione di razza. Molti indiani rifiutarono di farsi chiudere nelle riserve. Inoltre i confini sia delle riserve che dei territori furono continuamente violati, senza che le autorità federali intervenissero sul serio a proteggerli. I coloni e gli agenti delle società minerarie e ferroviarie entrarono in aree che avrebbero dovuto essere loro vietate. Dove riuscivano nell'intento, i nuovi arrivati distruggevano rapidamente le condizioni di vita e le risorse degli abitanti del luogo, appropriandosi delle loro terre per coltivarle e costruirvi strade e ferrovie, facendo scomparire le mandrie di bisonti che fornivano carne, pelli, strumenti di lavoro. Tutto ciò portò a una serie di conflitti armati e di episodi di guerriglia che insanguinarono la frontiera occidentale prima, durante e dopo la Guerra civile.

In conseguenza della Guerra civile il cosiddetto Territorio indiano, cioè l'Oklahoma, cessò di esistere come patria esclusiva dei nativi. Qui risiedevano, come si è visto, gli indiani Cherokee, Chickasaw, Choctaw, Creek e Seminole che vi erano stati deportati negli anni trenta. Durante il conflitto, costoro furono sottoposti a perentorie richieste di alleanza sia del sud sia del nord; finirono per essere maltrattati da entrambe le parti, soprattutto dal nord vincitore, e per perdere ogni autonomia. Nel sudovest del paese, la lunga resistenza degli Apache si concluse quando l'ultimo capo ribelle, Cochise, fu rinchiuso in una riserva in Arizona (1872). Lo stesso destino toccò ai Comanche, dopo ripetuti scontri con l'esercito federale e con la spietata milizia del Texas, i Texas Rangers (1875). Nelle pianure centro-settentrionali esplose la tensione, che stava montando dalla fine degli anni cinquanta, con i Cheyenne e i Sioux. I popoli Sioux furono gli ultimi a trattare con gli Stati Uniti e il suo esercito come nazioni indipendenti. Essi difesero con determinazione le loro terre dalla penetrazione dei minatori, dei cercatori d'oro e degli ispettori ferroviari impegnati a disegnare il tracciato della Northern Pacific Railroad. Stipularono trattati, peraltro sempre violati, in cui Washington riconobbe loro il possesso perpetuo delle Black Hills del Dakota. Affrontarono le truppe federali in ripetute insurrezioni, le più importanti delle quali furono quelle guidate dai capi Red Cloud (1866-68) e Crazy Horse e Sitting Bull (1875-77). Tennero testa a ufficiali e soldati che avevano combattuto nella Guerra civile da poco terminata. Furono travolti da forze soverchianti. Anch'essi vennero deportati e chiusi in riserve.

5. *Un esercito per la nazione?*

Nel 1877 alcuni episodi segnalarono svolte importanti per il paese, e tutti ebbero fra i protagonisti l'esercito federale. Il ritiro definitivo delle truppe dagli stati ex confederati, avvenuto nell'estate in conseguenza del già citato Compromesso del 1877, concluse un periodo di eccezionale autorità e visibilità dei militari. Dopo la grande smobilitazione del 1865, che rimandò a casa centinaia di migliaia di uomini, e dopo la fine dell'occupazione del sud, i soldati in servizio effettivo si ridussero a 25.000, pari al 5% dei soldati francesi del tempo, al 15% di quelli inglesi. L'esercito tornò a essere l'istituzione marginale, decentrata e poco consistente che era stata dall'inizio del secolo. Gli americani continuarono a considerare con sospetto la presenza di un esercito forte, permanente e professionale, che ritenevano un prodotto dei sistemi politici tirannici dell'Europa. Il loro spirito marziale, tutt'altro che inesistente, si traduceva piuttosto nella valorizzazione della tradizione rivoluzionaria del cittadino-soldato incorporata nella stessa Costituzione (l'Emendamento II proteggeva il diritto dei cittadini a «detenere e portare armi» al fine di costituire «una ben regolata milizia»). D'altra parte, non c'erano potenze straniere ostili che minacciassero direttamente i confini, e quindi si sentivano sicuri. Gli unici nemici in vista erano le nazioni indiane, lungo una frontiera che era percepita come una frontiera interna. Per questo l'esercito degli Stati Uniti conservò a lungo il carattere di una piccola armata coloniale, destinata soprattutto a combattere i nativi. Non a caso, delle tre divisioni territoriali in cui si articolò l'apparato militare, le divisioni del Pacifico, dell'Atlantico e del Missouri, quest'ultima era quella più importante, nel cuore occidentale del continente.

Ma anche in queste regioni le cose cambiarono nel 1877. Una serie di sconfitte indiane indicò che i compiti coloniali dell'esercito stavano esaurendosi. I Sioux insorti furono costretti alla resa. Crazy Horse (Tashuncahuitco, in lingua Oglala Sioux) fu ucciso, Sitting Bull (Tatanka Yotanka in lingua Hunkpapa Sioux) si rifugiò con la sua gente in Canada. Più a ovest, il popolo dei Nez Perce cercò di sottrarsi alle truppe federali con una ritirata di 1.600 chilometri verso il confine canadese; fu tuttavia intercettato a 50 chilometri dalla salvezza e deportato in una riserva. L'esercito riscattò così l'insuccesso dell'anno precedente, quando il colonnello George A. Custer cercò di attaccare un accampamento Sioux presso il fiume Little Big Horn, negli altipiani dell'odierno stato del Montana, ma fu annientato con tutti i suoi uomini (25 giugno 1876). Il comportamento di Custer fu giudicato folle dai suoi superiori. Ciò nonostante la sua morte entrò nella leggenda nazionale come *Custer's Last Stand*, la sua ultima eroica resistenza, e il luogo della battaglia fu consacrato al suo martirio come *Custer Battlefield National Monument* (1886). La battaglia entrò anche nella leggenda indiana come l'ultima vittoria contro l'invasore bianco. Più di un secolo dopo, questa memoria divisa fu riconosciuta quando il monumento mutò nome in un meno partigiano *Little Big Horn Battlefield National Monument* (1991). Custer era uno dei giovani ufficiali unionisti che, saliti di grado durante la Guerra civile, e rimasti in servizio alla fine del conflitto, furono distaccati nel Far West per le guerre anti-indiane. Ora quel nemico non esisteva più come forza combattente, si trattava solo di tenerlo prigioniero. Nel 1877 fu affidato al generale William T. Sherman, divenuto comandante dell'esercito, il controllo diretto delle riserve indiane, un incarico non proprio eccitante per il guerriero che aveva messo in ginocchio la Confederazione.

Mentre i veterani e gli eroi della Guerra civile diventavano i vincitori e i carcerieri dei nativi dell'ovest, un'altra, nuova guerra si apriva nell'est, ed era una guerra sociale. Nel luglio 1877, nel mezzo di una depressione economica che era cominciata nel 1873 e aveva devastato le aree industriali, ci fu una delle più aspre esplosioni sociali nella storia del paese. Uno sciopero di ferrovieri partì dal West Virginia e da Pittsburgh in Pennsylvania, poi si estese fino a Chicago e St. Louis; in molte città si allargò ad altre categorie di lavoratori e divenne sciopero generale cittadino. Alcune fabbriche furono occupate e autogestite dai dipendenti; ci furono disordini di strada, e assalti agli uffici delle società ferroviarie. I governatori degli stati coinvolti e il presidente Hayes parlarono di un'«insurrezione» e ordinarono di intervenire alle milizie statali e infine alle truppe federali. Per ristabilire l'ordine, al prezzo di qualche decina di morti, si fece ricorso a unità militari che furono richiamate dall'ovest e dalla guerre indiane, oppure che erano appena rientrate dal sud. L'ex presidente Grant fu tra quelli che giudicarono l'evento paradossale e «un poco bizzarro». Grant osservò infatti che proprio coloro che, sotto la sua amministrazione, avevano trovato orribile impiegare l'esercito per proteggere i neri meridionali, ora applaudivano senza esitazione il suo impiego per reprimere gli scioperanti settentrionali. A un giornale di Charleston, in South Carolina, questi fatti parvero addirittura epocali. «La questione meridionale», scrisse con un sospiro di sollievo, era «morta». Il ceto dirigente nazionale, tutto settentrionale, aveva scoperto di avere altre gatte da pelare in casa propria, e avrebbe lasciato in pace il sud. Lo sciopero nel nord aveva messo al centro della vita pubblica «la questione del lavoro e del capitale, del lavoro e del salario».

Gli eventi del 1877 propiziarono una riforma delle milizie statali e un inizio di riforma dell'esercito federale. Le milizie, dal punto di vista dei tutori dell'ordine pubblico, si dimostrarono impreparate, inaffidabili e indisciplinate. Previste dalla Costituzione e regolate da una legge del 1792, erano sotto il comando dei governatori ma potevano essere «federalizzate» per tre mesi dal presidente, al fine di respingere invasioni o sopprimere insurrezioni interne. In teoria comprendevano tutti i cittadini maschi adulti, ma col tempo persero la loro universalità; di fatto divennero corpi di volontari che, soprattutto nel nord, provenivano dai ceti sociali medio-bassi. Anche per questo motivo, nel luglio 1877, le milizie furono riluttanti a schierarsi contro gli scioperanti, e talvolta solidarizzarono apertamente con essi. Dopo di allora tutti gli stati avviarono drastici cambiamenti: operarono una separazione netta fra una «milizia inattiva», universale ed esistente solo sulla carta, e una «milizia attiva» o «organizzata», formata dai reparti effettivamente operativi. La milizia organizzata fu equipaggiata e addestrata per affrontare i disordini sociali, e sia gli ufficiali che i ranghi furono reclutati negli strati medio-alti della popolazione. Fu questa milizia che cominciò a essere comunemente chiamata Guardia nazionale, un nome che venne adottato anche dalla National Guard Association (1878) che fornì un luogo di incontro e scambio di informazioni a livello federale. In stati industriali come New York e Pennsylvania la Guardia nazionale acquistò caratteri marcatamente d'élite; fu finanziata non solo dalle autorità pubbliche ma anche da benefattori privati, cioè da ricchi uomini d'affari, e si distinse per i suoi ripetuti interventi nei conflitti operai. Divenne la bestia nera delle nascenti organizzazioni sindacali. Nel sud divenne uno strumento per affermare e difendere la supremazia bianca.

L'esercito fu più efficace delle milizie nel reprimere le sommosse popolari del luglio 1877. Alcuni osservatori ne cantarono le lodi e ne chiesero la trasformazione nella polizia nazionale che il paese non aveva mai avuto. Il periodico repubblicano «The Nation» invocò la necessità di «un incremento dell'apparato militare della nazione», di un raddoppio almeno dei suoi effettivi fino a 50.000 uomini. Altri, fra i quali molti sindacalisti e molti democratici anticentralisti, si opposero a questi progetti che ritenevano illegali, eversivi e «prussiani». Le stesse gerarchie militari erano scettiche; consideravano l'intervento dell'esercito in questioni di ordine pubblico o in dispute di lavoro come improprio, svilente, degradante. Alcuni riformatori cominciarono piuttosto a insistere affinché le forze armate degli Stati Uniti divenissero come quelle europee, e cioè macchine non per la guerra interna o coloniale contro i nativi, bensì per la guerra con altre potenze occidentali. Il Congresso istituì allora una speciale commissione bicamerale guidata dal senatore repubblicano ed ex generale della Guerra civile Ambrose E. Burnside (1878). Le proposte avanzate prevedevano un drastico snellimento della burocrazia militare, la creazione di unità combattenti più efficienti, la definizione di linee di comando chiare, l'aumento del potere del presidente nella selezione e nella scelta degli ufficiali superiori. Ma per il momento non se ne fece niente. I compiti di ordine pubblico furono demandati alla rinnovata e rafforzata Guardia nazionale. L'avvio di una riforma radicale, che portasse alla formazione di un «moderno» esercito nazionale, dovette attendere gli ultimi anni del secolo e lo sviluppo di concrete occasioni di intervento internazionale e di aspirazioni imperiali.

Appendice

Appendice

TAB. 1. *I 50 stati USA nell'ordine del loro ingresso nell'Unione*

1.	Delaware	1787	26.	Michigan	1837
2.	Pennsylvania	1787	27.	Florida	1845
3.	New Jersey	1787	28.	Texas	1845
4.	Georgia	1788	29.	Iowa	1846
5.	Connecticut	1788	30.	Wisconsin	1848
6.	Massachusetts	1788	31.	California	1850
7.	Maryland	1788	32.	Minnesota	1858
8.	South Carolina	1788	33.	Oregon	1859
9.	New Hampshire	1788	34.	Kansas	1861
10.	Virginia	1788	35.	West Virginia	1863
11.	New York	1788	36.	Nevada	1864
12.	North Carolina	1789	37.	Nebraska	1867
13.	Rhode Island	1790	38.	Colorado	1876
14.	Vermont	1791	39.	North Dakota	1889
15.	Kentucky	1792	40.	South Dakota	1889
16.	Tennessee	1796	41.	Montana	1889
17.	Ohio	1803	42.	Washington	1889
18.	Louisiana	1812	43.	Idaho	1890
19.	Indiana	1816	44.	Wyoming	1890
20.	Mississippi	1817	45.	Utah	1896
21.	Illinois	1818	46.	Oklahoma	1907
22.	Alabama	1819	47.	New Mexico	1912
23.	Maine	1820	48.	Arizona	1912
24.	Missouri	1821	49.	Alaska	1959
25.	Arkansas	1836	50.	Hawaii	1959

TAB. 2. *La popolazione degli Stati Uniti, 1790-1890*

	Popolazione	Percentuale d'incremento rispetto al precedente censimento	Superficie in miglia quadrate	Abitanti per miglio quadrato	Percentuale urbana / rurale	Percentuale bianchi / non bianchi
1790	3.929.214		867.980	4,5	5,1 / 94,9	80,7 / 19,3
1800	5.308.483	35,1	867.980	6,1	6,1 / 93,9	81,1 / 18,9
1810	7.239.881	36,4	1.685.865	4,3	7,3 / 92,7	81,0 / 19,0
1820	9.638.453	33,1	1.753.588	5,5	7,2 / 92,8	81,6 / 18,4
1830	12.866.020	33,5	1.753.588	7,3	8,8 / 91,2	81,9 / 18,1
1840	17.069.453	32,7	1.753.588	9,7	10,8 / 89,2	83,2 / 16,8
1850	23.191.876	35,9	2.944.337	7,9	15,3 / 84,7	84,3 / 15,7
1860	31.443.321	35,6	2.973.965	10,6	19,8 / 80,2	85,6 / 14,4
1870	39.818.449	26,6	2.973.965	13,4	25,7 / 74,3	86,2 / 13,8
1880	50.155.783	26,0	2.973.965	16,9	28,2 / 71,8	86,5 / 13,5
1890	62.947.714	25,5	2.973.965	21,2	35,1 / 64,9	87,5 / 12,5

TAB. 3. *L'immigrazione negli Stati Uniti, per decennio e per origine regionale, 1820-1890*

	Totale	Europa nordovest (%)	Europa sudest (%)	Americhe (%)	Altri (%)
1820-30	151.824	67,1	2,1	8,4	22,4
1831-40	599.125	81,8	1,0	5,5	11,7
1841-50	1.713.251	92,9	0,4	3,6	3,1
1851-60	2.598.214	93,6	0,8	2,9	2,7
1861-70	2.314.824	87,8	1,4	7,2	3,6
1871-80	2.812.191	73,6	7,2	14,4	4,8
1881-90	5.246.613	72,0	18,3	8,1	1,6

TAB. 4. *Elezioni presidenziali negli Stati Uniti, 1789-1876*

	Candidati principali	Partiti	Voti elettorali	Voti popolari	Affluenza alle urne (%)	Stati membri	Stati con elezione
1789	**George Washington*	*Indipendente*	69	–	–		
	John Adams	Federalista	34	–			
	John Jay	Federalista	9	–			
1792	**George Washington*	*Indipendente*	132	–	–	15	
	John Adams	Federalista	77	–			
	George Clinton	Democratico-repubblicano	50	–			
1796	**John Adams*	*Federalista*	71	–	–	16	
	Thomas Jefferson	Democratico-repubblicano	68	–			
	Thomas Pinckney	Federalista	59	–			
	Aaron Burr	Democratico-repubblicano	30	–			
	Samuel Adams	Federalista	15	–			
1800	**Thomas Jefferson*	*Democratico-repubblicano*	73	–	–	16	
	Aaron Burr	Democratico-repubblicano	73	–			
	John Adams	Federalista	65	–			
	Charles C. Pinckney	Federalista	64	–			
1804	**Thomas Jefferson*	*Democratico-repubblicano*	162	–	–	17	
	Charles C. Pinckney	Federalista	14	–			
1808	**James Madison*	*Democratico-repubblicano*	122	–	–	17	10
	Charles C. Pinckney	Federalista	47	–			
1812	**James Madison*	*Democratico-repubblicano*	128	–	–	18	9
	DeWitt Clinton	Federalista	89	–			
1816	**James Monroe*	*Democratico-repubblicano*	183	–	–	19	10
	Rufus King	Federalista	34	–			
1820	**James Monroe*	*Democratico-repubblicano*	231	–	–	24	15

	Candidati principali	Partiti	Voti elettorali	Voti popolari		Affluenza alle urne (%)	Stati membri	Stati con elezione
				N.	%			
1824	**John Quincy Adams*	*Democratico-repubblicano*	84	113.142	30,9	(26,7)	24	18
	Andrew Jackson	Democratico-repubblicano	99	151.363	41,4			
	William H. Crawford	Democratico-repubblicano	41	41.032	11,2			
	Henry Clay	Democratico-repubblicano	37	47.545	13,0			
1828	**Andrew Jackson*	*Democratico*	178	642.806	56,0	57,6	24	22
	John Quincy Adams	Repubblicano nazionale	83	501.967	46,2			
1832	**Andrew Jackson*	*Democratico*	219	702.735	54,7	55,4	24	23
	Henry Clay	Repubblicano nazionale	49	474.107	36,9			
	William Wirt	Antimassone	7	99.818	7,8			
1836	**Martin Van Buren*	*Democratico*	170	763.291	50,8	57,8	25	24
	William H. Harrison	Whig	73	549.907	36,6			
	Hugh Lawson White	Whig	26	146.107	9,7			
	Daniel Webster	Whig	14	41.201	2,7			
1840	**William H. Harrison*	*Whig*	234	1.275.583	52,9	80,2	26	25
	Martin Van Buren	Democratico	60	1.129.645	46,8			
1844	**James K. Polk*	*Democratico*	170	1.339.570	49,5	78,9	26	25
	Henry Clay	Whig	105	1.300.157	48,1			
1848	**Zachary Taylor*	*Whig*	163	1.360.235	47,3	72,7	30	29
	Lewis Cass	Democratico	127	1.222.353	42,5			
	Martin Van Buren	Free Soil	0	291.475	10,1			
1852	**Franklin Pierce*	*Democratico*	254	1.605.943	50,8	69,6	31	30
	Winfield Scott	Whig	42	1.386.418	43,9			
	John P. Hale	Free Soil	0	155.799	4,9			

	Candidati principali	Partiti	Voti elettorali	Voti popolari		Affluenza alle urne (%)	Stati membri	Stati con elezione
				N.	%			
1856	**James Buchanan*	*Democratico*	174	1.835.140	45,3	78,9	31	30
	John C. Fremont	Repubblicano	114	1.340.668	33,1			
	Millard Fillmore	Whig-American	8	872.703	21,6			
1860	**Abraham Lincoln*	*Repubblicano*	180	1.855.993	39,8	81,2	33	32
	John C. Breckinridge	Democratico meridionale	72	851.844	18,1			
	John Bell	Constitutional Union	39	590.946	12,6			
	Stephen A. Douglas	Democratico	12	1.381.944	29,5			
1864	**Abraham Lincoln*	*National Union*	212	2.211.317	55,0	73,8	25	solo Unione
	George B. McClellan	Democratico	21	1.806.227	45.0			
1868	**Ulysses S. Grant*	*Repubblicano*	214	3.013.790	52,7	78,1	37	36
	Horatio Seymour	Democratico	80	2.708.980	47,3			
1872	**Ulysses S. Grant*	*Repubblicano*	286	3.597.439	55,6	71,3	38	38
	Horace Greeley	Democratico-Repubblicano liberale	66	2.833.710	43,8			
1876	**Rutherford B. Hayes*	*Repubblicano*	185	4.034.142	47,5	81,8	38	38
	Samuel J. Tilden	Democratico	184	4.286.808	51,5			

Nota: Le ultime due colonne a destra indicano il numero di stati membri dell'Unione in ogni anno presidenziale e il numero di stati in cui la scelta dei grandi elettori presidenziali avveniva con elezioni popolari (invece che con voto delle rispettive assemblee legislative statali). Dal 1832 in poi le elezioni popolari divennero il sistema dominante, con l'unica eccezione della South Carolina (fino al 1860) e della Florida (nell'unico anno 1868). Dal 1828 il voto popolare divenne massiccio e significativo, dando origine alle moderne campagne elettoriali presidenziali.

Fonti: D. Leip, *Dave Leip's Atlas of U.S. Presidential Elections* (consultato settembre 2012); *Historical Election Results. Electoral College Box Scores*, U.S. National Archives and Records Administration Website (consultato settembre 2012); L. Ragsdale, *Vital Statistics on the Presidency*, Washington, D.C., Congressional Quarterly Press, 1998.

Bibliografia

Bibliografia

Opere introduttive

Sul periodo storico discusso in questo libro, analisi più estese e dettagliate sono fornite da due importanti lavori disponibili in italiano, B. Bailyn e G.S. Wood, *Le origini degli Stati Uniti*, Bologna, Il Mulino, 1987 e D.B. Davis e D.H. Donald, *Espansione e conflitto. Gli Stati Uniti dal 1820 al 1877*, Bologna, Il Mulino, 1987. Per la storia dopo il 1877, e fino ai giorni nostri, si veda A. Testi, *Il secolo degli Stati Uniti*, Bologna, Il Mulino, 2008. Saggi che abbracciano l'intera storia nazionale ma con un focus specifico sono M. Del Pero, *Libertà e impero. Gli Stati Uniti e il mondo*, Roma-Bari, Laterza, 2011; E. Foner, *Storia della libertà americana*, Roma, Donzelli, 2009; R.H. Wiebe, *La democrazia americana*, Bologna, Il Mulino, 2009; F. Fasce, *I presidenti USA. Due secoli di storia*, Roma, Carocci, 2008; W.E. Washburn, *Indiani d'America*, Roma, Editori Riuniti, 2006. Una sintesi introduttiva, non tradotta, che tiene conto delle dimensioni transnazionali della storia degli Stati Uniti, è T. Bender, *A Nation Among Nations. America's Place in World History*, New York, Hill & Wang, 2006. Le idee europee sull'America e poi sugli Stati Uniti sono esplorate nel classico A. Gerbi, *La disputa del Nuovo Mondo. Storia di una polemica, 1750-1900* (1955), a cura di S. Gerbi, Milano, Adelphi, 2000. Resta imprescindibile, naturalmente, A. de Tocqueville, *La democrazia in America* (1835-40), a cura di C. Vivanti, Torino, Einaudi, 2006. Le vicende parallele del continente latino-americano sono narrate in D. Pompejano, *Storia dell'America latina*, Milano, Bruno Mondadori, 2012; L. Zanatta, *Storia dell'America latina contemporanea*, Roma-Bari, Laterza, 2010; R. Nocera, *Stati Uniti e America Latina dal 1823 a oggi*, Roma, Carocci, 2009; M. Carmagnani, *L'altro Occidente. L'America Latina dall'invasione europea al nuovo millennio*, Torino, Einaudi, 2003.

Il mondo atlantico

Sulla formazione di un mondo atlantico si vedano B. Bailyn, *Storia dell'Atlantico*, Torino, Bollati Boringhieri, 2007 e J.K. Thornton, *A Cultural History of the Atlantic World, 1250-1820*, New York, Cambridge University Press, 2012. E poi D. Abulafia, *La scoperta dell'umanità. Incontri atlantici nell'età di Colombo*, Bologna, Il Mulino, 2010; A.W. Crosby, Jr., *Lo scambio colombiano. Conseguenze biologiche e culturali del 1492*, Torino, Einaudi, 1992; L.N. McAlister, *Dalla scoperta alla conquista. Spagna e Portogallo nel Nuovo Mondo, 1492-1700*, Bologna, Il Mulino, 2000; J.H. Elliott, *Imperi dell'Atlantico. America Britannica e America spagnola*, Torino, Einaudi, 2010; A. Padgen, *Signori del mondo. Ideologie dell'impero in Spagna, Gran Bretagna e Francia 1500-1800*, Bologna, Il Mulino, 2008. Un affresco plurisecolare degli imperi e delle economie transatlantiche è in I. Wallerstein, *Il sistema mondiale dell'economia moderna*, 3 voll., Bologna, Il Mulino, 1978-1995. L'impatto violento dei conquistatori europei è discusso in M. Livi Bacci, *Conquista. La distruzione degli indios americani*, Bologna, Il Mulino, 2009; D. Stannard, *Olocausto americano. La conquista del nuovo mondo*, Torino, Bollati Boringhieri, 2002; T. Todorov, *La conquista dell'America. Il problema dell'«altro»*, Torino, Einaudi, 2005; F. Jennings, *L'invasione dell'America. Indiani, coloni e miti della conquista*, Torino, Einaudi, 1991. La dimensione africana della storia è in J.K. Thornton, *L'Africa e gli africani nella formazione del mondo atlantico*, Bologna, Il Mulino, 2010. Sulla deportazione degli africani, una sintesi utile è L.A. Lindsay, *Il commercio degli schiavi*, Bologna, Il Mulino, 2011. Per una prospettiva di più ampio respiro storico e geografico, O. Pétré-Grenouilleau, *La tratta degli schiavi. Saggio di storia globale*, Bologna, Il Mulino, 2010.

Popolazioni, migrazioni, deportazioni

Sugli sviluppi storici e quantitativi delle popolazioni native e del popolamento europeo e africano dell'America del Nord e poi degli Stati Uniti, sono eccellenti i saggi contenuti in *A Population History of North America*, a cura di M.R. Haines e R.H. Steckel, New York, Cambridge University Press, 2000. Una storia sintetica di lungo periodo è H.S. Klein, *A Population History of the United States*, New York, Cambridge University Press, 2004. Sui nativi si vedano inoltre R. Thornton, *American Indian Holocaust and Survival. A Population History since 1492*, Norman, University of Oklahoma Press, 1990 e F. Jennings, *The Founders of America*, New York, Norton, 1994. Sulle popolazioni africane deportate è ancora fondamentale il lavoro di P.D. Curtin, *The Atlantic Slave Trade. A Census*, Madison, University of

Wisconsin Press, 1972; altrettanto importante è D. Eltis, S.D. Behrendt, D. Richardson e H.S. Klein, *The Transatlantic Slave Trade, 1562-1867*, New York, Cambridge University Press, 1999. L'emigrazione europea nel Settecento è indagata da B. Bailyn, *The Peopling of British North America. An Introduction*, New York, Knopf, 1988. Aspetti specifici del popolamento britannico nel periodo coloniale sono trattati da D. Jordan e M. Walsh, *White Cargo. The Forgotten History of Britain's White Slaves in America*, New York, New York University Press, 2008; A.R. Ekirch, *Bound for America. The Transportation of British Convicts to the Colonies, 1718-1775*, New York, Oxford University Press, 1990; D.W. Galenson, *White Servitude in Colonial America*, New York, Cambridge University Press, 1984; D.H. Fisher, *Albion's Seeds. Four British Folkways in America*, New York, Oxford University Press, 1989. Sull'emigrazione europea in generale, anche successiva, si parta da S. Luconi e M. Pretelli, *L'immigrazione negli Stati Uniti*, Bologna, Il Mulino, 2008.

Vite coloniali

Una eccellente sintesi sulla storia delle colonie è A. Taylor, *American Colonies*, New York, Viking, 2002. Si vedano inoltre J.P. Greene, *Pursuits of Happiness. The Social Development of Early Modern British Colonies and the Formation of American Culture*, Chapel Hill, University of North Carolina Press, 1988 e, per la storia economica, J.J. McCusker e R.R. Menard, *The Economy of British America*, Chapel Hill, University of North Carolina Press, 1991. L'importanza della religione è studiata da P.U. Bonomi, *Under the Cope of Heaven. Religion, Society, and Politics in Colonial America*, New York, Oxford University Press, 2003; un aspetto specifico è in P. Boyer e S. Nissenbaum, *La città indemoniata. Salem e le origini sociali di una caccia alle streghe*, Torino, Einaudi, 1986. Sui contatti e conflitti fra europei e nativi, J.W. Axtell, *The Invasion Within. The Contest of Cultures in Colonial North America*, New York, Oxford University Press, 1986; R. White, *The Middle Ground. Indians, Empires, and Republics in the Great Lakes Region, 1650-1815*, New York, Cambridge University Press, 2010; J. Lepore, *The Name of War. King Philip's War and the Origins of American Identity*, New York, Knopf, 1999 e W. Cronon, *La terra trasformata. Indiani e coloni nell'ecosistema americano*, Milano, Selene, 1993. Sull'insediamento della schiavitù a base razziale si vedano il fondamentale E.S. Morgan, *American Slavery, American Freedom. The Ordeal of Colonial Virginia*, New York, Norton, 2003 e inoltre K. Morgan, *Slavery and Servitude in Colonial North America*, New York, New York University Press, 2001; P. Kolchin, *American Slavery*, New York, Hill & Wang, 2003 e I. Berlin, *Many Thousands Gone. The First*

Two Centuries of Slavery in North America, Cambridge, Mass., Harvard University Press, 2000. Sulle origini del razzismo, G.M. Fredrickson, *Breve storia del razzismo*, Roma, Donzelli, 2002.

Impero e culture politiche transatlantiche

Il contesto imperiale britannico delle colonie è esplorato in K. MacMillan, *The Atlantic Imperial Constitution. Center and Periphery in the English Atlantic World*, New York, Palgrave Macmillan, 2011 e J.P. Greene, *Periferies and Center. Constitutional Development in the Extended Polities of the British Empire and the United States, 1607-1788*, New York, Norton, 1986. La cruciale Guerra dei sette anni è il tema di F. Anderson, *Crucible of War. The Seven Years' War and the Fate of Empire in British North America*, New York, Knopf, 2001. Sulle culture politiche della vita pubblica imperiale e quindi coloniale sono fondamentali J.G.A. Pocock, *Il momento machiavelliano. Il pensiero politico fiorentino e la tradizione repubblicana anglosassone*, 2 voll., Bologna, Il Mulino, 1980 e J.G.A. Pocock, *La ricostruzione di un impero. Sovranità britannica e federalismo americano*, Manduria-Bari, Lacaita, 1996. Si vedano anche *Three British Revolutions: 1641, 1688, 1776*, a cura di J.G.A. Pocock, Princeton, Princeton University Press, 1980 e C. Robbins, *The Eighteenth-Century Commonwealthman*, Cambridge, Mass., Harvard University Press, 1968. Due importanti studi sono E.S. Morgan, *Inventing the People. The Rise of Popular Sovereignty in England and America*, New York, Norton, 1989 e J.C.D. Clark, *The Language of Liberty, 1660-1832. Political Discourse and Social Dynamics in the Anglo-American World*, New York, Cambridge University Press, 1994. E infine J. Butler, *Becoming America. The Revolution Before 1776*, Cambridge, Mass., Harvard University Press, 2000. Sempre da leggere è il classico di B. Bailyn, *The Origins of American Politics*, New York, Knopf, 2011.

Rivoluzione

Sulla Rivoluzione si vedano *La Dichiarazione di indipendenza degli Stati Uniti d'America*, a cura di T. Bonazzi, Venezia, Marsilio, 2003; G. Abbattista, *La rivoluzione americana*, Roma-Bari, Laterza, 2009; G.S. Wood, *I figli della libertà. Alle origini della democrazia americana*, Firenze, Giunti, 1996; L. Valz Mannucci, *La rivoluzione americana come guerra civile*, in *Guerre fratricide*, a cura di G. Ranzato, Torino, Bollati Boringhieri, 1994; F. Jennings, *La creazione dell'America*, Torino, Einaudi, 2003. Inoltre: J.P. Greene, *The Constitutional Origins of the American Revolution*, New York, Cambridge University Press, 2010; B. Bailyn, *The Ideological Origins of the American Revolution*, Cambridge, Mass., Harvard University Press, 2012; T.H. Breen, *American Insurgents, American Patriots. The Revolution of the People*, New York, Farrar, Straus & Giroux, 2011 e E. Countryman, *The American Revolution*, New York, Hill & Wang, 2003. Studi specifici sono P. Maier, *American Scripture. Making the Declaration of Independence*, New York, Knopf, 1997; J. Fliegelman, *Prodigals and Pilgrims. The American Revolution Against Patriarchal Authority*, New York, Cambridge University Press, 1982; S.C. Bullock, *Revolutionary Brotherhood. Freemasonry and the Transformation of the American Social Order*, Chapel Hill, University of North Carolina Press, 1996. Sulle donne nella Rivoluzione, ci sono L.K. Kerber, *Women of the Republic*, Chapel Hill, University of North Carolina Press, 1980; M.B. Norton, *Liberty's Daughters*, Boston, Little, Brown, 1980 e C. Berkin, *Revolutionary Mothers*, New York, Knopf, 2005. Sui neri e sui nativi, E. Countryman, *Enjoy the Same Liberty. Black Americans and the Revolutionary Era*, Lanham, Rowman & Littlefield, 2012 e C.G. Calloway, *The American Revolution in Indian Country*, New York, Cambridge University Press, 1995. Infine A.F. Young e G.H. Nobles, *Whose American Revolution Was It? Historians Interpret the Founding*, New York, New York University Press, 2011.

Costituzione

La Costituzione degli Stati Uniti, a cura di F. Tonello, Milano, Bruno Mondadori, 2010, introduce al testo del documento; da leggere insieme a A. Hamilton, J. Jay e J. Madison, *Il Federalista (1788)*, a cura di M. D'Addio e G. Negri, Bologna, Il Mulino, 1998 e *Gli Antifederalisti. I nemici della centralizzazione in America (1787-1788)*, a cura di L.M. Bassani e A. Giordano, Torino, IBL Libri, 2011. Discussioni sul sistema costituzionale sono in R.A. Dahl, *Quanto è democratica la Costituzione americana?*, Roma-Bari, Laterza, 2003; L. Tribe e M. Dorf, *Leggere la Costituzione*, Bologna, Il Mulino, 2005 e, in generale, L. Stroppiana, *Si governano così: Stati Uniti*, Bologna, Il Mulino, 2006. Aspetti specifici sono trattati in B. Barbisan, *Nascita di un mito. Marbury v. Madison e le origini della giustizia costituzionale negli Stati Uniti*, Bologna, Il Mulino, 2008; C. Bon, *Alla ricerca di una più perfetta Unione. Convenzioni e Costituzioni negli Stati Uniti della prima metà dell'800*, Milano, Franco Angeli, 2012. Alcuni studi fondamentali sono P. Maier, *Ratification. The People Debate the Constitution, 1787-1788*, New York, Simon & Schuster, 2011; A.R. Amar, *America's Constitution. A Biography*, New York, Random House, 2012; A.R. Amar, *The Bill of Rights. Creation and Reconstruction*, New Haven, Yale University Press, 2008 e D. Waldstreicher, *Slavery's Constitution*, New York, Hill

& Wang, 2010. Si vedano inoltre W.P. Adams, *The First American Constitutions*, Lanham, Rowman & Littlefield, 2001; B. Schwartz, *A History of the Supreme Court*, New York, Oxford University Press, 1995; S. Cornell, *A Well-Regulated Militia. The Founding Fathers and the Origins of Gun Control in America*, New York, Oxford University Press, 2006. E infine M. Kammen, *A Machine that Would Go of Itself. The Constitution in American Culture*, New York, Knopf, 2006.

Rivoluzioni atlantiche

R.R. Palmer, *L'era delle rivoluzioni democratiche*, Milano, Rizzoli, 1971, ha collocato la Rivoluzione americana nel contesto delle rivoluzioni atlantiche. D.B. Davis, *The Problem of Slavery in the Age of Revolution, 1770-1823*, Ithaca, Cornell University Press, 1975, ha introdotto una importante questione connessa. Nuovi studi sono W. Klooster, *Revolutions in the Atlantic World. A Comparative History*, New York, New York University Press, 2009 e *The Age of Revolutions in Global Context*, a cura di D. Armitage e S. Subrahmanyam, New York, Palgrave Macmillan, 2010. La diffusione delle idee rivoluzionarie e costituzionali americane fuori dal Nord America è discussa in D. Armitage, *La Dichiarazione di indipendenza. Una storia globale*, Torino, Utet, 2009; G.A. Billias, *American Constitutionalism Heard Round the World. A Global Perspective*, New York, New York University Press, 2009 e B. Baczko, *Napoleone e Washington. Bonaparte e il modello americano dal Consolato all'Impero*, Roma, Donzelli, 2009. Uno straordinario rivoluzionario transatlantico è studiato da M. Battistini, *Una Rivoluzione per lo Stato. Thomas Paine e la Rivoluzione americana nel Mondo Atlantico*, Soveria Mannelli, Rubbettino, 2012, da leggere insieme a T. Paine, *Senso comune* (1776), a cura di C. Maggiori, Macerata, Liberilibri, 2005. Sull'altra rivoluzione americana di fine Settecento, quella degli schiavi di Santo Domingo, oltre al classico di C.L.R. James, *Giacobini neri* (1934), Roma, DeriveApprodi, 2006, sono importanti *The Impact of the Haitian Revolution in the Atlantic World*, a cura di D.P. Geggus, Chapel Hill, University of North Carolina Press, 2002 e A.N. Hunt, *Haiti's Influence on Antebellum America*, Baton Rouge, Louisiana State University Press, 2006.

Repubblica

La storia della nuova repubblica fino a metà Ottocento è raccontata da S. Wilentz, *The Rise of American Democracy. Jefferson to Jackson*, New York, Norton, 2005; G.S. Wood, *Empire of Liberty. A History of the Early Republic, 1789-1815*, New York, Oxford University Press,

2009; D.W. Howe, *What Hath God Wrought. The Transformation of America, 1815-1848*, New York, Oxford University Press, 2009 e C. Sellers, *The Market Revolution. Jacksonian America, 1815-1846*, New York, Oxford University Press, 1994. Aspetti specifici sono trattati da J.O. Appleby, *Inheriting the Revolution. The First Generation of Americans*, Cambridge, Mass., Harvard University Press, 2009; A. Keyssar, *The Right to Vote. The Contested History of Democracy in the United States*, New York, Basic Books, 2009; J.H. Kettner, *The Development of American Citizenship, 1608-1870*, Chapel Hill, University of North Carolina Press, 2005; J.B. Freeman, *Affairs of Honor. National Politics in the New Republic*, New Haven, Yale University Press, 2002; M.P. Ryan, *Civic Wars. Democracy and Public Life in the American City During the Nineteenth Century*, Berkeley, University of California Press, 1998. Sull'avvento della democrazia dei partiti, è ancora da vedere R. Hofstadter, *The Idea of a Party System. The Rise of Legitimate Opposition in the United States, 1780-1840*, Berkeley, University of California Press, 1969; si segnalano inoltre J.H. Silbey, *The American Political Nation, 1838-1893*, Palo Alto, Stanford University Press, 1994 e A. Testi, *Trionfo e declino dei partiti politici negli Stati Uniti*, Torino, Otto, 2000. L'intreccio fra cultura politica e cultura religiosa è studiato da J. Butler, *Awash in a Sea of Faith. Christianizing the American People*, Cambridge, Mass., Harvard University Press, 1990 e N.O. Hatch, *The Democratization of American Christianity*, New Haven, Yale University Press, 1991.

Espansione e resistenza

Sull'espansione continentale, si cominci da A. Stephanson, *Destino manifesto*, Milano, Feltrinelli, 2004. E poi B. Perkins, *The Creation of a Republican Empire*, New York, Cambridge University Press, 1995; J.M. Faragher e R.V. Hine, *The American West. A New Interpretive History*, New Haven, Yale University Press, 2000; P.N. Limerick, *The Legacy of Conquest*, New York, Norton, 1987. Sulle origini rivoluzionarie dell'espansionismo, si vedano E.H. Gould, *Among the Powers of the Earth. The American Revolution and the Making of a New World Empire*, Cambridge, Mass., Harvard University Press, 2012 e M.M. Mintz, *Seeds of Empire. The American Revolutionary Conquest of the Iroquois*, New York, New York University Press, 2002. Sulla guerra con il Messico, J.S.D. Eisenhower, *So Far from God. The U.S. War with Mexico*, Norman, University of Oklahoma Press, 2000; il dissenso sulla guerra fu espresso da H.D. Thoreau, *Disobbedienza civile* (1849), a cura di G. Fofi, Milano, Rizzoli, 2010. L'ideologia del destino manifesto è discussa da T.R. Hietala, *Manifest Design. American Exceptionalism and Empire*, Ithaca, Cornell University Press, 2002 e R. Drinnon,

Facing West. The Methaphysics of Indian-Hating and Empire-Building, Norman, University of Oklahoma Press, 1997. La resistenza dei nativi è in G.E. Dowd, *A Spirited Resistance. The North American Indian Struggles for Unity, 1745-1815*, Baltimore, Johns Hopkins University Press, 1993; N. Blackhawk, *Violence over the Land. Indians and Empires in the Early American West*, Cambridge, Mass., Harvard University Press, 2008; K. DuVal, *The Native Ground. Indians and Colonists in the Heart of the Continent*, Philadelphia, University of Pennsylvania Press, 2007 e infine J. Ostler, *The Plains Sioux and U.S.*, New York, Cambridge University Press, 2004.

Economie, culture, società

Assaggi di storia economica, sociale e culturale della nuova repubblica sono in P.A. Toninelli, *Nascita di una nazione. Lo sviluppo economico degli Stati Uniti*, Bologna, Il Mulino, 1993; W. Licht, *Industrializing America*, Baltimore, Johns Hopkins University Press, 1995; *Wages of Independence. Capitalism in the Early American Republic*, a cura di P.A. Gilje, Lanham, Rowman & Littlefield, 1997; B. Laurie, *Artisans into Workers. Labor in Nineteenth-Century America*, Champaign, University of Illinois Press, 1997; D. Montgomery, *Citizen Worker*, Cambridge, Cambridge University Press, 1995; M. Blumin, *The Emergence of the Middle Class*, New York, Cambridge University Press, 1989; L.A. Cremin, *American Education. The National Experience, 1783-1876*, New York, Harper & Row, 1982; J.L. Larson, *Internal Improvement*, Chapel Hill, University of North Carolina Press, 2001; C. Wolmar, *The Great Railroad Revolution*, New York, PublicAffairs, 2012; T.C. Leonard, *The Power of the Press. The Birth of American Political Reporting*, New York, Oxford University Press, 1987; I.R. Bartky, *Selling the True Time. Nineteenth-Century Timekeeping in America*, Stanford, Stanford University Press, 2000; H. Chudacoff, J.E. Smith e P.C. Baldwin, *The Evolution of American Urban Society*, New York, Pearson, 2009; N.F. Cott, *Public Vows. A History of Marriage and the Nation*, Cambridge, Mass., Harvard University Press, 2002; J. D'Emilio e E. Freedman, *Intimate Matters. A History of Sexuality in America*, Chicago, University of Chicago Press, 2012; M. Kimmel, *Manhood in America. A Cultural History*, New York, Oxford University Press, 2006; C. Clinton, *The Other Civil War. American Women in the Nineteenth Century*, New York, Farrar, Straus & Giroux, 1999 e M.P. Ryan, *Women in Public. Between Banners and Ballots, 1825-1880*, Baltimore, Johns Hopkins University Press, 1992.

Sud bianco e nero

Sulla società meridionale pre-bellica si veda W.J. Cooper, Jr. e T.E. Terrill, *The American South*, 2 voll., Lanham, Rowman & Littlefield Publishers, 2008. E poi W.J. Cooper, Jr., *Liberty and Slavery. Southern Politics to 1860*, Chapel Hill, University of South Carolina Press, 2001; L.L. Richards, *The Slave Power. The Free North and Southern Domination, 1780-1860*, Baton Rouge, Louisiana State University Press, 2000. Sulla condizione degli schiavi, oltre al sempre utile G.P. Rawick, *Lo schiavo americano dal tramonto all'alba*, Milano, Feltrinelli, 1979, ci sono L.W. Levine, *Black Culture and Black Consciousness*, New York, Oxford University Press, 2007; H. Gutman, *The Black Family in Slavery and Freedom, 1750-1925*, New York, Random House, 1977; P. Rael, *Black Identity and Black Protest in the Antebellum North*, Chapel Hill, University of North Carolina Press, 2003. Un importante testo di un ex schiavo diventato un celebre abolizionista è F. Douglass, *Memorie di uno schiavo fuggiasco* (1845), a cura di B. Maffi e A. Portelli, con in appendice il discorso *L'indipendenza e la schiavitù* (1852), Roma, Manifestolibri, 2011. Sul movimento abolizionista, J.B. Stewart, *Holy Warriors. The Abolitionists and American Slavery*, New York, Hill & Wang, 1976; *Abolitionist Sisterhood. Women's Political Culture in Antebellum America*, a cura di R. Bogin e J.F. Yellin, Ithaca, Cornell University Press, 1994. E infine, sul dibattito nazionale sulla schiavitù e la crisi del sistema politico, W.L. Miller, *Arguing About Slavery. The Great Battle in the United States Congress*, New York, Knopf, 1998; D.M. Potter, *The Impending Crisis, 1848-1861*, New York, Harper, 1977; M.F. Holt, *The Political Crisis of the 1850s*, New York, Wiley, 1978; B. Levine, *Half Slave and Half Free. The Roots of Civil War*, New York, Farrar, Straus & Giroux, 2005.

La Guerra civile

Sulla Guerra civile, in italiano, si segnalano il volume ormai classico di R. Luraghi, *Storia della guerra civile americana*, Milano, Rizzoli, 2009, con una particolare enfasi sulla storia militare e R. Mitchell, *La guerra civile americana*, Bologna, Il Mulino, 2003. Sulla guerra americana nel contesto globale dell'epoca dei conflitti nazionali, si vedano *La Guerra civile americana vista dall'Europa*, a cura di T. Bonazzi e C. Galli, Bologna, Il Mulino, 2004; A.M. Fleche, *The Revolution of 1861. The American Civil War in the Age of Nationalist Conflict*, Chapel Hill, University of North Carolina Press, 2012; P. Quigley, *Shifting Grounds. Nationalism and the American South*, New York, Oxford University Press, 2011; *Secession as an International Phenomenon*, a cura di D.H.

Doyle, Athens, University of Georgia Press, 2010 e *Giuseppe Mazzini and the Globalization of Democratic Nationalism*, a cura di C.A. Bayly e E.F. Biagini, New York, Oxford University Press, 2008. Una eccellente sintesi dell'intero periodo è J.M. McPherson, *Battle Cry of Freedom. The Civil War Era, 1848-1865*, New York, Oxford University Press, 2003. Aspetti specifici sono esplorati in D.G. Faust, *This Republic of Suffering. Death and the American Civil War*, New York, Knopf, 2008; S.R. Nelson e C. Sheriff, *A People at War. Civilians and Soldiers in America's Civil War*, New York, Oxford University Press, 2008; B. Zeller, *The Blue and Gray in Black and White. A History of Civil War Photography*, Westport, Conn., Praeger, 2005; e infine, sull'evoluzione del diritto bellico, M.W. Janis, *America and the Law of Nations*, New York, Oxford University Press, 2010. Le nuove stime sulle vittime di guerra sono in J.D. Hacker, *A Census-Based Count of the Civil War Dead*, in «Civil War History», dicembre 2011.

Abolizione e Ricostruzione

Sull'abolizione della schiavitù, la Ricostruzione e l'America post-bellica sono fondamentali E. Foner, *Reconstruction. America's Unfinished Revolution, 1863-1877*, New York, HarperCollins, 2011 e, in una prospettiva comparata, E. Foner, *Nothing but Freedom. Emancipation and Its Legacy*, Baton Rouge, Louisiana State University Press, 2007. Ma si vedano anche il classico lavoro di W.E.B. DuBois, *Black Reconstruction in America* (1935), New York, Free Press, 1999, oltre a E. Foner, *The Fiery Trial. Abraham Lincoln and American Slavery*, New York, Norton, 2011; J. Oakes, *The Radical and the Republican. Douglass, Lincoln, and the Triumph Antislavery Politics*, New York, Norton, 2011 e L. Litwack, *Been in the Storm So Long. The Aftermath of Slavery*, New York, Knopf, 2010. Sulle dimensioni internazionali dell'emancipazione, S. Drescher, *Abolition. A History of Slavery and Antislavery*, New York, Cambridge University Press, 2009 e G. Turi, *Schiavi in un mondo libero. Storia dell'emancipazione dall'età moderna a oggi*, Roma-Bari, Laterza, 2012. La memoria della Guerra civile è studiata da D.W. Blight, *Race and Reunion. The Civil War in American Memory*, Cambridge, Mass., Harvard University Press, 2009 e M.A. Kachum, *Festivals of Freedom. Memory and Meaning in African American Emancipation Celebrations*, Amherst, University of Massachusetts Press, 2003. L'intreccio fra abolizione della schiavitù e diritti delle donne, da E.C. DuBois, *Feminism and Suffrage. The Emergence of an Independent Women's Movement in America, 1848-1869*, Ithaca, Cornell University Press, 1999. E infine, sullo sviluppo dello stato federale, R.F. Benzel, *Yankee Leviathan. The Origins of Central State Authority in America, 1859-1877*, New York, Cambridge University

Press, 1990 e, sull'esercito e la Guardia nazionale, O. Bergamini, *Un esercito per la nazione*, Milano, Marcos y Marcos, 1996.

Nazionalismi americani

Sull'idea di nazione, i nazionalismi e l'ideologia nazionale dalle origini al tardo Ottocento, si vedano J.P. Greene, *The Intellectual Construction of America. Exceptionalism and Identity from 1492 to 1800*, Chapel Hill, University of North Carolina Press, 1997; R.H. Bloch, *Visionary Republic. Millennial Themes in American Thought, 1756-1800*, New York, Cambridge University Press, 1988; N. Guyatt, *Providence and the Invention of the United States, 1607-1876*, New York, Cambridge University Press, 2007; G. McKenna, *The Puritan Origins of American Patriotism*, New Haven, Yale University Press, 2009; A. Burstein, *Sentimental Democracy. The Evolution of America's Romantic Self-Image*, New York, Farrar, Straus & Giroux, 2000; R. Kersh, *Dreams of a More Perfect Union*, Ithaca, Cornell University Press, 2005; R.H. Wiebe, *Who We Are. A History of Popular Nationalism*, Princeton, Princeton University Press, 2002. Approcci di storia sociale sono in D. Waldstreicher, *In the Midst of Perpetual Fetes. The Making of American Nationalism, 1776-1820*, Chapel Hill, University of North Carolina Press, 1997 e L. Travers, *Celebrating the Fourth. Independence Day and the Rites of Nationalism in the Early Republic*, Amherst, University of Massachusetts Press, 1997. Del nazionalismo meridionale discutono D.G. Faust, *The Creation of Confederate Nationalism*, Baton Rouge, Louisiana State University Press, 1990; J. McCardell, *The Idea of a Southern Nation*, New York, Norton, 1990 e P.D. Escott, *After Secession. Jefferson Davies and the Failure of Confederate Nationalism*, Baton Rouge, Louisiana State University Press, 1992. Sul nazionalismo nero, W.J. Moses, *The Golden Age of Black Nationalism*, New York, Oxford University Press, 1988 e E. Glaude, Jr., *Exodus. Religion, Race, and Nation in Early Nineteenth-Century Black America*, Chicago, University of Chicago Press, 2000.

Miti e simboli nazionali

Il ruolo del West, reale e immaginato, nell'immaginazione nazionale è il tema di W.H. Goetzmann e W.N. Goetzmann, *The West of the Imagination*, Norman, University of Oklahoma Press, 2009; A. Boime, *The Magisterial Gaze. Manifest Destiny and American Landscape Painting, 1830-1865*, Washington, Smithsonian Institution Press, 1991; A. Miller, *The Empire of the Eye. Landscape Representation and American Cultural Politics, 1825-1875*, Ithaca, Cornell University Press, 1993.

Sul mito della frontiera, si vedano R. Slotkin, *Regeneration Through Violence. The Mythology of the American Frontier, 1600-1860*, Norman, University of Oklahoma Press, 2000 e R. Slotkin, *The Fatal Environment. The Myth of the Frontier in the Age of Industrialization, 1800-1890*, Norman, University of Oklahoma Press, 1985. Sui simboli e le festività nazionali, L.C. Olson, *Emblems of American Community in the Revolutionary Era*, Washington, Smithsonian Institution, 1991; B. Schwartz, *George Washington. The Making of an American Symbol*, Ithaca, Cornell University Press, 1990; M. Kammen, *A Season of Youth. The American Revolution and the Historical Imagination*, New York, Oxford University Press, 1980; M. Dennis, *Red, White, and Blue Letter Days. An American Calendar*, Ithaca, Cornell University Press, 2005; E.M. Litwicki, *America's Public Holidays*, Washington, Smithsonian Institution, 2000; L.P. Gross e T.R. Snyder, *Philadelphia's 1876 Centennial Exhibition*, Chicago, Arcadia, 2005. La fondazione della capitale federale è studiata da K.R. Bowling, *Creating the Federal City, 1774-1800*, Washington, American Institute of Architects, 1988 e J.S. Young, *The Washington Community, 1800-1828*, New York, Columbia University Press, 1986. Infine sulle bandiere: J.M. Coski, *The Confederate Battle Flag*, Cambridge, Mass., Harvard University Press, 2005 e A. Testi, *Stelle e strisce. Storia di una bandiera*, Torino, Bollati Boringhieri, 2003.

Alcuni passi della prosa di Walt Whitman citati in questo volume sono nella versione italiana di M. Meliadò Freeth in W. Whitman, *Prospettive democratiche* (1871), a cura di F. Ferrucci, Genova, Il melangolo, 1995; alcuni suoi versi sono nella versione di A. Marianni in W. Whitman, *Foglie d'erba*, scelta e cura di B. Tedeschini Lalli, Milano, Rizzoli, 1997.

Indice dei nomi

Indice dei nomi

Finito di stampare nel marzo 2013
dalla litosei, via rossini 10, rastignano, bologna
www.litosei.com

Stampato su carta Arcoprint Milk di Fedrigoni S.p.A.,
prodotta nel pieno rispetto del patrimonio boschivo